河南古都文化研究中心资助学术文库成果

隋唐洛阳名人

王彩琴　李建松　刘迅霞　邱　贤　朱宇强
王元明　张丽娜　李　俏　张　艳　董灵超　编著

黄河水利出版社
·郑州·

内容提要

一部河南史，半部中国史。

一部洛阳史，又至少是“大半部”河南史。

若问古今兴废事，请君只看洛阳城！

《隋唐洛阳名人》，

时间，隋唐，这是个伟大的时代。

地点，洛阳，这是个伟大的都城。

人物，隋唐洛阳名人，这是洛阳文明的缔造者，是中国历史长河中，风流人物中的佼佼者，这些，是伟大的人物。

本书以隋唐时期都城洛阳的历史名人为核心，精挑细选了帝王将相和文化艺术名人，以点带面，真实再现这一重要的历史阶段，帝王将相的文治武功，文化艺术名人的卓越贡献，洛阳都城文明的繁荣。全书既注重文献，重视知识性，严谨朴实；又兼顾不同层次读者的需求，深入浅出，有较强的可读性。

图书在版编目(CIP)数据

隋唐洛阳名人/王彩琴等编著.—郑州：黄河水利出版社，2020.12(2022.11 重印)

ISBN 978-7-5509-2837-4

Ⅰ.①隋… Ⅱ.①王… Ⅲ.①名人-列传-洛阳-隋唐时代 Ⅳ.①K820.861.3

中国版本图书馆 CIP 数据核字(2020)第 189830 号

策划编辑：杨雯惠　电话：0371-66020903　E-mail：yangwenhui923@163.com

出 版 社：黄河水利出版社　网址：www.yrcp.com

地址：河南省郑州市顺河路黄委会综合楼 14 层　邮政编码：450003

发行单位：黄河水利出版社

发行部电话：0371-66026940、66020550、66028024、66022620(传真)

E-mail：hhslcbs@126.com

承印单位：河南新华印刷集团有限公司

开本：890 mm×1 240 mm　1/32

印张：7.25

字数：216 千字

版次：2020 年 12 月第 1 版　印次：2022 年 11 月第 2 次印刷

定价：36.00 元

前　言

“若问古今兴废事，请君只看洛阳城”，洛阳，无论是四大古都（南京、北京、西安、洛阳）、六大古都（南京、北京、杭州、西安、洛阳、开封），还是七大古都（南京、北京、杭州、西安、洛阳、开封、安阳）、八大古都（南京、北京、杭州、西安、洛阳、开封、安阳、郑州），都是最为璀璨的明珠。洛阳，人杰地灵，历史名人，灿若群星。

洛阳，中国文化滥觞之地。这里，流传着“河出图，洛出书”的古老传说，有了河图洛书，圣人则之才有了依据，才有了大禹治水成功的丰功伟绩。

洛阳，最早中国建国之地。这里，二里头的考古发掘证实了中国自夏商王朝便建都于此。

洛阳，历代天子钟爱之地。夏商周建都于此，东汉建都于此，曹魏定都于此，西晋定都于此，北魏孝文帝迁都于此，隋炀帝定都于此，武则天更是以之为神都。

洛阳，先圣先贤、思想名人聚集之地。周公、孔子、老子、吕不韦、苏秦、贾谊、王充、张衡、程颐、程颢、邵雍在此留下思想的光芒。

洛阳，文学艺术名人荟萃之地。左思《三都赋》出，洛阳为之纸贵；乐天《新乐府》作，权贵为之色变。有曹氏父子、建安七子之建安风骨，竹林七贤之正始风流；复有杜甫之咏歌，李贺之吟唱，颜真卿之书法艺术，宇文恺之建筑奇才。他们或生于此，或长于此，可谓人才济济、不胜枚举。

洛阳，又是佛学文化的重要之地。东汉明帝梦白马驮经，修建白马寺；至唐代，玄奘出生于洛阳，西行取经，足迹遍布印度，对佛学文化传播起到极为深远的作用，他与鸠摩罗什、真谛并称为中国佛教三大翻译家。

上述众多的洛阳名人，在浩瀚的历史长河中，从数量上考察，仅仅算得上十之一二,甚至是百之一二,而我们编撰这部《隋唐洛阳名人》,时间限定为“隋唐时期”,从比例上算,所写的人物更是少之又少了。历史人物众多,为何我们这本《隋唐洛阳名人》时间如此限定?又为何选取的是这些人物?

从大的背景看,以这一段历史名人为边界,有其重要性,又有其必要性。作为国家大遗址保护的重要片区,洛阳拥有隋唐洛阳城等9处大遗址。继夏都二里头遗址发掘、保护,汉魏故城保护开发之后,近几年来,洛阳市按照“保护固态、传承活态、发展业态”的要求,统筹推进隋唐洛阳城等大遗址保护重点项目建设,为建设国际文化旅游名城提供载体。同时,洛阳市委市政府又持续加大运河文化的研究和运河遗址的保护与开发。而其中的重大举措——隋唐城和大运河,均与隋唐历史名人息息相关。

从具体的写作实际看,以隋唐为限,边界更为清楚,重点更为突出,可行性较强。此前写洛阳历史名人的书,经眼的主要有朱志仁、袁君敬主编的《洛阳历代名人》,李新社等主编的《洛阳历史名人》,韩忠厚、韩晓玲、王化昆等编著的《九都名人》,贾天运等著的《洛阳古代名人评传》,洛阳周王城天子驾六博物馆编的《洛阳两周名人》,另外有地方志性质的文史资料辑录《名人与洛阳》等。《洛阳历代名人》所载,从先秦伊尹,一直到当代作家李准,从古至今凡六十余人;《洛阳历史名人》所载,从传说中的伏羲、女娲,到清代的小说家李海观,传主约百人;《九都名人》从杜康写起,到清代的王铎、李元章,约百三十人。上述各类著作,共同的优点是通而全,通即从前到后,和通史写法类似;全即内容丰富,从古至今,各行业名人均有涉及。但也正因为这些优点,有的重要历史名人无法进行展开,因体例限制不得不略写,这不能不说是个小小的缺憾。我们以隋唐洛阳名人为限,时间上跨度小得多,空间上严格限定在长时间在洛阳定都,或在洛阳长时间工作和生活的名人,这样边界清晰,更容易把握,也因范围较小,相对方便展开写作,能够更详尽地突出人物的特点。

本书内容分为上下两编。上编为隋唐时期的帝王将相,帝王选取五人,主要展现了隋炀帝的功绩,唐太宗、唐高宗和唐玄宗的文治武功,武则天作为女皇帝的雄才大略;将相选取二人,还原了建筑奇才宇文恺对营建洛阳都城做出的贡献,歌颂了名相狄仁杰的公正无私、忠君爱民。下编为隋唐时期的文学艺术名人,包括大文学家、大诗人,本部分我们能看到杜审言、宋之问、杜甫、李贺、刘禹锡的吟咏,元稹、白居易的唱和;能看到一代圣僧、大佛学家玄奘对中国乃至世界佛学的贡献;能看到大书法家颜真卿在书法内外对洛阳产生的巨大影响。

本书源自于深厚的洛阳历史人文土壤,源自于洛阳厚重的历史文化。它产生于洛阳,希望能够对宣传洛阳厚重的历史、闪耀的人文,发挥自己应有的作用,也希望能在国家副中心城市的发展战略背景下,在文化领域尽自己的一份力量。

作 者

2020 年 8 月

目　录

下编　文学艺术名人

上编　帝王将相

第一章 隋炀帝杨广

隋炀帝杨广是中国历史上影响深远、毁誉参半的皇帝。他即位后，做了几件大事：发展科举制；修建洛阳城；开通大运河。后人评价隋炀帝的"功"在于其征高丽，创科举，统一山河；"过"在于其荒暴无度，急功近利，导致兵变民反、隋代覆灭。那么，隋炀帝究竟是一个什么样的皇帝？他与洛阳又有什么样的关系？下面从隋炀帝的身世与登基、修建洛阳城、开凿大运河、创立科举制及隋炀帝的诗作方面进行分析。

一、身世与登基

隋炀帝杨广为隋文帝杨坚第二子，一名英，小字为阿麼，《集韵·戈部》云："麼，女美称。"可知隋炀帝相貌英俊，《隋书·炀帝上》亦云："上美姿仪。"但"麼"又为佛名，佛教有麼尼之称，隋炀帝之名亦受佛教影响。其母为文献独孤皇后，乃关陇贵族出身。

隋炀帝从小聪慧，在众兄弟中独得杨坚及独孤皇后钟爱。在后周时期，因杨坚多立功勋，杨广也被封为雁门郡公。雁门即今山西代县，有闻名中外的雁门关。郡公相当于太守，即今市长一职，但其为封爵，有名而无实。不过此时隋炀帝尚幼，此爵实乃对其父之奖赏。

开皇元年（公元581年），杨广13岁，这一年其兄杨勇被册封为太子，他被封为晋王，事实昭示着他已经失去了继承皇位的机会，或者说因为长幼问题，其与皇位本来也就没有什么关系。但这一年，杨广不断被封官，先拜柱国、并州总管，很快又授武卫大将军、上柱国及河北道行台尚书令。官衔越来越多，职位越来越高。

《隋书·炀帝纪》中载有三件事情，结合后来的史实看，极有可能是杨广集团精心设计，处处在向杨坚展现其优秀的一面，以博取好感。一是杨坚曾密令懂相术之士名来和者到宫里给诸子相面，来和告诉杨坚说："杨广眉上双骨隆起，贵不可言。"就是说杨广相貌大富大贵，与其他诸子很不一样。二是有一次杨坚到杨广的家里，看到屋里乐器的弦很多都断了，上面还落了厚厚的一层灰尘，似乎很久都没有弹奏过。杨坚由此就认为他不好声妓，非常高兴。三是杨广仁孝之名远扬，某次观猎，恰遇大雨，侍从递油衣使其避雨，杨广坚决不接，说："众多士卒都在雨中站着，被雨淋湿，我怎么可以独自穿此雨衣以避雨呢。"由此仁名播之更远，想必杨坚定有耳闻。可见，自杨勇立为太子，杨广的夺嫡之争便已经开始，且渗透在一言一行当中。

转眼间五年过去，开皇六年（公元 586 年）杨广又一次得以加封，先转淮南道行台尚书令，又拜雍州牧、内史令。史书无过多记载，但由这些加封可以看出，杨广在博取杨坚信任的道路上走得一帆风顺。又两年之后的开皇八年（公元 588 年）冬天，隋大举伐陈，杨广任行军元帅。战争中杨广表现得十分英勇，不仅俘获了陈朝多位重要官员，而且军纪严明，战争中封府库，不取资财，由此天下称善，美名更是远扬，遂进位太尉。太尉与丞相平级，皆为皇帝股肱之臣，杨广至此已可称位极人臣。

此后，杨广仍多次领兵出征，有时立功，有时无功。

杨广在杨坚心目中的地位越来越重要，步步为营，逐渐得宠。太子杨勇的地位却逐年下降，越来越低，最终在开皇二十年（公元 600 年）被废。从开皇元年被封，已经作了 20 年太子的杨勇最终以被废出局，确实令人唏嘘不已。杨勇被废，自然是杨广得立太子。此事发生在当年十月，立太子本应有册封之礼，但杨坚并没有为杨广举行这一礼节，而是以自己曾受大兴公之恩为名，令杨广至大兴县居住。《隋书·炀帝纪》记载："其夜，烈风大雪，地震山崩，民舍多坏，压死者百余口。"不知有何预示。

开皇十三年（公元 593 年），杨坚曾下诏令，在宝鸡麟游县修建避暑行宫仁寿宫，宇文恺负责规划设计和修建，于开皇十五年（公元 595 年）三月竣工。仁寿四年（公元 604 年）七月，隋高祖崩于仁寿宫，杨广即皇帝位于仁寿宫，是为隋炀帝。同年八月扶枢还长安，十一月幸洛阳，自此开始了大规模修建洛阳城的工程。

二、修建洛阳城

据《隋书·炀帝纪》载，杨广于仁寿四年（公元604年）十一月初三到洛阳，次日便"发丁男数十万掘堑，自龙门东接长平、汲郡，抵临清关，度河，至浚仪、襄城，达于上洛，以置关防"。"掘堑"就是挖战壕，也就是开始在洛阳周边布防。长平今属周口，在西华县东北十八里。汲郡即今新乡卫辉市。临清关在今新乡东北古黄河北岸。浚仪即今开封祥符区。襄城属许昌。上洛即今陕西商洛。此即以洛阳为中心，四向重兵布防。

之后数日，隋炀帝即下《营东都诏》云：

乾道变化，阴阳所以消息，沿创不同，生灵所以顺叙。若使天意不变，施化何以成四时，人事不易，为政何以厘万姓！《易》不云乎："通其变，使民不倦。""变则通，通则久。""有德则可久，有功则可大。"朕又闻之，安安而能迁，民用丕变。是故姬邑两周，如武王之意，殷人五徙，成汤后之业。若不因人顺天，功业见乎变，爱人治国者可不谓然欤！

洛邑自古之都，王畿之内，天地之所合，阴阳之所和。控以三河，固以四塞，水陆通，贡赋等。故汉祖曰："吾行天下多矣，唯见洛阳。"自古皇王，何尝不留意，所不都者盖有由焉。或以九州未一，或以困其府库，作洛之制所以未暇也。我有隋之始，便欲创兹怀、雒，日复一日，越暨于今。念兹在兹，兴言感哽！

朕肃膺宝历，纂临万邦，遵而不失，心奉先志。今者汉王谅悖逆，毒被山东，遂使州县或沦非所。此由关河悬远，兵不赴急，加以并州移居复在河南。周迁殷人，意在于此。况复南服遐远，东夏殷人，因机顺动，今也其时。群司百辟，佥谐厥议。但成周墟塉，弗堪葺宇。今可于伊、洛营建东京，便即设官分职，以为民极也。

夫宫室之制本以便生，上栋下宇，足避风露，高台广厦，岂曰适形。故《传》云："俭，德之共；侈，恶之大。"宣尼有云："与其不逊也，宁俭。"岂谓瑶台琼室方为宫殿者乎，土阶采椽而非帝王者乎？是知非天下以奉一人，乃一人以主天下也。民惟国本，本固邦宁，百姓足，孰与不足！今所营构，务从节俭，无令雕墙峻宇复起于当今，欲使卑宫菲食将贻于后世。有司明为条格,称朕意焉。

此诏洋洋洒洒六百余言,足以反映隋炀帝修建洛阳城谋划之精细。诏令先从哲理的高度阐释“变”的重要功用,因为天道有变,所以才有阴阳交替现象出现。因为沿革和开创不同,所以百姓有顺从、有创新。假如天意使民亘古不变,四时如何形成?人事如果不变,执政者如何制定出符合百姓心意的规章制度?《易经》说,只有变化,才能使百姓不倦殆;又说变则通畅,通畅则可久远;还说有德则可久,有功则可大。这些都是在强调变的作用。此外,人多居危如安,往往心安于其所处之安,但当能意识到安中有危,就会愿意迁徙,从而远害,百姓习性由此大变。“安安而能迁”实出自《礼记·曲礼》,“民用丕变”出自《尚书·盘庚》。正因为如此,西周修建了镐京和洛邑,商代人五次迁都。如果不从人顺天,功业不变,如何爱人治国呢?

诏令又说,洛阳自古就是都城,天象乃天地所合、阴阳所和,地理上有三河四塞,水陆交通皆发达,因为地处天下之中,全国各地往来道路皆相等,是为贡赋等。当年汉高祖就曾经说过,他到过很多地方,只有洛阳最有王者气息。可以说,自古以来凡是君王皆有意建都于洛阳,之所以未能如此,原因各异,有的是全国没有统一,有的是朝代经费紧张,他们都无力于将洛阳定为都城。我大隋自开国之日起,便欲将都城定于洛阳,日复一日,直到今天还没有实现这一目标,每念及此,唏嘘不已。

诏中写到,我有幸得以继承大统,先皇遗愿更是奉之殷勤。方今汉王杨谅谋反,流毒延及崤山以东,大量州县百姓流离失所,出现这样的结果,主要原因就是都城太远,兵不赴急,无法很好掌控全国局势。再加上太原之民移居黄河南岸者众多,更难管理。当年周迁商民于洛,其用意也在于此。南方、东方同样距离遥远,他们中的很多势力都在等待机会,伺机谋反。朝中百官,皆认为这是实情。但先前之成周即汉魏之洛阳故城,因为战乱,如今一片废墟,难以修建宫殿。今可重新选址,于伊、洛河之间营建东京,设官司分职,以为都城。

宫室的作用是为了便于生活,上栋下宇足避风雨即可,高台广厦也没有什么值得夸耀。古书时常强调节约,今天修建洛阳城务必从俭为上。

从诏令中可以看出,隋炀帝迁都洛阳的最主要原因就是洛阳居于天下之中,便于治理国家,于东南西北四方而言,势力皆可达到,这一点长安便无法实现。《隋书·食货志》云:“京邑所居,五方辐凑,重关四塞,水陆艰难。”长安有四塞,虽五方辐凑,但水陆皆异常艰难。陆运有函谷关、崤山、潼关等一路艰难险阻,“动致疲勤”。水运虽有渭水可通,但“渭川水力,大小无常,流浅沙深,即成阻阂。计其途路,数百而已,动移气序,不能往复,操舟之役,人亦劳止”,也就是说渭水有时大、有时小,大小无常,且很多地方水很浅、沙很深,船一经过就会搁浅,无法通行。其路程虽然仅有几百里,但走起来总让人心惊肉跳,常常出事,这样的水路形同于无。因此,迁都于洛阳自是形势所至。

洛阳城的营建非常迅速。《资治通鉴》记载:大业元年(公元605年)三月,隋炀帝下令正式动工营建东都洛阳,“每月役丁二百万人”。大业二年(公元606年)正月,“东京成”。整个工程共进行了十个月。一个城市的建设仅仅用时不足一年,这在任何朝代、任何国家来说都是不可思议的。因此,有人说隋代洛阳城并非是在一片空地上建起来的,而是以汉魏故城为基础修建的,但隋炀帝诏令明确提到“成周墟塉,弗堪葺宇”,又如何能以此为基础呢,显然这种置疑是不可信的。

从诏令中还可看出,隋炀帝在营建洛阳之初,的确有较强的节俭精神。只是后来的营建过程却与此完全背离,极力追求宫殿的华丽壮观。一方面是由于隋炀帝疏于监管,放松手下所致;另一方面也是由于其所用之人刻意逢迎、猜度圣意所造成的,将作大匠宇文恺即如此。《隋书》本传载:“炀帝即位,迁都洛阳,以恺为营东都副监,寻迁将作大匠。恺揣帝心在宏侈,于是东京制度穷极壮丽。帝大悦之,进位开府,拜工部尚书。”意为隋炀帝即位后,以宇文恺为将作大匠,主管营洛工程,但宇文恺揣度圣意,以为其意在宏侈,于是大肆铺张,将洛阳建设得穷极壮丽。隋炀帝对此不仅不加责备,还十分喜欢,并升宇文恺为工部尚书,隋代也在这样的一唱一和中最终走向败亡。至此反观其诏令,是何等滑稽,又是何等的言行不一,君主如此,百姓又如何适从。

还有阎毗者,其在杨坚之时就“以技艺侍东宫,数以雕丽之物取悦于皇太子”,后来杨勇被废,杨广立为太子,其习性仍然不改,及“炀帝嗣位,盛修军器,以毗性巧,谙练旧事,诏典其职”(《隋书·阎毗传》),此人更是将之前的方法变本加厉,以取悦炀帝。又有裴蕴,“揣知帝意,奏括天下周、齐、梁、陈乐家子弟,皆为乐户”(《隋书·裴蕴传》)。可见隋炀帝重用的这些人,对隋代的灭亡皆应负有相当的责任。

隋唐洛阳城的规模、结构等随着考古发现,均已较为清晰,相关研究著作众多,本文不再赘述。

总之,隋炀帝营建洛阳城并迁都于此,本是为了更好地治理国家,不成想却事与愿违,这一工程诱发了他奢靡腐败享乐之心,随后便又有了开凿大运河之事,从而直接导致隋代的灭亡。但其腐奢与洛阳并无关系,实其本性也。由此再看其为晋王时杨坚见其乐器弦断落灰的场景,充满讽刺意味。

三、开凿大运河

开凿大运河是隋炀帝自迁都洛阳后的又一大壮举。但运河的开凿远比修建洛阳城更为复杂,耗时更久,动用人力更多。洛阳城的修建仅仅用时十月,但运河从开凿到最后完工,却用了整整六年时间。

大业四年(公元608年)正月,隋炀帝下诏:“发河南诸郡男女百余万,开通济渠,自西苑引谷、洛水达于河,自板渚引河通于淮。”意即发动河南各郡百姓百余万人,共同开凿大运河,以洛阳西苑为基点,引谷水和洛水北流入黄河。以板渚为中心,将黄河与淮河打通。谷水和洛水引入黄河,黄河中游河南段的水流更大,通行的船只吨位可更高,运河的使用率由此可大大增加。

苏轼《书传》云:“自淮、泗入河,必道于汴……又足见秦、汉、魏、晋皆有此水道,非炀帝创开也。”也就是说,若从淮河、泗水入黄河,必然要经过汴河,而汴河与淮河在秦、汉、魏、晋时期皆已相通,因此该河并非为隋炀帝创开。然而,不说由谷、洛之水达于淮河之距离遥远,仅从汴河至于淮河也不为近,且河流多有淤沙,几年不加维护,便可能废弃,无法使用,何谈魏晋至于隋四百余年时间。时间如此久远,纵使在原来河道上重新修建,其难度和劳动量均不亚于开凿一条新河。苏轼所说虽然无误，但也不能因此而抹杀隋代的开凿之功。

顾祖禹认为，通济渠在《禹贡》中称雍水，到春秋时期又改称邺水，到秦汉时又改称鸿沟，也就是楚汉战争中项羽与刘邦的分界地。魏晋时称"蒗宕渠"或"浪荡渠"，又称汴渠。《元和郡县图志》卷八《河南道四·阳武县》载："汴渠，一名蒗宕渠，今名通济渠。"

大致可以看出，隋炀帝所开的通济渠自谷水、洛水而至黄河，再与汴渠相连，最后与淮水相接，京城与南方的河系由此初步打通。通济渠在汴渠到淮水段主要是利用前代所修汴渠的河道，汴渠是通济渠下段的主要渠身之一。

隋大业六年(公元610年)，隋炀帝欲东巡会稽，乃"敕穿江南河，自京口至余杭八百余里，广十余丈，使可通龙舟"(《资治通鉴》卷一八一《隋纪五》)。至此，著名的隋代大运河全线开通。

一直有一种观点认为，隋代大运河的开通是隋炀帝为了满足自己骄奢淫逸的享乐欲望，从而导致隋代的灭亡。皮日休《汴河怀古二首》其一云："尽道隋亡为此河，至今千里赖通波。若无水殿龙舟事，共禹论功不较多。"由此知唐代盛传的一个说法是隋代灭亡的主要原因是开凿大运河，但如果隋炀帝没有龙舟下江南之事，其功绩也应该可以彪炳史册。我们认为，这是一种较为直观的、感性的认识，开凿大运河还有更为高远的国家战略意义。

其一，南方经济发展迅速。先秦之时，南方已是重要的诸侯之地，吴越二国常入春秋五霸行列，楚国更是长久称霸。但整体而言，南方的发展仍落后于北方，尤其经历战乱之后更是如此。汉初南方尚被视为蛮荒之地，汉文帝时贾谊被贬长沙，还认为长沙卑湿，自以为寿不得长。但时易世移，至东汉晚期，东吴亦可成为三足鼎立之一。此后，南方得以渐次发展。东晋南迁更使南方经济得到了飞跃式发展，东晋朝廷不仅带去了大量的财物，还带去了文化和技术，南方一时成了富庶的令人向往之地。这种状态一直持续到六朝结束、隋代建立，中国政权的中心才又回到北方。隋炀帝对江南富庶之印象当是从小就深深地烙在了脑海里。

江南之富庶，典籍里有大量记载。《抱朴子》云："南海晋安有九熟之稻。”稻在北方一年一熟而已，在南海竟有一年九熟，其产量之高，令人讶异，也引人神往。《宋书·周朗传》云：“从江以南，千斛为货，亦不患其难也。”知南朝宋时南方一次交易千斛以上的大生意也时常见到，且因为技术发达，运送也不是问题。《文苑英华》(卷七二〇)贾至《送蒋十九丈奏事毕正拜殿中归淮南幕府序》里说：“鱼盐之殷，舳舻之富，海陵所入也。齿革羽毛，玄纁玑组，东南所育也。”也同样在说明南方物产的丰富。

沈约《宋书·沈昙庆传》论之更详：“江南之为国，盛矣……地广野丰，民勤本业，一岁或稔，则数郡忘饥。会土带海傍湖，良畴亦数十万顷，膏腴上地，亩值一金，鄠、杜之间，不能比也。荆城跨南楚之富，扬部有全吴之沃，鱼盐杞梓之利，充仞八方，丝绵布帛之饶，覆衣天下。”意即江南极其繁盛，土地广袤，物产丰富，百姓也都勤恳劳作，只要有一年丰收，很多地方都不会挨饿。南方又湖海岛屿星罗棋布，良田成片相连，竟达数十万顷。肥沃之地，其物产一次可卖一金，这是鄠杜二地之间物价所不能比的。荆州是南楚最富有的地方，扬州是东吴最富有的地方，二地所产鱼盐杞梓、丝绵布帛等皆可售遍天下。由此可知，南方经济在刘宋时期已达极盛。

北魏孝文帝迁都洛阳时也曾说：“朕以恒代无运漕之路，故京邑民贫。今移都伊洛，欲通运四方。(《魏书·成淹传》)”由此大概可知，开凿隋代大运河不是隋炀帝的一时兴起，而是长久以来的社会心理。纵使隋炀帝不主持开凿，后来也会有人来做这件事。这是由南方的经济和社会地位所决定的。

其二，割据政权消除。经历了四百年的割据与动荡之后，中国终于在隋代又一次实现了大一统局面。国家的统一往往会给社会带来自信与自豪，这从唐代的诗歌中即可看出一二。比如王勃说“海内存知己，天涯若比邻”，张九龄说“海上生明月，天涯共此时”，王湾说“潮平两岸阔，风正一帆悬”等，都是国家统一在士人心中投下的影子，自豪、自信以极其开阔的境界溢于言表。那么，隋代统一全国，整个社会也当有此心态，将整个国家有效地连在一起，陆路需要打通，水路也同样需要打通，隋代大运河便由此而起。

还有一个重要原因，即隋代以前淮河一直执行淮禁，也就是不允许随意做生意。《北齐书·列传》（卷二十一）载，北齐天保初（公元550—552年），高允族子季氏"随司徒潘乐征江、淮之间，为私使乐人于边境交易，还京，坐被禁止"，也就是说季氏在随军征讨江淮的时候，曾经私自让乐人在边境进行买卖，回到京城之后就被处分。《北齐书·列传》（卷三十九）也说：北齐乾明元年（公元560年），崔挺子季舒"坐遣人渡淮互市，亦有赃贿事，为御史所劾，会赦不问"，同样是私自交易，也为御史所弹劾，好在恰遇大赦，得以不问罪。但淮禁尽管一直在执行，民间的交易却并未终止，《北史·循吏传》载："旧制以淮禁不听商贩辄度。淮南岁俭，启听淮北取籴。后淮北人饥，复请通籴淮南，遂得商估往还，彼此兼济，水陆之利，通于河北。"可见有时候淮河上的交易还颇为频繁。

在这样的状况下，国家统一之后，淮河交易更是需要公开化、合法化，甚至需要推广到全国。隋代大运河的开凿与此自然也有很大关系。

其三，有贯通南北水运的基础。前文已经叙述，隋代大运河的每一段都是在前人的基础上重新开凿，这会省却一些劳力，因此也使开凿显得不那么艰难，具有相当的可行性。

其四，开凿技术之积累，此仅举数例以知之。当时的冶铁技术已得到普遍使用，更为精工的炼钢技术也有一定规模的使用，这为开凿大运河提供了工具保障。在科学技术上面，祖冲之在南朝宋时已经将圆周率的有效数字精确到第八位，这对河道测量的准确性有很大的作用。此外，西晋裴秀创制了《禹贡地域图》，北魏郦道元著出了《水经注》，每一条河流的流经情况都记载得非常清楚，这都使运河的开凿省去了很多考察、摸索之功。还有，早在汉代兴建漕渠时，就掌握了水准测量的技术，并具备了相当的水平。《汉书·沟洫志》有载："齐人延年上书言：'……可案图书，观地形，令水工准高下……'"沈括《梦溪笔谈》（卷一二）《官政》有载："天圣中，监真州排岸司右侍禁陶鉴始议为复闸节水，以省舟船过埭之劳……自后，北神、召伯、龙舟、茱萸诸埭，相次废革，至今为利。"这些都为大运河的开凿提供了极大的便利。

那么，隋代大运河的开凿有何作用和意义呢？首先是大运河打通了南北交流的水上通道，真正实现了南北的融会贯通，充分体现了大一统国家的特征。尽管隋代很快灭亡，但大运河的作用并未减小，而是对唐代的兴盛繁荣有着极大的促进作用。

其次是大运河的通航瞬间促生了数十座沿河城市。陆路运输有驿站、马铺，水路运输的速度更慢些，需要有渡口，有渡口就会有集市、有城镇，再大些就会有城市。这些大小不一的城市都是因河而生，可以说运河的开通进一步加速了中国社会的城市化。

再次，大运河的开通以洛阳为中心，南至扬州，北至北京，最大限度地将中国版图上的大型城市连接起来，而且还进一步促进了它们的兴旺发达，影响深远。

最后，大运河的开通使南北的交通变得更为便利。北方文化可以由此到达南方，南方文化也可以由此到达北方，充分实现了中华文化的交融、互补和相互繁荣。

此外，大运河还促进了民族融合以及与中亚和欧洲的交流，还奠定了唐代文化的兴盛等。

总之，大运河的开凿对国家而言有着重要的经济作用和文化作用，隋炀帝的开凿也不是为了个人私欲，隋代的灭亡也不能全部归因于运河的开凿。

四、创立科举制

隋炀帝还有一个重要的贡献就是创立科举制。

我们知道，自魏晋以来实行的选官制度一直是九品中正制，也就是把整个社会先分为上、中、下三个阶层，上品为上层，中品为中层，下品为下层，然后每个阶层再分上、中、下三层，如此全社会形成九个层级，各个层级之间不交流、不沟通、不互融，上品不会降到下品，下品也没有机会升到上品，久而久之就形成了“上品无寒门，下品无势族”的畸形社会状态。这一时期的国家政权只是向上品阶层开放，下品氏族人士无论多么努力、多么优秀，都无法接触到国家政权。正因为如此，左思才有“郁郁涧底松，离离山上苗”之感叹，鲍照才有“人生亦有命，安能行叹复坐愁”的苦闷。

正是看到了四百年来选官制度和社会阶层间存在的重大弊端，隋炀帝才创制科举，努力改变选官方法，希望通过科举进一步改变社会结构。参加科举考试者不分阶层、不分年龄、不分地域，其实就是之前的所有限制全部取消，仅仅通过一张试卷选官。对于考生而言，无论你有怎样的背景，如果你的答卷水平不行，你就永远也无法中举。可以说，科举制是对九品中正制的有效抵制和瓦解，它打开了底层人士的上升渠道，使广大的底层人士看到了实现人生价值的希望，整个社会也因此充满朝气，欣欣向荣。当然这些效果隋代都未能来得及看到，直到唐代才充分显现出来。

科举制分常科和制科，常科就是每年一考，制科则不定时，考虑到隋代享祚日短，科举制又处于初创阶段，制科考试或者没有进行过，或者其时尚未出现。常科分为明经和进士二科，明经以记诵经文为主，但隋代经学尚未统一，此科似难以进行。事实上，隋炀帝创制科举时，可能仅有进士一科，《旧唐书·杨绾传》云："近炀帝始置进士之科，当时犹试策而已。"也说隋炀帝之时的科举，仅仅只有进士试策一种类型。《旧唐书·薛登传》也说："炀帝嗣兴，又变前法，置进士等科。于是后生之徒，复相仿效。因陋就寡，赴速邀时。辑缀小文，名之策学。不以指实为本，而以浮虚为贵。"这里的"辑缀小文，名之策学"亦为试策。由此可见，隋炀帝创制的科举仅仅只有进士一科，且所试亦仅策对一门而已，没有像唐代以后各种复杂程序。

隋大业三年（公元607年）隋炀帝下诏曰：

天下之重，非独治所安。帝王之功，岂一士之略。自古明君哲后，立政经邦，何尝不选贤与能，收采幽滞。周称多士，汉号得人，常想前风，载怀钦伫。

朕负扆夙兴，冕旒待旦，引领岩谷，置以周行，冀与群才共康庶绩。而汇茅寂寞，投竿罕至，岂美璞韬采，未值良工，将介石在怀，确乎难拔？永鉴前哲，怃然兴叹！

凡厥在位，譬诸股肱，若济巨川，义同舟楫。岂得保兹宠禄，晦尔所知，优游卒岁，甚非谓也。祁大夫之举善，良史以为至公，臧文仲之蔽贤，尼父讥其窃位。求诸往古，非无褒贬，宜思进善，用匡寡薄。

夫孝悌有闻，人伦之本，德行敦厚，立身之基。或节义可称，或操履清洁，所以激贪厉俗，有益风化。强毅正直，执宪不挠，学业优敏，文才美秀，并为廊庙之用，实乃瑚琏之资。才堪将略，则拔之以御侮，膂力骁壮，则任之以爪牙。爰及一艺可取，亦宜采录，众善毕举，与时无弃。以此求治，庶几非远。

文武有职事者，五品已上，宜依令十科举人。有一于此，不必求备。朕当待以不次，随才升擢。其见任九品已上官者，不在举送之限。

这又是一篇长文诏令，可知隋炀帝求才之用心。其云，天下不独因朝政治理所能安定，帝王功业成功的表现，是任何优秀的人才都不能遗漏的。自古以来，明君圣主治理国家，哪一个不是广开途径，选贤与能，收采落魄有才之士。周代称济济多士，汉代称得人以治，这些都彪炳史册，令人欣然向往，大隋也渴望重开此风。

隋炀帝又说，其自继承国家大统以来，宵衣旰食，兢兢业业，到处寻访可以治理天下的人才，然而文士俊才，无人访问，难道是他们深藏不露，未遇伯乐。也可能是珠玉难辨，确实难以选拔，每思前哲选人之事，无不感叹良久。

凡今在位者，均是朝廷股肱之臣。国家如同一只船，正在渡济大川，众臣如同舟辑，作用之大，不言自明。哪里能够为了保存现有利益，害怕出错而隐藏所知，无所事事地度过一年又一年呢。春秋时晋国祁奚曾推荐杀父仇人解狐替代自己的职位，史官都称赞其公正无比。而鲁国臧文仲不能举贤荐能，孔子批评他有窃位之嫌。列举这些前代事例，不是想要褒贬什么，而是希望人人都能举贤，以辅助国家。

大家都知道，孝悌乃人伦之本，敦厚乃立身之本，一个人或节义，或清廉，都能够有益于社会风化。而正直刚毅、公正不二、才思敏捷、妙笔生花者，都是国家急需人才，实乃可堪大任。有将帅谋略之才者，可以用之于边防，武力过人者，可以用之为宫廷护卫。放开来说，凡有一技之长者，都可以采录，所有有才者，都录之于国，如此治理，国家岂有不兴旺之说。

今朝廷文武官员，五品以上者，依令十科举人，有一于前述者，不必求备。隋炀帝将随才升擢，九品以上者，不举送。

由上可知，这是隋炀帝的一篇求贤诏，乃为其科考做准备。隋代科考资料极为零星，有价值者并不多见，唐高祖时科考改革尚不多，据之可见隋代情况之一二。武德前四年皆不贡举，武德五年（公元 622 年）十月，各州推荐明经 143 人、秀才 6 人、俊士 39 人、进士 30 人，知这一时期的科考类型有明经、秀才、俊士和进士等，隋炀帝时也当如此。但《唐摭言》载："十二月，吏部奏付考功员外郎申世宁考试，秀才一人、俊士十四人，所试并通，敕放选与理人官。"事实上朝廷最终选出者仅秀才与俊士二科而已，有争论说此"俊士"当为"进士"，《唐摭言》所记有误，根据其后的科考情况来看，此处确实有误。那么也就是说，各州县推荐上来的人选，最后选出来的只有秀才和进士二科，隋代也当如此。

其后武德六年（公元 623 年）仅录进士 4 人，七年（公元 624 年）录秀才 2 人、进士 6 人，八年（公元 625 年）录秀才 1 人、进士 5 人，九年（公元 626 年）录秀才 2 人、进士 7 人，再无其他名目。由此观之，我们前文的推测大略属实。

总之，隋炀帝创制科举，其功至伟。初创之时，科考科目单一，在于情理之中。但此考试方法经过后世完善，竟成为中国最有效的选才方法。它最大限度地抑制了势族的权利，自此以后，"旧时王谢堂前燕"的现象再也没有出现过。它打通了底层士人的上升渠道，在全社会形成了一种浓厚的读书风气，"何物动人，二月杏花八月桂。有谁催我，三更灯火五更鸡"就是这一现象的典型表现。科举考试对于阶层交融、社会稳定都有着极大的促进作用。这一切功绩的开创者，都应该归于隋炀帝。

五、文学作品赏析

隋炀帝不仅修建洛阳城、开凿大运河、创立科举制，他还是一位优秀的诗人。隋炀帝的诗作大致可以分为四种类型，一是乐府旧题，所写内容可能是时事，也可能不尽是时事；二是宫体诗，这是其时最为流行的诗歌创作模式，尽管隋炀帝的诗作有浓厚的宫体气息，但又不完全与宫体诗人相似；三是学习民歌，描写世俗情爱，双关等艺术手法运用较多；四是抒情之作，因某种机缘而借机抒发内心情感。今试析数首，以见其特点。

(一)乐府诗

《饮马长城窟行》是隋炀帝早期诗作,诗题下有注云:“示从征群臣。”也就是说,这首诗是出征途中所作,其云:

肃肃秋风起,悠悠行万里。万里何所行,横漠筑长城。
岂台小子智,先圣之所营。树兹万世策,安此亿兆生。
讵敢惮焦思,高枕于上京。北河见武节,千里卷戎旌。
山川互出没,原野穷超忽。撞金止行阵,鸣鼓兴士卒。
千乘万旗动,饮马长城窟。秋昏塞外云,雾暗关山月。
缘岩驿马上,乘空烽火发。借问长城侯,单于入朝谒。
浊气静天山,晨光照高阙。释兵仍振旅,要荒事万举。
饮至告言旋,功归清庙前。

《饮马长城窟行》为乐府旧题,魏晋以来写作者众,题目已限定内容须与边境战争或劳役有关。诗中说秋风肃肃而起,行军已逾万里。一路上看到了些什么?除了大漠就是长城。征程能够如此顺利,不是我有多么智慧,而是前辈的基础打得好。建立万世之功,安抚亿兆百姓,怎敢畏惧焦思而选择安逸的京城生活。因此在北河我接受父皇任命,率军直奔千里。一路上山川交替,原野忽远忽近。鸣金休息,击鼓起行。行军之时千军万马都在奔行,气势壮观。塞外风云昏暗,关山之月迷雾一片。战马沿岩攀爬,烽火在山顶缓缓升腾。问起守边军官,方知单于已经入京和谈。一时间天山浊气净尽,阳光明媚。但放下兵器仍要整顿军队,边远属国还有很多事情需要处理。渴望凯旋庆功之宴早日举行,好将功劳归于列祖列宗之前。整首诗充分体现了描写战争过程中的心理变化,符合《饮马长城窟行》乐府的写作。诗歌随主题换韵,较为灵活。

《白马篇》以曹植所写最为有名,但杨广尚为世子时,其各方面条件皆与曹植相当,此似有与曹植一比高下之意:

白马金贝装,横行辽水傍。问是谁家子,宿卫羽林郎。
文犀六属铠,宝剑七星光。山虚弓响彻,地迥角声长。
宛河推勇气,陇蜀擅威强。轮台受降虏,高阙翦名王。

射熊入飞观，校猎下长杨。英名欺卫霍，智策蔑平良。
岛夷时失礼，卉服犯边疆。徵兵集蓟北，轻骑出渔阳。
进军随日晕，挑战逐星芒。阵移龙势动，营开虎翼张。
冲冠入死地，攘臂越金汤。尘飞战鼓急，风交征旆扬。
转斗平华地，追奔扫大方。本持身许国，况复武功彰。
会令千载后，流誉满旗常。

“白马金贝装，横行辽水傍”对比曹植作的“白马饰金羁，连翩西北驰”，模仿的痕迹十分明显，首句言马之装备，次句言所行之地，变化仅仅只是所饰之物不同，所行方向不同而已。“问是谁家子，宿卫羽林郎”对比曹植作的“借问谁家子，幽并游侠儿”，前一句仅将“借问”改为“问是”，含义并无变化，后三字则完全相同；后一句用意则一样，都是指出人物的身份。

变化主要出现在中间部分，曹植“少小去乡邑，扬声沙漠垂。宿昔秉良弓，楛矢何参差。控弦破左的，右发摧月支。仰手接飞猱，俯身散马蹄。狡捷过猴猿，勇剽若豹螭。边城多警急，虏骑数迁移。羽檄从北来，厉马登高堤。长驱蹈匈奴，左顾凌鲜卑。弃身锋刃端，性命安可怀”主要写少年英雄征战边疆。而杨广“文犀六属铠，宝剑七星光。山虚弓响彻，地迥角声长。宛河推勇气，陇蜀擅威强。轮台受降虏，高阙翦名王。射熊入飞观，校猎下长杨。英名欺卫霍，智策蔑平良。岛夷时失礼，卉服犯边疆。徵兵集蓟北，轻骑出渔阳。进军随日晕，挑战逐星芒。阵移龙势动，营开虎翼张。冲冠入死地，攘臂越金汤。尘飞战鼓急，风交征旆扬。转斗平华地，追奔扫大方”数句则写自己身怀绝技、骁勇善战，既有虚写的成分，更有写实的成分，这是与曹植诗的最大不同之处，曹植诗更多靠的是才气，用才气将想象之事描绘出来。

最后数句，曹植表达的是视死如归的豪情壮志，杨广则说：“本持身许国，况复武功彰。会令千载后，流誉满旗常。”自己早已以身许国，现在又立战功，想来千秋万世之后，我的功名还在到处流传吧。

总体而言，曹植诗更多书生气息，杨广则因为有征战经验，所以诗歌写实成分要多些。而且他们的目标也不一样，曹植渴望的是建功立业，杨广则欲流芳百世，二者虽然并不矛盾，但细究还是有所差异。

(二)宫体诗

《春江花月夜》是杨广的名篇,世人皆知张若虚有《春江花月夜》,闻一多认为其"向前替宫体诗赎清了百年的罪,向后和陈子昂分工合作清除了盛唐的路",评价之高,无以复加。然此题实乃乐府旧题,其前杨广也曾有作:

暮江平不动,春花满正开。流波将月去,潮水带星来。

《春江花月夜》一诗写作限制极严,诗篇长短可以不拘,但无论怎么写,都必须突出春、江、花、月、夜五个意象,或者说必须围绕这五个意象展开写作。如此,则篇幅越短,就越难写作,由此观之,杨广之力非同寻常。

首句"暮江平不动"交待了两个意象,一是"夜",二是"江"。但其将"夜"悄然前移到"暮",虽也静谧,显然不似"夜"般彻底、纯粹的静。"暮"乃人声初散、余音尚在,亦即虽静而仍未静的场景。江潮初歇,虽言"平不动",然其仍在轻轻地拍打着岸边。因此,"暮江平不动"中既包含了题目的意象,意境则静中含动,虽是静景,但却能实实在在地感觉到它的动,只是这种动较为温和而宜人,正是傍晚给人的感觉。

第二句"春花满正开",一转而为动景,一个"开"字就将前句的"静"给打破,生机由此而来,同时又有"春"和"花"点题,一个"满"字瞬间又形成一幅画。静心想象,春天的傍晚,江上潮水初歇,浪花轻轻地拍着江岸,江边旷野花海成片,竞相怒放。江水延伸到哪里,花海也便盛开到哪里。景色如此美好,极易让人回想起谢朓《晚登三山还望京邑》一诗,其诗有云:"喧鸟覆春洲,杂英满芳甸。"其中也有一个"满"字。二诗所述之景何其相似,时隔大约两百年,诗人们看到相同的景象,发出的感慨还能如此相似,且二人身份完全不同,情感却很相近,足见某些情是人人共通的,不会因为地位的不同而不同。

第三句"流波将月去"续接上句,继续写动景,意即流动的波浪将月光带走。一句简单的诗句交待了很多内容,一是水还在流动,说明乃为动景;二是将月光带走,说明时间还在月初,可能是二月或三月上旬;三是诗人沉醉于美景当中,不觉已经夜深,月亮已落,言语简单而意境丰满,此句又点出"月"字,至此题目中的五个意象已经全部出现。

第四句“潮水带星来”，交待时光流转，月落星起，暮江平不动的情景已悄然逝去，潮水又起，动景又现，只是潮水在星光之下，依然显得有些凄凉。

整体而言，此诗虽属宫体，但其内容已经完全没有了徐庾体的纤弱、视野狭窄和内容空洞，而是将月光移至宫廷之外，从某种程度上来说，他已经突破了宫体诗的局限，同时又开启了后来李世民宫廷诗的写作模式。郑振铎云：“杨广虽不是一个很高明的政治家，却是一位绝好的诗人，他虽是北人，所作却可雄视南士。薛、卢之辈，自然更不易与他逐北。像他的《悲秋》，又像他的《春江花月夜》都是置之梁祖、简文诸集中而不能辨的。又有‘寒鸦飞数点，流水绕孤村’的数语，曾为秦观取入词中，成为绝妙好词。”评价甚是公允。

放得更开一点来说，此诗写景有余而抒情不足，因为诗题限制过多，在极少的文字中，情似乎无处安置，这也是宫体诗的通病。就韵律而言，此诗遵守的仍然还是齐梁时期的四声规律，一联之内，音韵尽殊，五字之内，宫商各异，然联与联之间却未能顾及上，存在较多重复，这一问题尚需百年之后沈佺期、宋之问才能解决。

《喜春游歌二首》也是宫体诗：

（其一）

禁苑百花新，佳期游上春。轻身赵皇后，歌曲李夫人。

（其二）

步缓知无力，脸曼动馀娇。锦袖淮南舞，宝袜楚宫腰。

第一首说宫中春天到来，百花盛开，正值佳期，宫女们都纷纷出来游春。她们个个如赵飞燕般婀娜轻盈，吟唱的歌曲又如李夫人一样婉转动听。诗中并无更多的内涵和深意，完全就是宫体诗的写人模式。

第二首接续第一首的场景而写。那些宫女们娇弱无力，步履缓慢，但她们脸上洋溢着青春的娇羞与赏春的兴奋。有的会情不自禁地翩翩起舞，在她们舞动之时，更显得婀娜娇好。如同上一首一样，这是典型的宫体诗，境界不出宫中，甚至全在宫女身上。内容除人物描写细腻之外，别无可取。

《东宫春》也是宫体诗，但写景色彩更浓些：

洛阳城边朝日晖，天渊池前春燕归。
含露桃花开未飞，临风杨柳自依依。
小苑花红洛水绿，清歌宛转繁弦促。
长袖逶迤动珠玉，千年万岁阳春曲。

其诗云洛阳城边的暖阳缓缓升起，天渊池里已有春燕飞回。桃花花蕾饱满，含露待开，洛阳城里的杨柳临风依依，无比美妙。皇宫小苑里的花开了，鲜艳红润，洛水也涨起来了，绿得发亮。宫中清歌婉转，弦声时紧时慢。舞者长袖飘飘，逶迤不绝，年复一年都在吟唱《阳春曲》。诗意仅仅如此，但确实已与早期宫体诗有了巨大的不同。

《江都夏》也属宫体诗：

黄梅雨细麦秋轻，枫叶萧萧江水平。
飞楼绮观轩若惊，花簟罗帏当夜清。
菱潭落日双凫舫，绿水红妆两摇渌。
还似扶桑碧海上，谁肯空歌采莲唱。

其诗云黄梅时节细雨濛濛，轻轻地飘洒在成片的麦田上，枫叶发出萧萧之声，江水似平实涨。高楼构造奇特，出人意表，舞者花簟罗帏，曼妙不已。菱潭中画着双凫的游船迎着夕阳，船上女子的红妆恰与绿水相映，甚是好看。如此美景，谁还愿意空歌《采莲曲》呢。

（三）学习民歌之作

杨广早年长期领兵征战南北，登基后又多次下江南，其对民间的了解一直不曾中断，江南民歌的内容及写作模式也深深地吸引着杨广，他的很多诗作都是学习江南民歌的成果。

《江陵女歌》就是杨广学习江南民歌的成果之一：

雨从天上落，水从桥下流。拾得娘裙带，同心结两头。

前两句描写自然景象，以作起兴，后两句则写民歌中常写的爱情。“娘”非指母亲，当指女孩。意即拉起姑娘裙带的一端，我们便永结同心。诗作惟妙惟肖，完全就是一首优美的江南民歌。“同心”自是一语双关，既表示裙带两端之人想法一样，也有永结同心之意。

《凤艒歌》也有民歌特色：

三月三日向红头，正见鲤鱼波上游。

意欲垂钩往撩取，恐是蛟龙还复休。

诗说三月三日上巳节想要去讨一个红头喜庆，正好就看到鲤鱼在水中游来游去。本来有意去钓几只上来，又担心它们是蛟龙，所以还是算了吧。这首诗表面如此，但似还有深意，《广五行志》云："隋炀帝三月三日沐上作《凤艒歌》，乃唐兴之兆。"意思大约是说"鲤"与"李"同音，"波"与"渊"同义，其中又有"蛟龙"，实乃唐兴的预兆，这是预言体的常用手法，杨广自然不会，必定是后人附会。

（四）抒情之作

《泛龙舟》二首是典型的抒情之作，《旧唐书·乐志》曰："《泛龙舟》，隋炀帝江都宫作。"可知此诗乃隋炀帝下江南至扬州所作：

舳舻千里泛归舟，言旋旧镇下扬州。

借问扬州在何处，淮南江北海西头。

六辔聊停御百丈，暂罢开山歌棹讴。

讵似江东掌间地，独自称言鉴里游。

第一首中，"舳舻"指首尾相接的船只，也就是船队的意思。整首诗说，船队航行千里，不成想我又回到了旧镇扬州。那么谁知道扬州在哪里？我告诉你们，它在淮南江北也是东海的西头。诗中颇有岁月流转、时不我待之慷慨。

第二首说征战的间隙，我暂时停下前进的步伐，以歌讴舞蹈愉乐心情。哪里像江东掌间之地，这里一个人出游，如同在镜中一般。对扬州美景赞不绝口。由此也可以知道，近三百年后，杜牧"春风十里扬州路"虽然重点不在写扬州，但扬州之美却溢于言表，自是渊源有自。

《早渡淮诗》是一首借景抒情之作：

平淮既淼淼，晓雾复霏霏。淮甸未分色，泱漭共晨晖。

晴霞转孤屿，锦帆出长圻。潮鱼时跃浪，沙禽鸣欲飞。

会待高秋晚，愁因逝水归。

诗中说淮水平净如镜，远望淼淼无穷，早晨江雾时淡时浓，一片缥缈。淮河与两岸景色未分，浩瀚之景共沐在早晨的光晖中。随着太阳升高，浓雾散去，朝霞凝聚在水中的一个小岛上，船只都开始起锚，江上逐渐热闹起来。江鱼偶尔会在浪花中高高跃起，小鸟欢叫不已，想要高飞。假如等到秋天的傍晚再来看淮水,那必将会是另一种感受,唯一令人忧愁的是逝水不归,“子在川上曰:‘逝者如斯夫。’”

《晚春诗》乃写洛阳的春天,此当为其迁都后之作:

洛阳春稍晚,四望满春晖。杨叶行将暗,桃花落未稀。

窥檐燕争人,穿林鸟乱飞。唯当关塞者,溽露方沾衣。

其诗云洛阳春天来的晚些,结束的也要晚些,已到晚春,放眼望去,春色还是无比浓郁。杨树的叶子逐渐长大,即将形成荫凉,桃花刚刚开始飘落,所以树上还是花团锦簇,不见稀少。看一看屋檐下,燕子热闹非凡,穿过树林,又惊起群鸟乱飞。如此美景下,我忽然想到那些守护边境的将士,他们无比辛苦,天气还冷,浓重的露水一定沾湿了他们的衣服。作为君主,全诗的最后将落脚点归于将士,还是值得称赞的,后世那些成功的君主,也不过如此。

杨广的诗作中常出现对时光易逝的伤感,前引之诗中已多次出现,而《悲秋诗》更是这类作品的代表:

故年秋始去,今年秋复来。露浓山气冷,风急蝉声哀。

鸟击初移树,鱼寒欲隐苔。断雾时通日,残云尚作雷。

其诗云去年的秋天刚刚过去,今年的秋天却又到来了。露水渐浓,山气渐冷,风声也猛烈,蝉声也凄凉。鸟受到寒气侵袭开始移树隐身,鱼也感觉到冷总想着隐在水草后面取暖。一场秋雨过后,天上的云雾有的地方厚,有的地方薄,阳光偶尔会透过薄的云雾照射出来。天空的云慢慢变少,偶尔也还会传来打雷的声音。整首诗都在写景,事实上这是宫体诗变异之后的一个必然经历,或者说这种写法又重新回到了谢灵运那里,也就是山水诗初创之时,所有的诗句只写景,不写情。可以说这也是杨广的多种文学尝试。

杨广还有一首《野望》也颇为流行,今置于最后分析:

寒鸦飞数点,流水绕孤村。斜阳欲落处,一望黯消魂。

这首诗刻画了一幅凄冷的画面。诗题为野望,就是在郊野远望,“寒鸦”点明时间在晚秋或初冬之季,“飞数点”是说傍晚时分,视野已经不大清晰,鸟飞起时能看到有鸟在飞,但已经分不清是何种鸟,因此“数点”一词极为逼真。缓缓流水绕孤村而行,傍晚时分本就易于伤感,此又见孤村,凄凉之情更是溢于言表。第三句点出时间,傍晚时分斜阳将落。此三句并行交融,共同构成了一个野望中的平静、疏淡、清冷、黯然的冷色调境界。最后一句"一望黯消魂"中的"黯消魂"来自江淹《别赋》"黯然销魂者,唯别而已矣",则又将整首诗的凄冷原因交待清楚,乃"唯别而矣",实乃述分别之情也。整首诗借景述情,意境之美、手法之高,皆可入一流。

由上可见,杨广的诗歌主要有乐府诗、宫体诗、民歌和抒情诗等,杨广在前人的基础上既有继承又有发展,尤其是在宫体诗向宫廷诗的转变过程中,杨广的诗作贡献不可轻易抹去。

本章我们讨论了隋炀帝杨广的功绩和文学创作,从中可以看出,杨广的主要功绩在修建洛阳城、开通大运河和创立科举制,这些对后世都有极大的影响。而其文学创作也是宫体诗转变中的重要一环,他的诸多作品实可进入一流行列。只是因为隋代祚短,隋炀帝又似起着不可推卸的责任,后世因人废言,其功绩及其文学成就皆隐而不彰,不禁令人唏嘘。

第二章　唐太宗李世民

一、唐太宗的重要功绩述略

(一)晋阳起兵，平定天下

唐太宗李世民，唐王朝的第二个皇帝，高祖李渊的第二个儿子。李渊取“济世安民”之意，称其名为“世民”。李世民死后，定谥号为“文皇帝”，庙号为“太宗”，后世多以“太宗”称呼。

自李世民曾祖父李虎时起，李氏家族世代显贵。其父李渊袭封唐公，又是隋文帝独孤皇后的侄子，先后历任隋代多个重要官职。隋开皇十八年(公元 598 年)十二月，唐太宗李世民生于武功之别馆，即李氏家族在武功县南十八里的旧宅。身处乱世，李世民显现出卓越的军事才能与胆识。隋大业十一年(公元 615 年)四月，隋炀帝北巡边塞时，被突厥始毕可汗率众十万，围于雁门。此时，16 岁的李世民应募参军，隶属于屯卫将军云定兴营部。他向云定兴提出虚张声势、树上开花之计。突厥以为隋援军大至，解了雁门之围，仓皇北逃。

隋大业十二年(公元 616 年)，李渊被任命为右骁卫大将军、太原道安抚大使，李世民跟随、辅佐父亲李渊镇守太原。在此期间，他广泛结交汇聚于此的各路豪杰，逐渐产生了“安天下之志”。隋大业十三年(公元 617 年)，李渊被任命为太原留守，总揽太原地区的军政大权。太原地区的一些官僚、豪族、富商也开始向李渊靠拢。同年六月，李渊正式宣布举义兵，开大将军府，置三军。此时，尚且年轻的李世民虽然并不是晋阳起兵的“首谋”，但他聪明勇决、识量过人，收罗天下英豪为其所用，多次向李渊等人提出起兵的建议。而且，他是晋阳起兵时，李渊身边唯一的儿子，参与了晋阳起兵的全过程，发挥了重要的作用。

隋大业十三年(公元 617 年)十月，李渊率兵进至长安，以二十万大军围京城。李世民驻扎于金城坊，从西北面攻打。同年十一月，长安被攻陷。李渊改立隋代王杨侑为皇帝,即隋恭帝,尊隋炀帝为太上皇,改元义宁。隋恭帝授李渊假黄钺、使持节、大都督内外诸军事、大丞相、录尚书事,封为唐王,总揽军国要务;以李建成为唐国世子;以李世民为唐国内史,封秦国公。

隋义宁二年(公元618年)五月,隋恭帝禅位于李渊。李渊即皇帝位,立国号为唐,改年号为武德。武德元年(公元618年)六月,李世民被任命为尚书令、右翊卫大将军,封为秦王。此后,长子李建成被立为皇太子,统领攻伐征战的任务主要由李世民来承担。在李世民的统领下,唐军先后击败、消灭薛仁杲、刘武周、王世充、窦建德、刘黑闼等地方割据势力。在统一中国的过程中,李世民展现出卓越的军事才能、非凡的政治能力,能够纵横捭阖、知人善任,也凝聚了一批富有才干的谋略之士、精兵良将。李世民的军政势力得到了极大的提升。

"飞鸟尽,良弓藏",统一战争即将结束之时,李渊、李建成、李世民之间的矛盾日益显现出来,特别是李建成与李世民之间,围绕皇位继承问题的斗争日益加剧。军功赫赫的李世民,一方面具备了问鼎的势力与雄心,另一方面也不免会引起李建成的猜忌。

(二)玄武之变,贞观之始

为了便于军事统领,李渊不断给予李世民军政大权。唐武德四年(公元621年)十月,李渊以自古以来的官职都不能与李世民的功绩相称,特加"天策上将"之号,同时领司徒、陕东道大行台尚书令,位在其他王公之上。李世民的天策府可以设置文武官员,原来的谋略集团转化为李世民在军事上的决策顾问机构和政治上的官署机构。李世民还设立了"文学馆",收揽全国各地的文士。这些人轮值,以备李世民询问、商讨,是李世民的决策智库。在击败窦建德、王世充,平定洛阳后,李世民凯旋,身披金甲,跟随大将二十五人,铁骑一万,披甲之士三万,前后有鼓吹仪仗,气势恢宏。同时,这也是李世民实力与势力的展示,但对于太子李建成来说,这也不啻为严重的威胁。

长年留守长安,不参与统一战争,李建成东宫集团的实力越来越不如李世民的秦王府。唐武德五年(公元622年),刘黑闼再次起兵,太子洗马魏征给李建成建议,宜趁此机会,谋取功名,同时结纳山东豪杰,以增强自己的政治势力。因此,这次的军事行动不再由李世民做统帅,而改为太子李建成。

对于李世民来说,这是一个危险的信号,“不为兄弟所容,实有功高不赏之惧。”[1]唐武德六年(公元623年),为防备突厥趁乱南下,李世民被派往并州屯守。自此之后,李世民未能再像以前一样,不但不再拥有赫赫功名,而且处处受到排挤,自己在关东地区培植起来的势力,也逐渐被太子李建成侵蚀。

皇位之争,也引起后宫、朝廷官员及地方势力之间的相互倾轧和争夺。大家都希望自己依靠的势力能够在皇位之争中胜出。面对这样的情形,李渊试图维持三子的平衡,既不想剥夺李建成的皇太子身份,也不愿意看到三子手足相残。然而,在你死我活的争斗中,这种平衡是无济于事的。东宫和秦王府的政治斗争,最终演变为了骨肉相残的兵变。

唐武德九年(公元626年)六月四日,李世民预先与玄武门守将常何、敬君弘、吕世衡等商定,让长孙无忌、尉迟敬德、侯君集等将领埋伏于玄武门内。李建成和李元吉自恃手握京城驻军军权,入宫面见高祖李渊。他们入玄武门,行至临湖殿时,预感形势不对,拨转马头,准备回府。但为时已晚,李世民射杀李建成,尉迟敬德等率骑兵接续,射杀李元吉。等候在玄武门外的东宫、齐王府将士欲攻入玄武门,但此时的玄武门已为李世民所掌握。东宫、齐王府的军队又打算攻打秦王府。秦王府兵力薄弱,将士大惧,尉迟敬德以李建成、李元吉首级示众,众将士发现首领已死,纷纷散去。李渊见此大惊,只能承认李世民的胜利,立其为太子。同年八月,李渊退位,为太上皇,传位于太子。李世民正式即位于东宫显德殿,改元为贞观,开启了太宗时代。

李世民取得皇权后,虽然对李建成、李元吉的家族及势力进行了清除,但能够很快转变策略,采取宽大措施,并收揽原东宫、齐王府的人才,稳定人心。其中,最为著名的是收揽了魏征、王珪、韦挺等东宫旧臣。魏征曾力谏李建成杀掉李世民。李世民责问他,为什么要离间手足。魏征泰然自若地讲,皇太子如果听了臣的谏言,也就不会有玄武门

---

[1] 吴兢. 贞观政要集校·卷五·论忠义[M]. 北京:中华书局,2003:262.

之祸。李世民听了之后，认为魏征能够一心为主、尽心所事，日后倍加重用，终成一代贤君忠臣之佳话。

贞观之初，李世民面对的最大问题是如何稳定关东地区的形势。李氏家族来自于关陇集团，与关东地区的河南、河北、山东等地关系较少。李世民在统一全国的战争中，注意拉拢关东豪族，但在玄武门之变后，关东地区的一些政治势力意图趁唐王朝政治动荡之际，东山再起。

为了解决关东地区的问题，李世民在玄武门之变后，迅速废除潼关以东濒河的各个关卡，委派屈突通镇守洛阳，以防备可能发生的叛乱。重用李建成旧臣，河北巨鹿人魏征为谏议大夫，"宣慰山东，听以便宜从事。"❶魏征与山东、河北地区的豪杰关系密切，曾先后在李密、窦建德、李建成等人麾下为官。李建成失败后，大批亲信逃亡关东地区。魏征秉承李世民旨意，宽慰东宫、齐王府旧臣，感召他们以国士报效。

然而，出于政治上的警惕之心，李世民对关东地区和关东人士难以充分信任和公平对待。魏征多次上书李世民，建议开诚布公、取信于民。殿中侍御史张行成也曾进谏李世民，"天子以四海为家，不当以东西为限；若如是，则示人以隘陋（古同'狭'）。"❷张行成也是关东之人，也曾在王世充手下为官。李世民能够听受这番话，并有意转变原来的用人之策，广泛拔擢关东人士，甚至是一些出身寒门小族的人才，也能被李世民不拘一格地重用。这样，在贞观之初，太宗朝廷逐渐显现出清明宏大的政治气象。社会、经济也逐渐从隋末战乱和政治纷争中恢复过来。

（三）天下大治，功德兼隆

唐太宗李世民是治乱之君，从乱中来，深知大乱之后的大治是国家长治久安的保障。政局平稳之后，李世民急切地希望能够实现"天下大治"。然而，治大国如烹小鲜，疲弊之时，如果施以猛药，那么可能就会使百姓更加困顿、国家更为凋敝，甚至可能出现新的战乱。李世民采纳魏征的意见，抚民以静，休养生息。

---

❶ 司马光.资治通鉴·卷一九一[M].北京：中华书局，2011：6129.

❷ 刘昫.旧唐书·卷七八·张行成传[M].北京：中华书局，1975：703.

农业是传统社会的立国之本。自北魏时期以来,北方地区采用计口授田的方式分配土地,即均田制。唐代初年,也曾颁布了均田令,但实行的范围有限,且因战乱不止,在全国范围内实施的效果不佳。唐太宗即位后,随着政局逐步稳定,开始大力推行均田制,着力解决农民无地、空荒地等问题。与均田制相应,唐太宗继续推行武德初制定的租庸调法,征收赋税、征调劳役。李世民还能够注意与民休息,先后多次减免地方租赋,减发、停发徭役。同时,鼓励农桑,强调人尽其力、地尽其利,无妨农事,保证农业生产,以实现国强民富。经过短短四五年的恢复与发展,唐代的经济、社会就已实现了较大的发展,初步实现了"天下大治"。如唐杜佑所描述的,"自贞观以后,太宗励精为理。至八年、九年,频至丰稔,米斗四五钱,马牛布野,外户动辄数月不闭。至十五年,米每斗值两钱。"❶

人才是事业持续发展的保障。唐太宗延续并发展了创始于隋代的科举选人制度。科举制度在一定程度上进一步打破了世家大族把持政治的局面,为寒门庶族开启了入仕之途。为了最大限度地方便选人考试,最大限度地收揽人才,唐太宗设置了"东选",即关东人士可在东都洛阳参加科举考试,而不必跋涉至长安。科举制度的发展为太宗朝提供了充足的人才储备,也推动了重才轻资的社会风气的形成,促进了初唐文学的发展。唐太宗曾临幸端门,见到新进士缀行而出,得意地说:"天下英雄尽入吾彀中矣!"❷天下的英才,尽能为唐王朝所用。

在政治制度方面,唐太宗对隋代的三省制进行改革与完善。隋代及唐武德朝时,三省长官都是宰相。李世民曾担任尚书省尚书令一职,因此即位后不再授人,而由次官左仆射、右仆射为尚书省的实际长官且职权极重。唐太宗又给其他官员加"参议朝政""参知机务""参知政事",或是加"平章事""同三品"等名号,以参与宰相事。这样不但能够集思广益,还能够适当分散三省长官的权力,相互掣肘,加强对相权的控制。一些品秩或出身较为低微的官员,通过这样的途径能够参与到

❶ 杜佑.通典·卷七·食货[M].王文锦等点校.北京:中华书局,1988:149.

❷ 王定保.唐摭言·卷一[M].上海:上海古籍出版社,1978:3.

中央权力中来,能够扩大政治的覆盖面。为了保证政策的准确性,减少或避免不必要的错误,同时也为了互相监督,唐太宗重申旧制,在拟定诏敕之时采取“五花判事”的制度。军国大事在提交皇帝和宰相们之前,由中书舍人们讨论并提出自己的意见,然后由中书令和中书侍郎汇总、审定。拟定好的诏敕草案,送交门下省进行审议,门下省有封驳之权。如遇到不当之处,给事中们可以附上自己的意见,重新发回中书省再拟定起草。中书、门下在政事堂议定之后,奏闻皇帝,再下至尚书省执行政令。这一套集体负责的制度,能够尽可能地保证诏敕制定、执行的正确性,减少错误。

为提高地方行政效率和中央的执行力,改变隋末唐初州县泛滥、吏多民少的状况,贞观元年(公元627年)二月,唐太宗下令省并州县,将全国划分十个道。道是按照“山川形便”的原则设立的监察区划,为此后上升为行政区划奠定了基础。

公元6世纪中期,北方的突厥逐渐强盛起来。隋代时,突厥多次骚扰边境,造成极大的威胁。如前所述,隋炀帝北巡之时,曾被突厥围困于雁门,李世民曾参与解救隋炀帝。隋末战乱之际,突厥趁乱不断南下,一些割据势力,甚至是李渊都曾试图借助于突厥之力。因此,李唐王朝将突厥视为突出问题。贞观三年(公元629年)十一月,唐太宗以十万大军分道出击,意图彻底解决东突厥问题。至翌年四月,李靖、李绩等率领的唐军俘虏突厥颉利可汗,征服了东突厥,在其旧地设置定襄、云中等都督府。此后,唐太宗又平定了吐谷浑、灭高昌国、击败西突厥,并与吐蕃和亲,维护了边疆的统一,扩大了唐王朝的影响范围,被尊称为“天可汗”。

在唐太宗统治之下,唐王朝虽然出现了政治清明、经济发展、社会稳定的贞观之治。但在专制王权之下,皇帝个人的性格、能力等对国家的发展影响极大。唐太宗虽然能够尽力做到任贤任能、求谏若渴、兼听兼信、广开言路,但这种做法没有完备的制度保障。在贞观中晚期,李世民不像前期那样不拘一格地任用各种人才,偏重于关陇贵族。对于边疆地区持续地征战,特别是征伐高丽的惨败,不仅加剧了唐王朝边境的紧张局势,也使国内兵役、徭役日益繁重,社会经济受到较大影响。

在继承人选的问题上，再次出现兄弟相争的问题，引起中央政局的不稳。但总的来说，唐太宗和他的贞观之治是自东汉末年以来中国少有的稳定的繁荣发展时期，为此后唐王朝的鼎盛期奠定了坚实的基础。欧阳修在《新唐书》中评价，“自古功德兼隆，由汉以来未之有也”。[1]

二、唐太宗时期的洛阳

(一)陕东道大行台

东汉以来，洛阳是全国政治、经济、文化、军事中心，但也是兵家必争之地。入隋之后，隋文帝在洛阳设置河南道行台，以秦王杨俊为行台尚书令兼洛州刺史，后又改派太子杨勇镇守洛阳。隋炀帝即位后，改以洛阳为都，命尚书令杨素、纳言杨达和将作大匠宇文恺规划、营建洛阳城，并以洛阳为中心，开凿疏通了北至涿郡、南达余杭的大运河。洛阳的国家中心地位得到了进一步加强。

隋末，洛阳成为战乱的起点与争夺之地，军事战略位置极其重要，同时遭受的兵火也极其猛烈，各方势力围绕洛阳展开多次争夺。直至贞观初年，洛阳及以东地区仍然是茫茫千里、荒草水泽、人烟断绝，不闻鸡犬之声，萧条难行。

唐武德元年(公元618年)，李渊在长安基本立足，为进军关东，统一全国，设置了陕东道行台，以李世民为陕东道行台尚书令，驻地在今大荔县的朝邑镇(《元和郡县志》所载之同州朝邑县)，统领关东兵马。唐武德四年(公元621年)，平定王世充后，洛阳得以成为唐土。李渊在洛阳设置洛州总管府，治理洛、郑、熊、谷、嵩、管、伊、汝、鲁等九州，大体为今洛阳、郑州和平顶山部分地区。同年七月，李世民的大将、陕东道行台右仆射屈突通驰镇洛阳，陕东道行台的机构实质性地转移到了洛阳。同年十月，为表彰李世民平定王世充、占领洛阳的功绩，加称号“天策上将”并得以开府。同时，陕东道行台升格为陕东道大行台，治所由长春宫改为洛阳，李世民为陕东道大行台尚书令。

行台，是行尚书台的简称，是中央尚书省的派出机构，拥有地方的

[1] 欧阳修，宋祁. 新唐书·卷二·太宗纪[M]. 北京：中华书局，1975：48.

政治、经济、军事、监察等权力。行台最早可追溯至三国时期,乱世之时,君主出幸、镇抚各地,以行台自随,处理军国大事。至北魏时期,行台制度逐渐固定化,具有突出军事、政治战略地位的地方,均可设置行台,委任诸子、亲信、大将等掌管行台事,加强对地方的控制与管理。入隋之后,隋文帝鉴于北周皇室、中央政权的微弱,分封皇子至各个地方,设置行台,具有专制方面的特权。唐武德初年,李唐政权实质上与其他割据势力并没有太大区别,只是偏于西部,占据了原政治中心——关中。为了加强对占领地区的控制,李渊在新征服地区设置行台,委任诸子或来降的重要地方势力为行台尚书令。

大行台与行台又有何不同呢?唐初,实质性设置的大行台只有陕东道大行台一个,陕东道大行台的长官就是尚书令李世民。首先,唐武德元年(公元618年)陕东道行台主要掌管关东之黄河以北的诸府兵马,但限于唐王朝所能够控制的地区。至唐武德四年(公元621年),平定了王世充、窦建德后,陕东道大行台的范围扩展至关东的大河南北,此后平定刘黑闼后,还掌管山东行台及其总管府、诸州,基本上涵盖了传统意义上的关东地区。其次,大行台与行台在官职上也有差别。按照唐初的官制,地方行台省比尚书省都要低一等级,官员人数也要少一些。但是,陕东道大行台的官员,自尚书令、仆射至郎中和主事等的品秩都与尚书省无异,只是在人数上少一些而已。这样,陕东道大行台就形成了与中央能够相抗衡的政治、军事势力。洛阳在唐初的政治、军事地位非常重要。李世民依托陕东道大行台的天时、地利、人和,拥有了雄厚的物力、财力、人力,培植起自己的政治势力,为夺取皇权、开创贞观盛世奠定了基础。《资治通鉴》记载,玄武门之变前,李渊对李世民讲,李世民对唐王朝有大功,却不能被兄弟所容。为了避免李建成加害李世民,李渊将李世民安排至洛阳,"自陕以东皆主之"。李建成与李元吉相与商讨,秦王如果到了洛阳,"有土地甲兵,不可复制",不如留在长安,只是一介匹夫,易于控制。[1] 由此可见,洛阳对于李世民的重要意义。

---

[1] 司马光.资治通鉴·卷一九一[M].北京:中华书局,2011:6116.

陕东道大行台所控制的地区，主体上相当于汉代所认识的“三河”。《史记·货殖列传》中有“昔唐人都河东，殷人都河内，周人都河南。夫三河在天下之中，若鼎足，王者所更居也，建国各数百千岁。”[1]唐代以前，洛阳所在的一级地方行政区划一般与西汉时期的河南郡大体相当，随洛阳政治地位的升落有所变化。但总的来说，自汉至唐，洛阳都是关东地区的核心，政权据有关中，则洛阳辐射关东；政权不能据有关中，则洛阳是为都的第一选择。李渊委派李世民镇守洛阳，正是利用了洛阳对关东地区的辐射作用，形胜之地，也正是李格非在《洛阳名园记》中所讲的“洛阳处天下之中，挟崤、渑之阻，当秦、陇之襟喉，而赵、魏之走集”。

唐武德九年（公元626年）六月，玄武门之变后，李世民集团击败了李建成、李元吉集团，李世民被立为太子，陕东道大行台也就没有了存在的价值与意义。陕东道大行台被废，改置洛州都督府，以屈突通为都督，领有洛、怀、郑、汝四州，相当于今洛阳、焦作、郑州、平顶山等地。此后，一直到贞观十七年（公元643年），洛州都督府始终存在，是设置时间较长的内地都督府之一。内地都督府并非固定的、正式的行政区划，而是为了加强对重要区域的管理与控制，因事、因时而置。贞观十七年（公元643年），太子李承乾意图发动宫廷政变，逼迫李世民退位。唐太宗在平定齐王叛乱和识破太子李承乾的密谋后，为了加强中央对地方的控制，防止再有皇子借助地方势力图谋不轨，废除了包括洛州都督府在内的9个都督府。此后，太宗在内地只保留了兖州都督府。

（二）洛阳宫

隋炀帝在汉魏故城以西营建了新的洛阳城，以及附属的一些离宫、苑囿等。隋末战乱中，洛阳城遭受破坏。李世民在平定王世充后，鉴于隋炀帝的穷奢极欲，认为隋宫殿过于奢靡，于是下令撤掉隋皇城南门门楼，拆毁宫城正门则天门和门阙，焚毁乾阳殿。这样做也具有政治意义，表明洛阳不再为都，形制上不能僭越于长安。

然而，至贞观四年（公元630年），李世民又打算下诏发卒重修洛

---

[1] 司马迁. 史记·卷一二九·货殖列传[M]. 北京：中华书局，1982：3262-3270.

阳宫。给事中张玄素上书谏止，认为唐太宗暂时没有临幸洛阳的必要与安排，军国大事尚有诸多未处理得当，不宜轻易地征发徭役，大兴土木。且自唐武德四年（公元621年），太宗有鉴于隋亡而拆毁洛阳，至今还不到十年时间，希望能够深切地汲取隋炀帝亡国的教训。李世民接受了张玄素的建议，但也有自己的考虑。他认为洛阳位居天下之中，朝贡道均，重新修缮洛阳宫是为了便于利用运河，同时也是为了便于加强对关东的控制。

贞观五年（公元631年）九月，李世民要再次修缮洛阳宫。民部尚书戴胄进言，认为国家刚刚统一，百姓凋敝，国库尚空虚，大修宫室，恐怕国力不堪。李世民虽认为戴胄知无不言，能够进谏，但还是命将作大匠窦琎修洛阳宫。窦琎在修缮洛阳宫时，大加营建山池苑囿，雕饰也务崇华靡。李世民对于隋鉴铭记在心，崇尚节俭，因此迅速停止了洛阳宫的修建，并拆毁奢靡建筑，罢免窦琎。

自古以来，关于定都长安与洛阳有过多次的争论。表面上是都城位置之争，实则是政治集团间的势力之争。唐王朝主要依靠关陇集团，而关东地区的贵族、政治势力也是需要笼络和依靠的。特别是李世民曾长期征战于关东地区，麾下关东人才较多。即位后，李世民的政治中心由洛阳转移到了长安，为了加强与洛阳及关东地区政治势力的联系，需要定期地临幸、巡视关东。这也是李世民多次想要修缮洛阳宫的原因之一。贞观十一年（公元637年）、贞观十五年（公元641年）和贞观十八年（公元644年），李世民三次临幸洛阳宫。

宇文恺在谋划洛阳城时，将皇城、宫城置于整体布局的西北角。皇城的东面及整个洛河以南区域为里坊区。《隋书·地理志》《唐六典》《旧唐书·地理志》记载，隋及唐初，共有103坊。[1] 据史料记载，至唐太宗时，洛阳里坊区有了新的变化。贞观九年（公元635年），在南市部分坊地，设置了永泰坊、通利坊和临阛坊。

隋洛阳城的西侧为面积广阔的西苑。西苑的设置，一方面是为了便于皇帝游玩、观赏，但更重要的是担负着防御皇城、宫城的功能。西

[1] 辛德勇. 隋唐两京丛考[M]. 西安：三秦出版社，1995：156-158.

苑紧邻皇城、宫城、外郭城，西至今新安县，周回二百二十九里一百三十八步，是洛阳城西纵深极广的战略要地。隋炀帝在西苑中陈兵戍守。李世民平定王世充时，曾与之交战于西苑之中。入唐之后，西苑中的宫殿台榭、山池水院等破坏严重，仅有部分保存下来。贞观十一年（公元637年）七月，谷水、洛水暴涨，泛滥成灾，太宗以苑中明德宫及飞山宫之玄圃院，给河南、洛阳二县遭灾的民户。这一年，太宗还在洛阳苑中狩猎，在积翠池中荡舟嬉戏。

三、唐太宗与洛阳文化建设

（一）隋唐英雄

隋末战乱之中，英雄辈出。由隋至唐的这段历史被后世演义出多个富有传奇色彩的故事。李世民跟随父亲李渊晋阳起兵，加入了隋末的起义之中。李世民是隋末战乱中的重要角色之一，并且是一个非常正面的角色。

洛阳是隋末战争中的焦点。隋大业六年（公元610年）年初，数十人宣称弥勒佛再世，意图攻入洛阳南门建国门，被齐王杨暕遇而斩之。自此之后，隋大业七年（公元611年）又有杨玄感之乱，隋军与之战于洛阳周围。隋大业十三年（公元617年），李密夺取洛阳城北的回洛仓，试图攻入洛阳城，未果，与隋军战于北魏洛阳城。瓦岗军与隋军围绕洛阳城展开了多次的争夺，但始终未能攻下。

隋义宁二年（公元618年），隋炀帝被杀，此前李渊在长安已立隋恭帝，此时王世充在洛阳立皇泰帝。李渊以世子李建成为左元帅，李世民为右元帅、赵国公，率兵十万攻打洛阳，部队驻扎于洛阳城西的芳华苑（西苑）内。东都城门紧闭，派人招降，王世充不予理睬。城内多有人愿为唐军内应，但李世民认为初定关中，尚未站稳脚跟，即便是得到了洛阳，也难以守住，建议撤军回关中。在西撤的过程中，李世民又建议在洛阳城西的三王陵设伏，阻击追兵。王世充大将段达追击遇伏，反被李世民杀回洛阳城下，斩杀四千余人。乘胜，李唐在洛阳以西设置了新安、宜阳二郡，并派将士镇守。

唐武德三年（公元620年）七月，李渊再次命李世民督领诸军东征王世充。王世充分派诸子侄镇守襄阳、虎牢、怀州,以及洛阳及其周围的东城、含嘉城、曜仪城等处。王世充亲率军三万人与唐军交战,双方战于慈涧、龙门、回洛仓、北邙、河阳、洛阳故城及西苑内青城宫等地。至唐武德四年(公元 621 年)五月,李世民在虎牢击败、俘获了前来救援王世充的窦建德,王世充随之投降。历经近一年的平定王世充、窦建德战争,是隋末唐初战争的精彩篇章。李世民通过这一战,积累了雄厚的政治资本与军事实力。唐郑之争中,许多耳熟能详的英雄人物粉墨登场,如李密、李靖、李绩、长孙无忌、尉迟敬德、罗士信、程咬金、单雄信、李艺等。这些人物、事迹被后世的文艺作品演义、再创造,变得更为丰满与形象。以这一段历史史实为基础,参考后世的文化再创造,可作为洛阳文化建设的内容之一。

(二)天下之中与陕东道大行台

洛阳自古以来为天下之中。李渊在起兵之初,就定下了先取长安,再取洛阳,进而统一全国的战略。唐武德四年(公元 621 年),平定王世充、窦建德后,李渊以李世民为陕东道大行台尚书令。如前所述,陕东道大行台实质上成为李唐进一步统一全国的基础,洛阳成为李世民平定天下的战略枢纽。为了便于平定天下,李渊赋予陕东道大行台、李世民极大的军事地位和政治权力。李世民也借助陕东道大行台、借助洛阳培植了雄厚的个人势力。陕东道大行台虽然是为了军事战略而设立的,但其功能上并不限于军事,也包括民事、财政、司法、监察等权[1]。

如前所述,陕东道大行台是与自汉至唐洛阳所在的一级地方行政区划范围基本一致的。这实际上反映了人们对洛阳政治、经济、军事辐射范围的认识,也是天下之中的具体体现。这一时期的洛阳,汇聚了天下人才,特别是关东地区的人才;汇聚了陕东道大行台管辖、控制地区的物资、府兵,以及其他军事、政治、经济资源。在谈洛阳“天下之中”时,可以此为一个重要的实例,佐证“天下之中”的重要意义与重要价值。在谈洛阳文化、河洛文化的辐射范围时,也可以考虑陕东道大行台的地理范围。因种种原因,行台、大行台并没有成为正式的一级行政区

---

[1] 杜文玉.从唐初官制看李世民夺位的基本条件[J].渭南师专学报.1998,6:189.

划，但与其后的道、路、行省等一脉相承。这种制度也可以作为处理现代中央地方关系的一种参考。[1]

（三）洛阳宫与廉洁节俭

唐武德四年（公元621年），李世民平定王世充，进入东都城后，观看隋之宫殿，意识到隋亡，就在于大兴土木、奢侈无度，"逞侈心，穷人欲，无亡得乎"，并不断以隋宫殿为戒，不过分修造宫殿苑囿。贞观四年（公元630年），李世民打算营造洛阳宫、乾阳殿，但给事中张玄素上书谏止，太宗虽然认为修建洛阳宫非常重要，但仍能够纳谏，并表示以后如要临幸洛阳，露居也是可以的。如前所述，洛阳对于李世民来说，不是简单的一座城市、一座宫殿，而是具有重要的政治战略价值与象征意义。于是，翌年，李世民再次下诏修建洛阳宫。然而，将作大匠窦琎只因修建了山池，雕饰华靡，便被太宗撤职，所造建筑也被拆除。中牟县丞皇甫德参上书太宗，批评修造洛阳宫是劳民之举。太宗非常生气，打算治其诽谤之罪。魏征谏止，认为自古以来上书谏言，无不激切，只有这样才能让君主听进去。太宗赞同魏征的意见，赏赐皇甫德参绢二十匹，以鼓励群臣上谏。

作为古代的帝王，唐太宗以能够任贤、纳谏，为后世楷模。在营建洛阳宫的问题上，突出反映了李世民的这一品格。以此为案例，倡导节俭、节约、廉洁之风，规范办公用房，为廉政文化建设提供素材。

---

[1] 郭峰. 历代道制改革与三级制地方行政体制的形成[J]. 历史研究. 2002,6:95-108.

第三章　唐高宗李治

一、唐高宗重要事迹述略

唐高宗李治是唐代第三位帝王。他继承了唐高祖、唐太宗的基业，延续了“贞观之治”，完成了唐太宗尚未完成的一些夙愿，为此后武则天的“政启开元，治宏贞观”打下了坚实的基础。

（一）储位之争，为善得立

在唐太宗李世民的诸子之中，李治排行第九，原本并不是储君人选。在他被立为太子之前，皇太子是李世民的长子李承乾。李承乾、李泰和李治是太宗长孙皇后所生的三个儿子，都是嫡子。然而，贞观十七年（公元643年）的储位之争，使李承乾和李泰都失去了储君的地位和资格。李治顺位，成为皇太子。

自北魏至隋唐时期，长孙是洛阳的豪门大族，有着显赫的政治、军事影响力。长孙皇后的父亲长孙晟，在隋为右骁卫大将军。父亲病逝后，长孙皇后与哥哥长孙无忌被舅父高士廉收养。高姓郡望渤海，属山东豪族。在舅父的影响下，长孙皇后“少好读书，造次必循礼则”❶，具有了不同于关陇军事集团的文质气息。隋大业九年（公元613年），16岁的李世民与13岁的长孙皇后结婚。两人的婚姻也实现了李氏与长孙氏的政治联合，渤海高氏也加入到李氏集团中。李世民具有了与山东豪族的初步联系。在唐武德九年（公元626年）的玄武门之变中，高士廉给了李世民有力的支持。

唐太宗与文德长孙皇后的三个儿子，李承乾、李泰和李治都深受父亲、母亲的影响，也都得到长孙家族、山东豪族的支持。李治生于贞观二年（公元628年）的六月十五日，字为善，小字雉奴。其9岁时，长孙

❶　刘昫．旧唐书·卷五一·后妃传上［M］．北京：中华书局，1975：2164.

皇后去世，李治悲痛异常，哀慕感动左右，由此可见其与母亲关系之亲密，受母亲影响之大。与两个哥哥相比，李治更多地继承了长孙皇后宽厚仁慈的一面。历史上对唐高宗的评价，往往认为他没有继承长孙皇后的睿智与练达，过于宽厚以至于懦弱。

唐太宗与文德皇后长子李承乾，生于唐武德二年（公元 619 年）。唐太宗即位后，立为皇太子。最开始，唐太宗李世民对李承乾非常看好，注重对他的教育与培养，每次出巡之时，经常让太子监国。然而，随着年龄的增长，李承乾的表现越来越不能被李世民所认可。他长居深宫，慢慢地养成了任性、贪于声色犬马的品性，漫游无度；喜好胡人风俗文化，喜欢穿胡服、食胡饭，甚至学习突厥语，并在宫中设置部落帐篷，与侍从居住其中。为了使李承乾能够成长为一名贤君，为了实现皇权的平稳过渡，李世民安排了一批大臣辅佐。年幼之时，李承乾尚能对这些顾命大臣非常礼敬。但随着年龄的增长，李承乾排斥李世民的政治安排，甚至要刺杀辅佐大臣。这些与李世民能够经常体察民情、虚怀纳谏、勤勉朴素，倡导偃武修文、崇尚礼乐之制，形成了鲜明的对比。对于国家来说，李承乾的做法太过于儿戏，缺乏贤明君主的作风，甚至丧失了雄厚的政治实力。

正当此时，李世民的四子，长孙皇后的次子李泰成长起来，并有问鼎的野心。在李世民看来，四子李泰继承了自己和长孙皇后的优点，聪敏而有胆识，能够广泛地结交人才。李泰越来越得到李世民的宠爱，而太子承乾越来越失去李世民的信任，唐太宗逐渐萌生了废立的想法。李世民允许李泰在魏王府开馆纳士，实际上就是默许了李泰培植自己的政治势力，能够与太子相抗衡。李泰势力的发展、李世民的日益冷淡，使李承乾感到自己的地位岌岌可危。李承乾既得不到李世民的支持，也难以得到大臣的充分拥护。于是，他只能采用旁门左道的方式，打击李泰，巩固自己的地位。李承乾曾派刺客谋杀李泰，但没有得逞；继而，妄图以宫廷政变的形式，逼迫唐太宗彻底放弃废立太子的决议，甚至逼迫唐太宗退位。贞观十七年（公元 643 年），齐王李佑在齐州谋反，但很快就被平定下去。在审讯的过程中，李承乾的得力干将纥干承基供出了李承乾密谋叛乱的细节。李承乾谋反未遂，被废为庶人，流放黔州,不久之后就死去了。

太子李承乾被废之后,无论是从继承关系上,还是政治实力上,都应该立魏王李泰为储君。但经过这次政治动荡后,李世民在立太子的问题上变得非常谨慎。他虽然更喜爱四子李泰,但李泰存在一些致命的问题,可能对唐王朝产生不利的影响。李泰虽然能够网罗天下人才,但更偏向于那些功臣元老的子弟。这些人中虽然不乏才能之辈,但多是纨绔子弟,且与太宗朝旧臣之间存在隔阂。李泰具有雄才大略、政治野心,但这样的性格使李世民担心,一旦李泰继承皇位,可能容不得他的兄弟。为了避免玄武门之变的悲剧在自己的后代中再次发生,李世民没有轻易地决定太子人选。

太子的另外一个人选就是李治。李世民虽然不看好李治,但李治的优点有利于唐王朝。首先,因李治在此之前从未被当作储君加以培养,所以并没有自己的政治势力。在政治上,李治可以说是一张白纸,能够被各方所接受;其宽仁孝友的品格,能够保持政治的稳定,而不至于发生大的动荡,这是守成之君所必备的。更重要的是,李治的舅舅长孙无忌对立李治持支持态度。当李世民对立李泰还是立李治犹豫不决,群臣也纷争不止之时,长孙无忌等元老重臣表示坚决支持、誓死辅佐李治。

贞观十七年(公元 643 年)四月初七,李世民登承天门楼,正式册立李治为皇太子,大赦天下,赐酺三日。魏王李泰以与嫡长子李承乾争夺储君之位,被降为东莱郡王。宽厚仁慈、为善孝友的李治被立为储君。李治对李泰优待宽容,允许其开府署、置幕僚,生活上也多有照顾。

(二)废王立武,二圣临朝

李治能够被立为太子,很大程度上是得到了长孙无忌、褚遂良、房玄龄、李世绩等太宗朝大臣的支持。长孙无忌、褚遂良等在李承乾被废后,选择支持李治而没有支持李泰,主要是因为李治性格宽厚,没有培植自己的党羽,相对来说易于扶持。

李治被立为太子之时,年仅 15 岁;在唐太宗驾崩后,继承大统时,也才 22 岁。唐高宗即位后,朝堂之上尚未形成能够与长孙无忌等元老重臣相抗衡的政治势力。李治在未即位和即位之初的一段时间里,对这些元老重臣相当尊敬与倚重。

随着年龄的增长、政权的稳固,唐高宗需要摆脱元老重臣的束缚,按照自己的意图治理朝政。但是,一方面轻易更替元老重臣必将引起政局不稳,甚至可能会威胁到自己的皇权,另一方面李治在一些问题上还需要元老重臣的支持与协助。长孙无忌、褚遂良等元老重臣对李治也是一方面要尽为臣的职责,另一方面要防范李治的贬斥、排除。双方既互相依赖,又心存芥蒂。在废王皇后,立武皇后的问题上,双方爆发了激烈的冲突。

王皇后与唐高宗李治是结发夫妻,其出身于关陇贵族王氏,且与李氏宗族有亲戚关系。王皇后的从祖母是李渊的同母妹妹同安长公主。同安长公主以王氏有姿色、知书达理,与李世民商量,将其嫁给了李治。贞观十七年(公元 643 年),李治被立为太子,王氏成为太子妃;永徽元年(公元 650 年),李治即位后,王氏被立为皇后。

王皇后十分贤惠、性情温和,没有失德之处。但在后宫之中,王皇后又有一个最大的问题——没有子嗣。因此,王皇后时刻面临着其他妃嫔的挑战与威胁。王皇后母舅中书令柳奭建议王皇后立燕王李忠为太子,视为己出。李忠是唐高宗李治与后宫刘氏所生,以其母亲的身份,是不可能成为太子的。永徽三年(公元 652 年),在柳奭及长孙无忌、褚遂良、于志宁等大臣的建议下,李治立李忠为太子。这样,王皇后的地位得到了巩固与加强,而李治既无法以无嗣为由废掉王皇后,也无法立萧淑妃的儿子为太子。

这时,李治更为宠爱的是武昭仪。武氏的父亲武士彟,本是木材商人,隋末之时做了鹰扬府队正。李渊起兵,曾住在他家,并得到了他的大力支持。入唐后,武士彟被列为 14 名太原元从功臣之一,封太原郡公。武氏是武士彟的次女,母亲是隋宰相杨达的女儿。虽然至武氏一代可算是身出名门,但与王皇后、萧淑妃相比,并不算显赫,也没有非常强大的政治势力可以依靠。武昭仪机敏刚烈、精明能干,而又才貌出众、颇具学识,能够给李治出谋划策,协助处理政务。对于性格宽厚友善、柔弱温和的李治来说,无论是在生活上还是在政治上,武昭仪都能够给予充分的帮助与支持。

永徽三年(公元652年),李忠被立为太子,不久之后,武昭仪为李治生下了儿子李弘。前庭后宫脆弱的政治平衡再次被打破,王皇后及其支持者再次面临严峻的挑战。李治即位之后,一方面倚重于元老重臣的辅佐,另一方面积极地培植新的政治势力。许敬宗、李义府、崔义玄等在永徽之初都得到了提拔,委以重用。

永徽五年(公元654年),武昭仪为李治生下女儿,李治非常喜欢。但在王皇后探望之后,这个小女儿竟然离奇地夭折了。永徽六年(公元655年),李治又发现王皇后与其母魏国夫人柳氏在宫中行巫祝厌胜之事。唐高宗勃然大怒,禁止柳氏再入宫,贬逐了皇后的舅舅中书令柳奭,并打算废黜王皇后。朝臣之中,长孙无忌、褚遂良、韩瑗、来济等反对轻易废王皇后,改立武昭仪;而李义府、许敬宗、崔义玄等则赞同改立武昭仪为皇后;李世绩、于志宁等人则不对废立问题做明确表态。同年十月,唐高宗废王皇后和萧淑妃为庶人,改立武昭仪为皇后。褚遂良、韩瑗、来济、长孙无忌等元老重臣相继被贬斥,丧失了政治地位。

自唐太宗驾崩时,唐高宗便"哀毁染疾",雷家骥的《武则天传》认为高宗所染的"疾"就是"风瘵"❶。高宗本就身体虚弱,加之哀伤过度、积劳成疾。至显庆五年(公元660年)时,高宗的风病已发展到了"风眩头重,目不能视"❷,不能亲力亲为地批阅百官的奏章,一些政务就交由武后处理、决断。高宗对武后非常信任,交办的政事也就越来越多。此后,高宗虽多有治疗,甚至是采用了服饵、放血等疗法,但始终不见有大的好转。国事政务也越来越多地交给武后进行处理,朝堂之上形成了"二圣"并立的局面。

显庆元年(公元656年),即武昭仪被立为皇后的第二年,高宗下令重建洛阳宫乾元殿。翌年(公元657年)闰正月,高宗第一次临幸洛阳。自此之后,高宗又先后六次巡幸洛阳,最后病逝于洛阳。高宗驾崩后,武后留在洛阳,武周革命,以洛阳为神都。唐高宗、则天皇后时期,是洛阳一个大发展的时期。

---

❶ 雷家骥.武则天传[M].北京:人民出版社,2001:187.

❷ 司马光.资治通鉴·卷二百[M].北京:中华书局,2011:6322.

古人多认为武后以女儿身篡夺李唐政权。因此,在评价她时,往往将“天下之恶皆归焉”。高宗、武后多次临幸洛阳,并长期居住洛阳,一种解释就是武后在被立为皇后之后,曾以非常残暴的方式对待王皇后和萧淑妃。在长安,武后经常见到她们闹鬼寻仇,所以要居住在洛阳。这种说法只能是一种迷信的猜测,从历史史实上讲,是经不起推敲的。高宗和武后多次临幸洛阳、长期居住洛阳,与魏晋南北朝以来南北方经济格局的转变有关。再者,废王立武是高宗朝重大的政治事件,是不同政治集团间角力的结果。高宗、武后多次离开长安到洛阳,有谋求新的政治取向的意味。特别是武后,在二圣临朝之后,更需要展现出新气象,笼络更为广泛的政治势力。

(三)永徽之治,贞观遗风

唐高宗时期,起于永徽元年(公元 650 年),至弘道元年(公元 683 年),高宗病逝。虽然显庆五年(公元 660 年)后,高宗因病将越来越多的政务交由武后处理,日益笼罩在武后的“光环”之下,但高宗仍然是一国之君,仍然握有最高权力。麟德元年(公元 664 年),高宗甚至有意要废掉武后。高宗三十多年的统治,进一步促进了唐王朝的恢复与发展。

高宗继承了太宗开创的贞观盛世,是一位优秀的守成之君。高宗性格宽厚仁慈,政务上秉持与民休息、克己爱民的理念,对高祖、太宗制定的一套国家治理制度修改不大,但能够很好地执行。治大国若烹小鲜,并非是频繁地创设新政、改弦易张才能体现出治理的有效性。

在高宗朝中后期,水、旱、蝗等灾害多次发生。这给国家财政、赋税、仓储等带来了一定的困难。这也是高宗、武后多次临幸洛阳就食的重要原因之一。面对灾情,高宗能够积极减免遭灾地区的赋税、徭役,实行罪己、虑囚等弭灾措施,调配粮食等各种物资赈灾,降低灾害对社会和唐王朝统治的影响。高宗非常注重仓廪制度的建设,保证国家的财政收支、物资的有效转运、赋税的合理负担,地方社会救济职能充分实现。隋代以来,洛阳地区就拥有了较为完备的仓储体系。洛阳是全国重要的仓储物资汇集地,是关中地区、都城长安的物资来源之一。

在文化建设方面,高宗最突出的贡献是进一步完善了科举制度。

科举制度的根本目的是为王朝统治提供和选拔优秀的人才。太宗时期,科举制度已有了较大发展,但仍存在一些不利于选才取士的方面。高宗首先打破了科举录用人才的名额限制,特别是提高了进士科的选才人数。在考试内容上,高宗先后增加了贴经、杂文、试策等内容,使科举考试更加注重对应举之人真才实学的考核与评价,使科举制度走向了成熟。“学者立身之本,文者经国之资”❶,科举制度的完善促进了唐代教育与文化建设的发展。

唐代初年,边境问题始终是中原地区的重大威胁。唐太宗李世民解决了东突厥的威胁,在其故地设置了定襄都督府和云中都督府。高宗即位之后,主要是对东突厥残部进行安抚与平叛,进一步在东突厥设置单于都护府、瀚海都护府等。东西突厥分裂后,西突厥占据着西域地区,阻断了唐王朝与丝绸之路各国的联系。高宗即位后,多次派兵抵御西突厥的入侵,平定其叛乱。显庆二年(公元 657 年),高宗派苏定方、薛仁贵、阿史那弥射、阿史那步真等率军深入金山,直指突厥牙帐,灭西突厥,在其地设置了蒙池都护府、昆陵都护府等。

唐太宗时期,唐与吐蕃实现了和亲。至唐高宗即位后,松赞干布就有派兵入侵的企图,但唐与吐蕃能够保持相对和平的状态。咸亨元年(公元 670 年),吐蕃大军东侵,占据安西四镇。唐军兵败大非川,吐蕃灭吐谷浑,威胁唐王朝边境。此后,唐与吐蕃有过多次的攻伐、弭兵,但吐蕃始终威胁着唐王朝的西部、西南边境。与此同时,辽东地区的局势也处于动荡之中。唐太宗后期,唐军曾多次对高丽采取军事行动,但都以失败告终。至太宗病逝,高丽、新罗、百济三国仍处于相攻相伐的状态。高宗即位后,致书劝三国解患释纷,韬戈偃革。但是,自永徽五年(公元 654 年),高丽入侵辽东,并与百济入侵新罗。新罗王遣使求助于高宗,高宗派苏定方、程名振率军大破高丽于新城。此后不久,百济又入侵新罗,高宗再次派兵击败百济,并在其故地设置了熊津、马韩等五都督府。此后,百济再次叛乱,高宗也开始加强对高丽的攻势,唐与辽东三国互有胜负。至总章元年(公元 668 年)九月,唐军攻克平壤,

❶ 王钦若等.册府元龟·卷六三九·贡举部[M].北京:中华书局,1960:2098.

平定高丽,在其故地置安东都护府。东西边境的战乱使高宗需要首尾兼顾。郭绍林先生认为,高宗朝复杂的边境问题,是高宗、武后多次临幸洛阳的重要原因之一。临幸、长驻洛阳,有助于解决辽东的边境问题。❶

二、唐高宗时期的洛阳

唐高宗时期,洛阳的政治、经济、文化地位得到了提升。显庆二年(公元657年),高宗首次来到洛阳,便将洛阳宫改为东都,正式确立了陪都地位。洛阳行政区划级别得到提升,管辖面积扩大,官员政治级别得到提高,城市重新得到了大规模建设。

(一)河南道与东都

唐太宗贞观元年(公元627年),在省并州县的同时,依据山川形便的原则,设置了十道。十道为州一级行政区划上的监察区,并非行政区。河南道为十道之一,主要负责包括洛州在内的诸多府州,大致相当于今河南、山东两省的大部分地区,以及安徽、江苏两省部分地区。

唐高宗永徽初年(公元650年),十道分化为十三道。十三道的设置可能是模仿汉代十三刺史部的规划,也更符合地理环境。❷ 其中,河南道并没有变化,仍然是包括洛州在内的诸府州。无论是“十道”还是“十三道”的设置,都是将地理环境作为重要依据之一。洛阳地区地处黄河中下游南岸,从自然条件上讲,黄河南岸各地区的联系更为密切。

显庆二年(公元657年),高宗巡幸洛阳,以洛阳为东都,官员品秩等同于都城长安所在的雍州。东都下辖河南、洛阳、偃师、巩、阳城、陆浑、伊阙、寿安、新安、福昌、渑池、永宁、河阳、济源、温、王屋、汜水、长水等县。此后,高宗朝东都的行政区划与属县有过多次微调,总体布局上没有大的变动。

(二)重建洛阳

洛阳被确立为东都后,营建东都也被提上了日程。实际上,高宗在

---

❶ 郭绍林.唐高宗武则天长驻洛阳原因辨析[J].史学月刊,1985(3):24-25.

❷ 罗凯.唐十道演化新论[J].中国历史地理论丛,2012,27(1):99-101.

首次临幸洛阳的前一年(公元656年),已下诏重建洛阳宫的乾元殿。乾元殿即隋乾阳殿,为洛阳宫城的正殿。李世民平定王世充后,以洛阳形制过于奢靡,焚毁乾阳殿,以示洛阳政治地位的降低。贞观年间,太宗曾多次想修缮洛阳宫,但遭到大臣的谏止,最后主要是利用和修缮了原有的一些宫室。显庆元年(公元656年),高宗任命司农少卿田仁汪在旧乾阳殿的遗址处,重新修建了乾元殿,高一百二十尺、东西三百四十五尺,南北一百七十六尺。乾元殿前为乾元门,直对宫城南面正门则天门。据《唐会要·洛阳宫》记载,乾元殿和则天门都是建成于高宗麟德二年(公元665年)。据考古发掘,乾元门遗址在今洛阳市中州中路与定鼎南路交叉口东南角。[1] 除了乾元殿、则天门外,这一时期东都宫城的主体结构得到了重建、修葺和新建。

宫城以南为皇城。高宗时,皇城因隋之旧制,主要是修缮了部分建筑、设施,并更改了一些城门、府廨的名称。宫城、皇城以东为东城,隋代东城内主要分布着尚书省及鸿胪寺、司农寺、太常寺、卫尉寺、都水监、大理寺等事务性机构。高宗时,东城内仍然是尚书省及一些事务性机构所在地,与隋代相比,部分机构迁移、合并,东城在一定程度上起到增加宫城防御的作用。东城自隋沿用至唐宋,至金代改筑金昌城,并延续至今为洛阳老城,东城相当于洛阳老城的西半部。据考古发掘,东城东门宣仁门遗址在今洛阳市老城区十字街口西40米的西大街上。[2] 东城北面为含嘉仓城,含嘉仓城是隋炀帝营建洛阳城时,设计规划的一座大型仓城。隋末战争中,含嘉仓城遭到破坏。高宗时,含嘉仓城开始得到修缮,储存量不断增大,至武周时达到了鼎盛阶段。

上元二年(公元675年),高宗任命司农少卿韦弘机为司农卿。高宗认为,长安、洛阳是"朕东西之宅",但是现存的宫殿馆舍相当一部分是隋代所造,陈旧而颓顿,如果要加以修缮,花费必然较大。韦弘机建议使用司农寺所贮的四十万贯钱,可不劳百姓而成宫室之造。于是,高

---

[1] 中国社会科学院考古研究所洛阳唐城队.唐东都乾元门遗址发掘简报[J].考古,1994(1):34.

[2] 中国社会科学院考古研究所洛阳唐城队.河南洛阳隋唐城宣仁门遗址的发掘[J].考古,2000(11):42.

宗以韦弘机司农卿摄东都将作、少府两司事，赋予其修缮、营造东都的权力。

韦弘机任内主要修造了上阳宫、宿羽宫、高山宫等宫室苑囿。上元二年(公元675年)，高宗站在东都皇城西南、谷水东岸、洛水北岸的高台地上，极目远望，被周围的风景所吸引，召令韦弘机营建上阳宫。上阳宫建成之后，高宗多次临幸，常居于此，处理政务。高宗驾崩后，武后更是长期在上阳宫听政，并逝于此。高山宫和宿羽宫都在东都苑中，高山宫在东都苑的西北隅，宿羽宫在东都苑的东北隅。除此之外，高宗还令田仁汪和韦弘机修建、修缮了东都苑内的众多亭台楼阁、宫室殿堂，如显庆五年(公元660年)在东都苑西端修建了八关凉宫，后改称为合璧宫。

在营建宫城、皇城、东城，以及上阳宫、东都苑的同时，高宗还下令修缮了洛阳的外郭城，规划、修建了坊市和桥梁。高宗、武后多次临幸东都，长居洛阳，促进了洛阳经济、社会的发展。洛阳人口不断增加，大量物资汇集，旧有的商业格局也发生了新的变化。显庆二年(公元657年)，高宗以洛阳为东都，在洛水以北，原临德坊之地，设置了北市。龙门石窟路洞南半山腰的窟楣上刻有"北市彩帛行净土堂"字样，大字后边还有"北市香行，王元翼、李谏言、刘义方、王恩忠……"等字样。在古阳洞北一个小龛的题记中，刻有"北市香行社"的供奉记录。在奉先寺王祥洞门上刻有"北市丝行琢龛"的题记[1]。北市地处瀍水东岸、洛水北岸，临近漕渠，交通便利，商业繁荣。

洛水、漕渠等河渠构成了隋唐洛阳交通的大动脉。但洛水贯都，也造成洛水南北的阻隔。隋炀帝时，洛水上主要修造了端门南的星津桥、天津桥和黄道桥，以及立德桥、利涉桥等。入唐之后，各桥有所修缮。高宗设都洛阳后，洛水的桥梁、堤堰设施也得到了重建。显庆五年(公元660年)，重修了宇文恺修筑的斜堤——月陂(月堰)；显庆中，还修缮了旧中桥(隋立德桥)，重建了隋末被毁的浮桥(利涉桥)。上元二年(公元675年)，韦弘机在营造东都时，将旧中桥向东移，南面正对外郭

---

[1] 苏健.洛阳古都史[M].北京:博文书社,1989:291.

城南的长夏门。长夏门街是除定鼎门街外，东都外郭城内最重要的南北大街。相对来说，原来的旧中桥、浮桥偏于外郭城中轴的东西两侧，不便于居民往来。新中桥修建起来后，原来的浮桥（利涉桥）也就不再使用，节省了大量的维护、修缮费用。

设立为东都后，洛阳的政治地位得到了极大的提升。虽然高宗多次临幸洛阳，每次居住的时间也不算太长，但政治指向非常强烈。高宗显庆二年（公元657年），首次临幸洛阳，便在怀仁坊为太子李弘营建了大敬爱寺。大敬爱寺与长安的西明寺制度相等，建成之后迅速成为洛阳的佛教中心。在武后、玄宗时期，大敬爱寺仍然发挥着重要作用。同年，高宗以隋修文坊一坊之地为武后次子李贤置雍王宅。后来，雍王李贤被立为太子后，宅第改为弘道观，坊名也改为弘道坊。除太子、皇子外，高宗时期的一些大臣、贵族也在洛阳营造宅第，促进了洛阳政治地位的不断提高，社会、经济的不断发展。

唐高宗时期，洛阳被正式确定为与长安相对应的唐王朝东都。高宗在隋炀帝营建洛阳城的基础上，规划、营建了新的东都城。高宗营建东都，为武后定都洛阳及武周时期洛阳的大发展奠定了坚实的基础。

（三）天下粮仓

如前所述，隋炀帝营建洛阳，构建起了以洛阳为中心、以大运河为主体的全国粮食、物资转运、仓储体系。高宗时，洛阳及附近地区水运体系得到疏浚、修缮，大运河漕运系统得到恢复。含嘉仓得到了修缮，储存量不断增大。

自魏晋南北朝以来，南方地区的农业经济得到了较大的发展。而北方地区长时间处于战乱状态，经济、社会发展受到较大影响。唐代以后，江淮、江南地区的经济作用越来越突出。关中地区，八百里秦川，号为天府，也难以保证京城长安的粮食、物资等长期稳定供给。一旦关中地区遭遇水旱等灾害，粮价暴涨，长安的供给尤为显得捉襟见肘。而山东和江南地区的物资要转运到关中，需要涉黄河三门天险，难度较大，时有损耗，或是自洛阳、陕州改为陆运，但这样又会遇到运输量减少、运输时程增加的问题。经过贞观时期的恢复与发展，关中地区和长安城的人口有较大增加，对关东地区的经济依赖有所增加。高宗、武后时期,多次临幸洛阳、长期居住洛阳,不失为解决经济问题的一个好办法。

仪凤三年(公元 678 年)十月,高宗下诏决定翌年正月临幸洛阳。高宗在这道诏文中讲到,长安地区地方狭小而人口众多,再加上各地汇聚于京城的官吏、番上府兵、役夫等流动人口,虽然今秋有了较大的收获,但各种物资仍有亏欠短缺之感。而洛阳土壤肥沃,地处天下之中,各地运转布帛粮食等物资,相对来说,较为便利。❶ 显庆二年(公元 657 年)闰正月,高宗首次巡幸洛阳,此后又分别在显庆四年(公元 659 年)闰十月、麟德二年(公元 665 年)二月、咸亨二年(公元 671 年)正月、上元元年(公元 674 年)十一月、仪凤四年(公元 679 年)正月、永淳元年(公元 682 年)四月,七次临幸洛阳。在时间上,七次临幸基本上都是在冬春之际。

另外,高宗时期,由于西突厥、吐蕃进逼唐王朝边境,战争频繁,物资消耗极大。洛阳作为全国转运中枢的作用更加显著。咸亨三年(公元 672 年),高宗下诏在洛阳城北黄河南岸的柏崖城设置柏崖仓。自虎牢仓、洛口仓至洛阳及其附近的含嘉仓、柏崖仓、河阳仓等仓,再到陕州的太原仓、永丰仓,形成了一个以东都为中心的河渭转运仓储体系。❷

三、唐高宗与洛阳文化建设

唐高宗是杰出的守成之君。其在位期间,虽然有与高丽、西突厥、吐蕃等的战争,但唐王朝的社会、经济仍然延续着贞观之治的路径,稳定而持续地发展着,这也为武后和玄宗时期国家的进一步繁盛打下了基础。

唐太宗李世民有过重建洛阳的计划,但并未完全实现。唐高宗即位,在稳定了中央政局之后,宣布设都于洛阳,并开始了重建洛阳的规划。唐高宗时期,洛阳的政治、经济、军事地位得到了恢复与提升,国家

---

❶ 宋敏求. 唐大诏令集[M]. 北京:商务印书馆,1959:450.

❷ 陈朝云. 唐代河南的仓储体系与粮食运输[J]. 郑州大学学报(哲学社会科学版). 2001,6:119.

物资转运中枢的地位得到了进一步的巩固。

(一)重建东都与营建上阳宫

唐高宗时期是洛阳建都史上的一个重要时期,也是唐代洛阳城规制奠基的重要时期,为武周、玄宗时期洛阳城的进步发展奠定了基础。高宗营建洛阳,承续了隋炀帝的建都理念,总体布局上并没有做太大的变动。但在一些宫室、苑囿、署廨、津梁、坊市的设置方面,则又有一些新的规划与突破。

上阳宫是涧河、洛河相汇之处的一座优美的离宫别院。宫内亭、台、楼、阁、殿、堂、台、榭等鳞次栉比,而又别具匠心。洛阳已复原建造了上阳宫四组最具代表性的建筑——观风殿、甘露殿、客省院和洞元堂。仍可以上阳宫文化园为基础,进一步挖掘上阳宫文化资源。与宫城、皇城、外郭城的建筑名称不同,上阳宫作为皇家苑囿,建筑名称多体现出道风仙骨的意味。如上阳宫的南面临洛河的两门分别为仙雒门和通仙(雒)门,仿佛出了此门,便能够偶遇翩若惊鸿、婉若游龙的洛神。东面二门为提象门和星躔门,正应了隋炀帝定都洛阳时所说的“洛水贯都,有河汉之象”。上阳宫的主体建筑,观风殿、浴日楼与七宝阁、化城院、仙居殿、甘露殿、麟趾殿、本枝院、丽春殿、芬芳殿、甘汤院,以及西上阳宫的客省院、荫殿、翰林院、上清观等都极具文化底蕴。复原建筑也要结合实际,在传承与创新中复原文化。复原建筑文化从揣摩先人对建筑的命名开始。

除了上阳宫外,高宗在城西的东都苑营造了合璧宫、高山宫、宿羽宫等,修缮了隋炀帝兴建的部分宫院。这些皇家园林构成了唐代东都禁苑的主体。唐东都禁苑延续了隋炀帝的规模,面积非常广阔。合璧宫在苑之最西端,合璧宫原名八关凉宫,李健超认为八关凉宫当与八关城有关,或许就是以八关城改建的。[1] 合璧宫正殿为连璧殿,又有齐圣殿、绮云殿等,武后长子孝敬皇帝李弘就薨于合璧宫绮云殿。这些具有历史故事的离宫都具有复原、深度挖掘的价值,而一些只有只言片语的,也可以赋予其新的、更为丰富的文化内涵。

---

[1] 李健超.增订唐两京城坊考(修订版)[M].西安:三秦出版社,2006:282.

高宗将旧中桥改置在正对长夏门的位置,形成了城市双轴线的格局。对于以河流为中心的城市来说,桥梁既是交通枢纽,也是城市水文化的重要载体。洛阳的纵向轴线是依据桥梁来设定的。无论是隋炀帝还是唐高宗,在规划、营建洛阳城的过程中,都是以“河汉之象”来布局的。桥梁在其中的作用既如同鹊桥,联系银河两岸,又象征着天上人间的联通。皇城端门南的三座桥即名为星津桥、天津桥和黄道桥。

如前所述,唐高宗时,太子、皇族、贵族、官员等相继开始在洛阳城营宅置院。这些宅院、寺庙、道观、府第中,相当一部分具有丰富的文化与历史故事。例如,高宗哥哥李泰在洛水南岸的魏王泰故第、魏王池,以及大敬爱寺、弘道观等。这些可结合宅院主人的相关事迹,深度挖掘、创新文化,复原文化载体。

隋炀帝时,洛阳拥有丰都市、通远市和大同市。唐高宗时,在洛水北岸设置了北市,同时拥有南市和西市。虽然与长安东市、西市相比,洛阳三市特别是西市和北市的资料相对较少,但洛阳是全国的物质枢纽,从吉光片羽中,可以看到三市曾经的辉煌。唐高宗北市故址位于今洛河北岸、瀍河东岸,具有先行复原、发展的条件。南市因隋代之制,资料相对较为丰富,可挖掘、发展的文化资源较多。

(二)大运河的中心

隋炀帝开凿了以洛阳为中心的大运河转运、仓储体系。然而,在隋末战争中,运河及沿岸的主要仓库遭到不同程度的破坏。入唐之后,部分仓库得到了修缮。唐高宗营建洛阳时,兴建、修缮了一批洛阳周围的仓库,包括含嘉仓、柏崖仓、河阳仓、洛口仓、河阴仓等,重新构建了以洛阳为中心的大运河体系。高宗、武后时期,含嘉仓等国家级仓库的物资存量不断增加;洛河为主体,包括漕渠、瀍渠、泄城渠、通津渠、运渠等的洛阳城漕运体系逐渐完备;以南市、北市、西市为主体的商业贸易活动,逐渐繁荣起来。洛阳逐渐成为汇聚天下物华、容纳海外天宝的经济中心,“一带一路”起点的作用日益突出。

洛阳是唯一一个丝绸之路与大运河的双遗产城市。无论是大运河还是丝绸之路,所强调的都是经济文化带的问题。传承、发掘丝绸之路和大运河文化资源,可以立足于唐代洛阳的经济与交通枢纽地位上,通过复原或创新“经济繁荣”的载体——含嘉仓、洛口仓、回洛仓，以及漕运体系、新潭等，以多形式展示的方式，讲述唐代洛阳曾经的辉煌，增强人们的家乡自豪感与民族自信心。

（三）宽厚仁慈、为善孝友

唐高宗前有太宗的贞观之治，后有武则天的武周及玄宗的开元盛世，在这些千古帝王的光辉之下，显得“默默无闻”“软弱无能”，似乎不具备开拓时代的伟大贡献。但如前所述，高宗一代在政治、经济、文化、社会及军事等诸多方面是有所作为的。而唐高宗的“软弱”，主要指的是他宽厚仁慈、为善孝友的品格。对于守成之君来说，能够实行仁政、爱惜民力，能够有“人情味”地施政，能够宽和地处理政务，有利于国家社会、经济的恢复与发展。

高宗母后长孙皇后知书达理、聪敏贤惠，对高宗性格的养成具有重要的影响。长孙氏自北魏迁洛以来，世代居住在洛阳。以长孙皇后、长孙无忌为中心，发掘长孙氏的文化资源。

唐高宗自幼受母亲的影响，性格宽厚仁慈。九岁的时候，母亲长孙皇后与世长辞。李治哀痛万分，感动左右，太宗也开始喜爱这个懂事、孝顺的儿子。贞观二十二年（公元 648 年），为了纪念自己的母亲，太子李治在长安芙蓉池畔营建了大慈恩寺，而在自己的父亲唐太宗李世民逝世后，李治更是悲痛欲绝，甚至因此而染上疾病。唐太宗晚年病重时期，李治终日伺候于父亲身边，嘘寒问暖、尝食喂药。对于自己的兄弟，李治没有在被立为太子或即位之后就赶尽杀绝，而是仍然给予了充分的照顾，甚至允许李泰“开府置僚属，车服羞膳，特加优异”[1]。由修身至治天下，高宗在位期间，能够体恤民情，能够营造相对宽松、相对平和的政治环境。

---

[1] 刘昫. 旧唐书 · 卷七十六 · 李泰传[M]. 北京：中华书局. 1975：2656.

第四章　武则天

在洛阳的历史名人中,武则天是最有名的一位。有学者统计,武则天一生中居住在洛阳的时间有30余年。武则天为什么把洛阳当成自己的政治堡垒、首都和长期居住地?武则天在洛阳有哪些政绩?武则天对当代洛阳有哪些重要影响?我们一起看看武则天和神都洛阳的故事。

一、武则天生涯事迹述论

武德七年(公元624年),武则天出生于洛阳,有学者认为武则天的出生地就在今天的隋唐遗址公园内。她的父亲在唐高祖时期是部长级要员武士彟,主管工程水利建设。她的母亲是出身名门、身份背景显赫的杨氏夫人。她的父亲武士彟是唐朝的十四位太原元谋勋校功臣之一,在隋朝的时候他是贩卖木材的商人,曾给唐高祖李渊重要的经济支持,唐高祖建国后,他从一开始主管财货的户部郎逐渐升为三品的工部尚书,相当于现在的部长级官员。在他中年的时候,他的儿子和妻子相氏相继因病去世,在他中年丧妻后,唐高祖亲自给他做媒,挑选了杨氏夫人。杨氏夫人的父亲和伯父都是隋代的宗室,在隋代的时候做过宰相,她博览群书,不喜欢做女红。她一直独身到44岁,直到唐高祖给她介绍了武士彟,她才走入了婚姻,并且以将近50岁的大龄接连生了三个女儿,而二女儿就是中国历史上独一无二的女皇帝武则天。

在12岁之前,少女时代的武则天过着衣食无忧的生活,她不仅读万卷书,还跟着父亲行万里路,这些让武则天显得比当时的女孩聪明、勇敢、有见识和才华。她的父亲武士彟最初在长安做部级官员,唐高祖晚年的时候,他离开京城长安,陆续担任过扬州大都督府长史、豫州都督等,而武则天也跟随父亲跑遍了今天的陕西、江苏、河南、四川、湖北、山西等地。贞观九年(公元635年),武则天12岁,这一年,唐高祖李渊因病去世，她的父亲不久也呕血而死，终年 59 岁。之后，武氏族人对杨氏母女四人的态度非常恶劣，她们从养尊处优一下变成了经常被欺凌的对象。

十几岁的武则天在外貌上已经非常标致，宽额头、尖下巴，是唐朝典型的美女。她的母亲希望武则天能够进宫改变在武家被欺凌的命运，因此她拜托在宫里的几位杨氏妃嫔传扬武则天的美貌，后来传到唐太宗的耳朵里。公元 637 年，唐太宗下诏让 14 岁的武则天进宫。武则天进宫后被封为五品才人，由于唐太宗喜欢恪守妇道、胸怀天下、善谋大事、外柔内刚的女子，而武则天坚强、独立、爱出风头，不是唐太宗喜欢的类型，但是她的这些品质却在后来吸引了唐太宗的九儿子李治。在唐太宗时期的 12 年，武则天从清纯的 14 岁少女长成了 26 岁的轻熟女，虽然她为了赢得唐太宗的欣赏而坚持练习书法，但是并没有什么效果，她一直都没有得志，默默无闻地在皇宫里度过了 12 年不咸不淡的日子。

贞观二十年（公元 646 年），49 岁的唐太宗中风，他生病的时候，他的儿子李治来伺候，李治孝顺、友爱、聪明、感性、柔弱，他对大他 4 岁的庶母武则天一见钟情。李治 9 岁的时候，他的母亲长孙皇后去世，幼年丧母让他对年长的女性非常依恋，16 岁的时候，他被立为太子。武则天觉察到了太子李治对她的爱慕，她积极促进这段姐弟恋的进一步发展，在唐太宗生病直到去世的三年时间里，武则天和李治一直保持着这段地下恋情。贞观二十三年（公元 649 年），52 岁的唐太宗病逝于终南山的翠微宫。之后，李治继位为皇帝，武则天等妃嫔被送入感业寺。虽然武则天离开了皇宫、离开了李治，但是他俩的异地恋并没有停止。两年后，28 岁的武则天在王皇后的提议下被接回宫，开始了她从宫女到女皇的逆袭历程。永徽六年（公元 655 年），31 岁的武则天在冲破了重重障碍后被立为皇后，开始参与朝政，她与唐高宗被并称为“二圣”。弘道元年（公元 683 年），唐高宗病逝于洛阳，李显继位为中宗，59 岁的武则天为皇太后，武则天临朝称制。

天授元年（公元 690 年），67 岁的武则天实现了女皇梦，成为中国历史上第一位，也是唯一的一位女皇帝，被称为“千古一帝”。无字碑诉说着她富有传奇的一生，从31岁当皇后开始参政，59岁当皇太后临朝称制，67岁称帝，82岁去世，她执政了近51年，上承贞观之治，下启开元盛世，为当时社会的发展做出了重要的贡献。张柬之等发动军事政变后，50岁的唐中宗李显即位，82岁的武则天被幽禁于洛阳上阳宫。神龙元年（公元705年），82岁的武则天病逝于洛阳上阳宫，武周政权宣告结束。

二、武则天生活在洛阳的原因

武则天长期居住在洛阳，以洛阳为“神都”，大大提高了洛阳的政治地位。洛阳是武则天的政治大本营。唐高宗在显庆二年（公元657年）以洛阳为东都，从此以后，高宗频繁往返于长安和洛阳之间，直到在洛阳病逝。武则天在光宅元年（公元684年）迁都洛阳，改洛阳为神都，建立武周。在她掌权期间，除大足元年（公元701年）十月至长安三年（公元703年）十月住在长安外，其他时间一直居住在洛阳。武则天选择长期生活在洛阳且建都在洛阳主要有以下几方面的原因。

（一）优越的地理位置让洛阳适合作为首都

洛阳地理位置优越、山水环绕。四周有嵩山、熊耳、鹿蹄、崤山、秦岭、阳华、邙山、首阳、缑山九条山脉，有黄河、伊河、洛河、瀍河、涧河、谷河、甘河、姜河、儒河九道河流环绕。唐代自建立后，经历了唐太宗、唐高宗两个朝代，疆域不断扩大，长安的地理位置偏西，不能居中而摄天下，而洛阳地处天下之中，西接关中盆地，东连华北平原，有着优越的地理位置，适于建都。从洛阳出发，向北可以到现在的河北、北京、天津和辽宁等地，向西可以到现在的陕西和甘肃，向东可以到现在的山东，向南可以到江苏、安徽等地，并且到这些地方的距离都差不多。从距离方面来看，以洛阳为首都可以居中而统摄天下。另外，洛阳也是多个朝代的都城，偃师的二里头曾是夏代的都城，偃师商城是商代的开国之都，位于现在洛阳市区的周王城是周代的都城，东汉、曹魏、西晋、北魏等朝代先后在位于现在洛阳的洛龙区、偃师市和孟津县毗连处的汉魏洛阳城建都，现在洛阳市区的隋唐东都城最初是在隋大业元年（公元605年）时修建的。这五大都城遗址都说明了历史上洛阳作为首都非常受欢迎,很多帝王将相,比如周武王姬发、汉高祖刘邦、隋文帝杨坚等都认为洛阳在政治、经济、军事等方面适合作为都城。

(二)定都洛阳是为了与定都长安的李唐王朝分庭抗礼,从而实现改朝换代的目的

武德元年(公元 618 年),唐代建立后,以长安为首都;唐高宗显庆二年(公元 657 年),以洛阳为东都。之后唐高宗经常往返于长安和洛阳之间,主要居住在洛阳。在唐代,社会上世族的力量非常强大,他们把持朝政,也有很大的政治权利。唐高宗时期,长孙无忌和褚遂良是顾命大臣,他们出身于关陇贵族,长安是关陇贵族的根据地,在长安,皇族势力和关陇贵族势力十分强大。唐高宗想立武则天为皇后,但是受到了以长孙无忌和褚遂良为代表的关陇贵族势力的重重阻拦。洛阳是在废王立武之后,唐高宗和武则天共同经营的东都,在当时,洛阳经济发展较好、交通也很便利,他们曾多次来洛阳巡游散心。武则天的势力范围在洛阳。为了避开关陇贵族政治上的控制和李唐王朝在长安的影响,武则天选择洛阳来巩固和开拓自己的政权。垂拱四年(公元 688 年)四月,武则天的侄子武承嗣暗中派人将一块白色的石头放置于洛河,上面写着“圣母临人,永昌帝业”八个紫红色的字,并让一个名叫唐同泰的人说他从洛水里捞到这样的一块石头,将它进献给武则天,这八个字的意思是希望武则天当皇帝。武则天称这块石头为“天授宝图”,并颁布诏令在十二月的时候亲自拜洛水、受宝图,在洛水举行受图大典,祭祀感谢上天,为改朝换代制造声势。武则天还大封洛水和嵩山,宣扬天意。封洛水之后,洛水的地位与长江、黄河、淮河、济水这四条独入大海的河流变得一样平等。此外,虽然当时天下较太平,但山东一带有强盗出没,迁都洛阳有利于防范盗贼,保障社会的稳定,巩固统治地位。光宅元年(公元 684 年),武则天迁都洛阳,同年,洛阳被封为神都。

(三)洛阳经济条件比长安好

在经济方面,安史之乱以前,当时洛阳所在的关东地区已经发展为全国最发达的农业地区,经济条件比长安所在的关中地区好。弘道元年(公元 683 年),首都长安所在的关中地区大旱,粮食收成很差,出现了严重的短缺现象,一斗米需要三百文钱,比平时涨了至少十倍。武则天在这个时候劝唐高宗李治东巡洛阳,因为洛阳水陆交通发达,库存有大批粮食。在交通方面,洛阳有运河,很容易将长江以南的稻米及其他物资运送到洛阳,交通便利,漕运发达,可以解决粮食、物资供应困难的问题。到了唐代时,长安在经历了东晋十六国时期和隋末战乱的破坏后,水土流失严重、黄土沙化、耕地数量减少,并且耕地无法及时灌溉,生产的粮食满足不了需求,唐高宗在后期经常带领百官去洛阳解决吃饭问题。

三、武则天对洛阳城市发展的推动

武则天时期,洛阳取代长安,成为全国的政治、经济、文化中心和闻名遐迩的国际大都市。武则天将洛阳作为国家的政治中心,对洛阳城市的发展起到了巨大的推动作用。在武则天统治期间,她向洛阳迁徙了大量的人口,洛阳城里及郊区的人口迅速增加;扩建了洛阳城,修建了上阳宫,翻新了神都苑,加大了对中轴线的建设,修建了天津桥、天枢、明堂等,铸造了九鼎,加强对东市、西市、南市建设,促进了洛阳城市经济的发展。这些举措改变了洛阳的面貌,极大地促进了洛阳的城市建设,使洛阳进入繁荣发展时期。

(一)唐高宗和武则天经常巡游洛阳

显庆二年(公元657年)十二月,唐高宗李治正式称洛阳为东都,把洛阳宫城当作自己的东宅。显庆四年(公元659年)十月,唐高宗李治和皇后武则天在处理完长孙无忌的案件之后,去东都洛阳散心。他们把8岁的儿子李弘留在长安监国,但是李弘因为想念父母日夜啼哭,他们收到信息后就把李弘接到身边。咸亨二年(公元671年),武则天和唐高宗又一起来东都洛阳巡游,留太子李弘在长安监国。上元二年(公元675年),唐高宗和武则天夫妇和太子李弘一起巡游洛阳,年仅24岁的太子李弘因为长期患有肺结核病死于洛阳行宫。永淳元年(公元682年),唐高宗和武则天再次巡游洛阳,留下太子李哲在长安监国。弘道元年(公元683年),久病缠身、已经病重的唐高宗李治在关中大旱后,在武则天的劝说下,带领大臣、随从和后宫妃嫔一万多人浩浩荡荡地从长安前去洛阳并安全抵达。同年十二月初四的夜晚，常年受中风病折磨而头痛难忍，甚至眼睛都看不清东西的唐高宗李治在洛阳贞观殿去世，他在洛阳度过了生命的最后时期。

（二）武则天主持修建了明堂和天堂

武则天在执政期间，对洛阳城进行了大刀阔斧的改造建设，修建了上阳宫、天枢等，其中最为有名的是明堂和天堂。垂拱三年（公元687年）二月，在唐睿宗年间，还是皇太后的武则天下诏拆除正殿乾元殿，打算修建新的宫殿，垂拱四年（公元688年），历史上体积最大的木构建筑明堂开始修建。据说明堂最初为周公所创，帝王的布政、祭祀和朝会等大典都在明堂举办。在历史上的各个朝代，人们都认为明堂是天子的象征，它是古人心目中的政治中心。武则天为了表明自己也可以当皇帝，就开始修建明堂。武则天让北门学士负责设计方案，并告诉他们，明堂的设计以富丽堂皇为主，不需要完全符合经典记载，北门学士很快就设计好了明堂的结构方案。垂拱四年（公元688年）二月开工，同年十二月竣工。建好后的明堂最初叫"万象神宫"，一共有三层，上层代表24个节气、中层代表12个时辰、下层代表春夏秋冬四季，基底正方90米×90米，高91.14米，相当于现在30层楼房这么高，是故宫太和殿的两倍高，也是当时洛阳城中最宏大的建筑，就是在当代高楼林立的洛阳城中，也是很高的建筑。明堂外的装饰也很特别，中层的外面装饰着九条金龙，它们捧着一个圆盘，圆盘上面是明堂的最上层，上层的宝顶上立着一个一丈多的涂金铁凤凰，铁凤凰昂首振翼，比九条金龙更有气势。明堂在武则天时期的用途是布政、祭祀、受贺、飨宴、讲学、辩论等，它象征了武则天至高无上的皇权。明堂修好后，武则天就开始和皇帝李旦在明堂祭天、祭祖，接受大家朝贺。

大享明堂是武则天执政时期重要的政治活动。天授元年（公元690年）九月初九，武则天在明堂登基称帝，改国号为周，定都洛阳。从明堂建成到武则天称帝，从永昌元年（公元689年）到长安四年（公元704年），几乎每年的农历正月初一、冬至日都在明堂祭祀天地祖宗，用上天的旨意来威慑百姓。她在明堂接受朝贺、赏赐群臣、大赦天下，以此来笼络人心。她也在明堂颁布政策、历法，为农业生产提供便利，这些措施都巩固了她的统治。

除此之外,武则天还在明堂进行各类佛事活动,定期举行盛大的无遮会,无遮会是佛教一种广结善缘的大斋会,通过举办无遮会为明堂助兴。她曾两次举办了迎佛骨活动,长安四年(公元 704 年)正月,舍利从长安被迎入洛阳,供奉在明堂里。

证圣元年(公元 695 年),明堂被薛怀义大火焚烧,之后武则天又重修了明堂,叫通天宫。新明堂是在武则天称帝以后修建的,因此被称为武周明堂。旧明堂在一定意义上象征了唐王朝,新明堂通天宫象征了武周时期。新明堂的设计继承了传统明堂"象天法地"的原则,上面是圆的,下面是方的,它开创了中国古代明堂建筑由方到圆的先例,体现了皇帝与天相通、四面八方、天人合一、天圆地方等思想观念。后来,武则天又在明堂的北侧修建了天堂,里面放置了当时能建造的最大佛像。天堂比明堂高大得多,一共有五层,在第三层就能俯视到明堂的全景。明堂和天堂建成后,明堂是政治中心,天堂是礼佛圣地,它们象征着武则天至高无上的权力,是唐代建筑技术的巅峰巨作。

(三)武则天与龙门石窟的雕凿

佛教传入中国以后,在唐高宗和武则天当政的 50 多年中发展到了全盛时期。武则天的佛教政策和一系列礼佛活动对佛教的发展起到了推波助澜的作用。唐高宗和武则天当政时期的高僧有玄奘、圆测、窥基等,在这些高僧的影响下,进行了一系列弘扬佛法的活动,主要的表现有凿窟雕像、建立寺庙、翻译佛经、礼遇僧人和举办佛教活动等。

洛阳龙门石窟在唐代是规模和影响最大的雕像之一。在龙门石窟里,武则天执政时期开凿的石窟占唐代石窟的大多数,奉先寺是最具代表性的唐代石窟。奉先寺卢舍那大佛和它周边佛像的设计体现了大唐盛世的繁荣景象。从时间上来看,从唐高宗即位的永徽元年(公元 650 年)开始雕凿,经过漫长的 23 年,因为耗资太多,所以时断时续,并且工程一直没有完工。咸亨三年(公元 672 年),武则天为卢舍那大佛的雕凿赞助了两万贯脂粉钱,之后,各位王公大臣纷纷效仿,踊跃捐款,工程速度明显加快,3 年 9 个月后就完工了。之后,万佛洞、东山擂鼓台中洞、净土堂造像等也相继完工。武则天的三儿子李显小时候经常生病,为了给李显祈福消灾,她也命人在龙门石窟开凿石窟、建造雕像。据说,精美的卢舍那大佛在雕凿的时候就仿照了武则天的容貌。那么,武则天为什么要花大力气雕凿龙门石窟呢?这样做主要是利用佛教为自己的统治服务,为自己改朝换代、当皇帝服务,为处理军国大事及随顺民情服务,为自己祛病除灾、延年益寿服务。

唐高宗驾崩后,武则天先是以太后的身份管理国家事务,后来直接称帝,成为前无古人、后无来者的女皇帝。武则天作为女性称帝是封建礼法所不容的,为了让自己称帝的行为能为天下人接受,武则天想尽了办法。以薛怀义为首的和尚们在佛教的经典中找到了一部《大云经》,这部经书里记载有女性统治国家"即以女身,当王国土",这样的话语为武则天当皇帝提供了理论支持。于是,她就让薛怀义带领众多和尚宣称她是弥勒佛下世,为她当皇帝制造社会舆论。天授二年(公元691年),称帝后的武则天颁布了"释教在道法之上,僧尼处道士女冠之前"的命令,将佛教提高到了国教的地位。唐高祖、唐太宗和唐高宗奉行的宗教国策是重视道教,儒教次之,最后才是佛教,武则天把佛教推到了三教的首位,主动利用佛教领袖为自己服务,巩固了自己的统治,推动了佛教文化在中国的发展。

佛教艺术庄严了武则天时期东都洛阳的神圣气氛。从龙门石窟的雕像完工之日起,就以其高超的艺术成就惊叹了一代又一代的后人。摆放在佛教道场明堂的法器道具也诉说着佛教在武则天时期在洛阳的无比兴盛。千年以来,修建于唐代武则天时期的明堂、卢舍那大佛、天枢、天津桥、白马寺等建筑至今仍然装点着神都洛阳,成为现在不可或缺的物质文化遗产。

四、武则天与描写洛阳的诗文

武则天平时忙于政务,诗歌创作是她的兴趣爱好,《全唐文》收录了她的99篇文章,《全唐诗》收录了她的46首诗,这些诗文体现了她贯通古今的文学修养和浩然之气。这些诗中,"颂"诗有39首,占了很大的比重,这些诗都是武则天在洛阳当皇帝期间写的。

武则天歌颂明堂的诗比较多,主要是来体现她作为一代女皇的权威、力量和当时政治的安定和谐。武则天拜洛水受宝图的时候也写了一篇文章《大享拜洛乐章》,这篇文章体现的是对洛神的敬仰膜拜,乐曲的名字里都有一个“和”字,如《昭和》《致和》《咸和》《九和》《显和》《敬和》《钦和》《齐和》《德和》《禋和》《通和》和《归和》,说明了武则天对天时人和、社会稳定、帝王基业永存的向往。

她不但自己写诗,还专门设立了一个机构叫控鹤监,控鹤监里有很多文人墨客,武则天经常和这些文人们一边作诗,一边喝酒。有一天,武则天与众大臣去龙门郊游,突然间很想作诗,于是她就安排侍从们布置赛场,开始诗歌大赛,奖品是一件锦袍,谁先写好就把锦袍奖励给谁。左史东方虬第一个交卷,武则天一看,写得很不错,就把锦袍赏赐给了东方虬。但是,很快宋之问也交了卷,武则天又一看,虽然宋之问的速度慢了点儿,但是写的诗歌比东方虬的好了不少,于是就让人夺回已经赐给东方虬的锦袍,转赐给了宋之问。之后,“夺袍”在唐朝就成了一个典故,意思是竞赛的冠军。

武则天率领群臣大规模游山玩水、作诗题诗的活动成为当时的主流审美时尚,她喜欢开阔、雄伟、豪迈风格的诗歌,在诗歌创作方面,人们纷纷效仿,也开始把吟咏山水风光作为主要题材,在内容和风格上有了创新,对盛唐时期山水诗的兴起产生了影响。在武则天对诗歌创作的积极倡导下,很多文人积极投入到诗歌创作中,唐诗中从齐梁继承而来的柔弱萎靡的风格开始改变,变得天然、雄浑、壮丽和朝气蓬勃,促进了盛唐诗歌的繁荣。

五、武则天与洛阳关系的意义与影响

据专家考证,洛阳在隋代的时候就有了牡丹,武则天来洛阳定居后,牡丹开始繁盛。武则天也把自己家乡的奇异牡丹移植到洛阳,为洛阳牡丹增添了品种,带来了繁荣与灵气。现在洛阳的美味佳肴水席也是被武则天从民间推广到宫廷的,每逢喜庆大典,她总是以水席犒赏群臣,从而使水席迅速流行,并使其制作技术和花样造型丰富多彩。

在当代,武则天是宣传洛阳的名片。洛阳是国务院首批公布的历史文化名城,曾荣获中国优秀旅游城市、最具海外影响力的中国城市等荣誉称号，被联合国授予“世界文化名城”的称号。洛阳的十大文化符号是河图洛书、二里头遗址、杜康、周公、白马寺、关林、龙门石窟、牡丹、水席和“东方红”拖拉机。这十大文化符号中的白马寺、龙门石窟、牡丹和水席等四个文化符号都与武则天有很深的历史渊源，龙门石窟和牡丹文化节更是闻名世界。

悠悠数千年的历史使当代的洛阳城蒙上了一层古老而神秘的面纱，雄伟壮观、富丽堂皇的明堂和天堂，姹紫嫣红的牡丹，高大惊艳的卢舍那大佛，美味可口的水席，以及武则天留在洛阳的众多遗址和历史故事，都在向后人诉说着武则天与洛阳的传奇。

第五章 唐玄宗李隆基

宋欧阳修在《新唐书·太宗本纪》中讲,唐代传世二十君,其中可称道的三君——太宗李世民、玄宗李隆基和宪宗李纯。而宪宗评价太宗和玄宗,“太宗之创业如此,玄宗之致理如此,既览国史,乃知万倍不如先圣。”❶对唐王朝而言,唐太宗有开创之功,而唐玄宗有致盛之功。唐玄宗开启了开元盛世,也开启了天宝后期的乱世。后人对他的评价褒贬不一,莫衷一是。

对于洛阳来说也是如此。开元时期,玄宗五次巡幸洛阳,洛阳的经济发展和城市建设得到了进一步的发展,成为唐王朝的经济中心之一。然而,开元二十四年(公元736年),玄宗自洛阳回到长安后,再也没有临幸过洛阳。“若问古今兴废事,请君只看洛阳城”,唐玄宗在开元末期放弃了洛阳,而重新回归关中,是一种由盛而衰的无奈之举,还是政策决策的主动而为之?无论如何,盛唐气象的转变与放弃洛阳是基本同时的。安史之乱后的文人士子,回望唐代曾有的辉煌,总是禁不住地联想到洛阳。

忆昔

杜甫

忆昔开元全盛日,小邑犹藏万家室。
稻米流脂粟米白,公私仓廪俱丰实。
九州道路无豺虎,远行不劳吉日出。
齐纨鲁缟车班班,男耕女桑不相失。
宫中圣人奏云门,天下朋友皆胶漆。
百馀年间未灾变,叔孙礼乐萧何律。
岂闻一绢直万钱,有田种谷今流血。

---

❶ 刘昫.旧唐书·卷十五·宪宗纪下[M].北京:中华书局.1975:472.

洛阳宫殿烧焚尽，宗庙新除狐兔穴。
伤心不忍问耆旧，复恐初从乱离说。
小臣鲁钝无所能，朝廷记识蒙禄秩。
周宣中兴望我皇，洒血江汉身衰疾。
（节选）

一、唐玄宗李隆基事迹述略

唐玄宗李隆基，为唐代第七位帝王，谥号为“至道大圣大明孝皇帝”，所以后世也称其为唐明皇。在他的统治之下，唐代进入了最为鼎盛的开元盛世时期，但也开始了极盛而衰，并在天宝末年发生了安史之乱。

（一）忆昔开元全盛日

则天皇后垂拱元年（公元685年），李隆基出生于洛阳。父亲李旦是高宗李治与武后的小儿子，母亲窦德妃为唐开国元勋窦抗的曾孙女。唐睿宗李旦的长子为李成器，而李隆基排行第三。

幼年的李隆基经历了武周时期的政治变幻与家庭离散。天授元年（公元690年），武后改唐为周，废睿宗李旦为皇嗣，皇太子李成器和包括李隆基在内的诸皇子都被降为皇孙，并改“李”姓为“武”姓。他们也不能再居住于洛阳宫内，被迫出阁到洛阳城居住。长寿二年（公元693年），李隆基的母亲窦氏被杀于禁宫中，时年他只近九岁。之后，睿宗诸子一律被降为郡王，李隆基被降为临淄郡王，并被幽闭于禁宫之中，不允许随意外出，更不允许与外朝有联系。睿宗即位后，追封窦德妃为昭成皇后，招魂葬于洛阳城南。

圣历二年（公元699年）正月，则天皇后在皇位继承问题上，做出重大转变，不再追求以武姓子侄作为皇嗣，召回庐陵王李显，立为皇太子。李旦也被封为相王，允许出阁到洛阳城居住。相王李旦在洛阳积善坊置宅，设立府署。相王诸子也再次出阁，同在积善坊，分院同居，号称“五王子宅”。

大足元年（公元701年），则天皇后带领太子、相王，以及宗室子弟、官僚，从洛阳回到长安。自改洛阳为神都后，近二十年来，武后首次返回长安。李隆基跟随武后、父亲，首次踏进唐王朝曾经的故都。相王父子被赐宅于长安城东的兴庆坊，李隆基兄弟仍然是分院同居，号为“五王子宅”。中宗即位后，实际上是被武氏家族、安乐公主和韦皇后架空了。韦后、安乐公主打算效仿武后，与中宗一起二圣临朝。中宗太子李重俊联合左羽林大将军李多祚等，率领羽林兵杀了武三思、武崇训父子，又试图杀安乐公主和韦后，但最终失败，逃到终南山，被人所杀。中宗死后，韦后临朝摄政，改立温王李重茂为皇太子，李唐政权再次岌岌可危。危机之下，李隆基站了出来，担负起挽救李唐王朝的重任。

景龙四年（公元 710 年）六月，中宗驾崩、韦后临朝后的第十九天，李隆基联合太平公主，与薛崇简、刘幽求、钟绍京等率军突入玄武门，诛杀韦温、宗楚客、韦后、安乐公主、武延秀及诸韦武的党羽。政变平定下来后，李隆基与太平公主废掉了少帝李重茂，拥立相王李旦为皇帝，睿宗重登大宝。李隆基很自然地被立为皇太子。两年后，睿宗将皇位内禅给李隆基，自己则为太上皇。唐王朝开始了唐玄宗李隆基的时代。

自幼年时起，李隆基生活在洛阳，不断被卷入血雨腥风的政治斗争中。每次出阁，李隆基能够深入洛阳里坊街巷，体察民情；每次的政治争斗又是生死存亡的历练。这样的人生轨迹使李隆基具备了丰富的政治经验，具备了卓越的治国理念。回想洛阳，这里有自己的童年，有母亲的招魂墓，更是曾经的神都，是唐王朝的政治、经济、文化中心。自开元五年（公元 717 年）正月起，李隆基共巡幸洛阳五次。洛阳在开元盛世中起着重要的作用。

唐王朝经历了武后末期的多次政治动荡，国力衰退。李隆基即位后，先要做的是稳定政局，尽快恢复发展，重新走上“贞观之治”的道路。开元初期，李隆基与诸臣的治国理念是“克遵太宗之故事”❶，即参照、借鉴唐太宗李世民的理国之法，寻求安国抚人的治国之道。

早年洛阳的出阁生活使李隆基深刻认识到“人惟邦本，本固邦宁，必在安人，方能固本”，而安民，首先要做到“富而后教”❷，民富而国

---

❶　吴兢. 贞观政要集校［M］. 谢保成集校，北京：中华书局，2003：3.

❷　刘昫. 旧唐书 · 卷一〇五 · 宇文融传［M］. 北京：中华书局，1975：3219-3220.

强。杜甫的《忆昔》中"公私仓廪俱丰实",表现的就是玄宗这种"将欲富国,必先利人"的理念。为此,玄宗采取了一系列措施,促进了唐王朝经济、社会的发展。开元时期,唐王朝的农业生产与人口双重发展,实现了一种良性的经济循环。《资治通鉴》记述开元二十八年(公元740年)的盛况,"西京、东都米斛直钱不满二百,绢匹亦如之。海内富安,行者虽万里不持寸兵。"❶

经济的繁荣也促进了文化的繁盛。玄宗时,唐代的科举考试制度在高宗、武后时期的基础上,又有了新的发展。进士科杂文的考试内容基本上只试诗赋,而较少试赞、表、铭等,制科考试也偏重于诗赋。在科举取士的影响下,玄宗朝文人士子创作了大量的诗篇,形成了开元诗坛的盛况。此外,玄宗及朝臣自身也具有非常高的文化素养,文学之士往往得到重用,文化事业空前繁荣。唐代自太宗时起,随着政局稳定、社会发展,洛阳的文化地位得到恢复并不断提高。至武后时,神都洛阳已成为全国文化的中心。玄宗开元时期,虽然首都迁回了长安,但洛阳仍然是东都,仍然是全国的政治、经济、文化中心之一。洛阳文化在开元时期也达到了一个顶峰。唐玄宗以褚无量、元行冲等为修书使,在东都洛阳的乾元殿东廊修纂、整理群书。开元六年(公元718年),改乾元殿为丽正书院,后又改为集贤书院。除修四部书外,开元时期,唐玄宗还令徐坚、韦述、张说、李林甫等在集贤书院修订了《唐六典》《大唐开元礼》等。整理、编订群书,不仅促进了文化的发展,也使洛阳文化中心的地位更加凸显。

(二)玉辇西巡久未还

唐玄宗在即位之初,便开始谋划巡幸洛阳。开元元年(公元713年)七月,玄宗创作了《幸东都制》。在这篇制诰中提到,天下安定之后,洛阳"会同之府"的作用就更加重要了。洛阳地处天下之中,四方来贡都非常便捷,无所阻滞。当年关中地区遭遇水灾,为了不增加转运劳役,宁人息事,玄宗决定十一月行幸洛阳。虽然这次的巡幸并未成行,但可以看出,玄宗对洛阳地位、作用的认识。

---

❶ 司马光.资治通鉴·卷二一四[M].北京:中华书局,2011:6843.

玄宗首次巡幸洛阳是在开元五年(公元 717 年)正月,共在洛阳居住近两年时间。武后改唐为周,以洛阳为都,改称神都。为了彰显武周政权的神圣性与合理性,武后在洛阳营造了拜洛坛及碑文、显圣侯庙,改造乾元殿为明堂。开元五年,玄宗相继毁掉了武后建造的这些设施,重新恢复明堂为乾元殿。此后,接受秘书监马怀素的建议,玄宗令人在乾元殿修书。

开元十九年(公元 731 年),玄宗再次创作了《幸东都制》。这篇诏令的主旨依然是强调山东、江淮地区连续多年丰稔,而洛阳交通便利,物资汇集,为了节省民力,决定于当年十月临幸东都。开头写道"三秦九雒,咸曰帝京,五载一巡,时惟邦典"❶,长安和洛阳都是唐代的都城,每隔一段时间巡幸洛阳一次,已成为玄宗朝的邦典制度。这样的安排,显示出玄宗对于洛阳的重视。自开元五年(公元 717 年)至开元二十四年(公元 736 年),二十年间,玄宗基本上是五年左右就巡幸一次洛阳,且在洛阳巡幸的时间,一般不少于一年。

然而,自开元二十四年(公元 736 年)十月,玄宗自洛阳返回长安后,再也没有巡幸洛阳,"玉辇西巡久未还,春光犹入上阳间"。玄宗之所以未再巡幸洛阳,仍然是与漕运问题密切相关的。天宝三年(公元 744 年),关中地区的粮食、物资储蓄稍丰,玄宗对高力士说,朕近十年没有离开长安到洛阳巡幸,天下无事,可以将政事委任于李林甫,而高居无为了。这句近似演义的话,可以看得出玄宗对东巡洛阳的看法。自开元二十四年,玄宗采纳裴耀卿的建议,改变了漕运方式后,再加之李林甫、牛仙客实施增加临近地区粟赋供应和籴等措施,充实关中,关中地区的粮食供应问题得到了一定程度地解决,洛阳全国交通中心的地位有所下降。经济枢纽地位的下降,也影响到洛阳的政治地位。因此,自开元二十四年后,玄宗没有再巡幸洛阳。

(三)洛阳宫殿烧焚尽

开元二十四年(公元 736 年)十一月,裴耀卿、张九龄被罢相,李林甫兼中书令拜相。而玄宗也越来越将权力下放给李林甫等人,自己则

---

❶ 董诰. 全唐文[M]. 北京:中华书局,1983:269.

“高居无为”了。与开元时期的历任宰相们相比,李林甫缺乏政治远见与宏图大略,善于迎合玄宗旨意,任宰相时间达十九年之久。李林甫专权之下,言路闭塞、谏臣贬斥、佞臣当道,朝堂之上形成奉承阿谀的风气。自此,玄宗朝政局开始变得“政治少懈,文致未优,武克不刚”。[1]天宝时期的十多年,“无非是开元晚期政治的继续恶化”[2]。

天宝十一载(公元752年)十一月,李林甫薨,杨国忠接任右相。短短三年,“渔阳鼙鼓动地来,惊破霓裳羽衣曲”。把天宝后期的乱象归结于杨国忠一人,是不够妥当的。但杨国忠为相的三年,确实是玄宗朝中后期各种矛盾的集中爆发期,并最终引发了安史之乱。

天宝十四载(公元755年)十一月初九夜,安禄山率领同罗、奚、契丹、室韦等部兵十五万人,反于范阳。先是夜间行军,南下到达博陵(今河北定州),然后昼夜并进,迅速推进至黄河南岸的陈留郡(今河南开封)。同年十二月初七,唐玄宗下令御驾亲征,敕令朔方、河西、陇右三镇唐军除留守外,其余共赴行营。然而,唐军尚未集结到位,东都、陕郡已经沦陷。

天宝十四载十二月初八,安禄山叛军攻破荥阳,乘势西进,逼近东都。此时,范阳、平卢节度使封常清坐镇洛阳。为了抵御叛军,封常清紧急招募了洛阳的一些市井子弟。他们没有接受过严格的军事训练,直接开赴武牢关前线。这些招募来的白徒,一触即败,再战于葵园,再败。同年十二月十二日,叛军已跟随败逃的唐军到达洛阳城下。双方战于洛阳东面的北门——上东门,唐军再次大败。封常清率军退入城内,双方又战于都亭驿和洛阳东城东面的宣仁门。唐军溃败,自上阳宫东面的提象门,退入上阳宫,破墙渡谷水,向西奔往陕郡(今河南三门峡)。安禄山叛军在洛阳烧杀抢掠,焚毁宫室。同年十二月十八日,唐玄宗不考虑战场的实际情况,以封常清、高仙芝在陕郡不战而退为由,令监军边令诚处斩了两位大将。安禄山叛军逼近长安的门户——潼关。

---

[1] 刘昫. 旧唐书 · 卷一六〇 · 韩愈传[M]. 北京:中华书局,1975:4201.

[2] 许道勋,赵克尧. 唐玄宗传[M]. 北京:人民出版社,1993:190.

天宝十五载(公元 756 年)正月初一,安禄山在洛阳称帝,国号大燕,改元圣武。安禄山试图在洛阳立足,但此时虽然关东地区大片唐土已沦陷,仍有郭子仪、李光弼等人在河北一带不断取得胜利,牵制了叛军的进一步西进。封常清、高仙芝被杀后,唐玄宗任命河西陇右节度使哥舒翰持节统领处置太子先锋兵马副元帅,镇守潼关。面对敌强我弱的形势,哥舒翰也是选择坚壁清野的战术,闭关固守,消耗远道而来的叛军实力,同时等待全国战局的转变。然而,面对大兵压境,朝廷内部仍然不能齐心对敌,哥舒翰、安思顺、杨国忠等人矛盾重重,互相猜忌、互相陷害。杨国忠不断怂恿玄宗令哥舒翰出关御敌,收复东都。同年六月初四,哥舒翰被迫率军出关,与叛军战于灵宝西原。叛军据险,以逸待劳,而唐军二十万人纵向排列于黄河及南面高山之间的狭隘道路上。叛军一击,唐军顿时溃散,首尾不能相顾,有的弃甲逃入山谷之中,有的相互拥挤,坠入黄河溺死,得以逃入潼关的仅八千余人。同年六月初八,叛军攻陷潼关。哥舒翰手下蕃将火拔归仁将哥舒翰捆押起来,送至东都。同年六月十三日凌晨,唐玄宗与杨贵妃、皇太子、杨国忠、高力士等皇族近臣离开了长安,向蜀地逃亡。同年六月十七日,留守长安的崔光远、边令诚等开城门投降,长安落入叛军之手。

玄宗奔蜀,太子李亨在灵武(今宁夏灵武)即位,是为唐肃宗,尊玄宗为上皇天帝。唐肃宗即位后,以长子广平王李俶为天下兵马大元帅,以郭子仪为副元帅,统兵收复失地。至德二年(公元 757 年)十月,唐军与回纥兵联合攻克洛阳。在收复长安时,回纥就要求"克城之日,土地、士庶归唐,金帛、子女皆归回纥"❶。幸赖广平王李俶恳求,才算作罢。收复洛阳后,回纥再次提出要求,这一次竟然同意了。回纥在城内劫掠三天,一些士女逃至圣善寺和白马寺中避难,回纥纵火焚烧避难的阁楼,死伤无数。洛阳父老请以一万匹罗锦赎城,回纥才停止了劫掠。兴亡之际,洛阳遭受极大的灾难,千古名都再次毁于一旦。

---

❶　司马光. 资治通鉴·卷二二〇[M]. 北京:中华书局,2011:7152.

二、唐玄宗时期的洛阳

(一)都畿与东京

唐玄宗时期,需要注意的是,洛阳城所在的一级行政区划以监察为主要职责的"河南道"分化出了都畿,洛州在不同时期有河南府、东京等称谓的变化。这些变法既反映了洛阳对于唐王朝的重要意义,也反映了玄宗朝国家治理的细化。

都畿始分的具体时间尚没有材料明确记载。但在《颜鲁公集》所载《崔孝公陋室铭记》后附崔沔传中有,崔沔曾在开元初任都畿按察使一职。按照《旧唐书·崔沔传》的记载,开元初大致是开元二年至四年❶。而京畿自关内道分出来的时间不早于开元五年(公元717年),还是在玄宗首次巡幸洛阳时设置的❷。不过这一时期,京畿、都畿的设置可能并非定制,京畿、都畿按察使的设置上也没有一定的连续性。开元二十二年(公元734年),玄宗下令设置了十六道,每道设置采访使,检察各种非法行为,就如同汉代刺史的职责与作用。京畿和都畿的采访使已固定化地由御史中丞担任,治所分别在长安和洛阳。而河南道则由汴州刺史或陈留郡太守兼任,治所在开封。都畿的监察范围大致为河南府、陕州、郑州、汝州、怀州等,基本是传统三河地区的"河南""河内"区域。自唐太宗设置十道,高宗、武后、中宗、睿宗等朝不断沿革、完善,玄宗将十道分化为十六个采访使部,顺应了国家发展的需要,是行政治理优化、监察细化的必然趋势。

武后将东都改为神都。神龙元年(公元705年),中宗即位后,重新将神都改为东都,后又将武后所改称、新置的永昌县、合宫县、来廷县等恢复为原来的河南、洛阳二县。开元元年(公元713年),玄宗即位之时,将洛州升格为河南府。天宝元年(公元742年),又将东都改称为东京。安史之乱中,洛阳遭兵燹破坏。至德元年(公元756年),肃

---

❶　罗凯.盛唐京畿都畿考论[J].历史地理,2008,23:70.

❷　郭声波.唐代监察道功能演变过程的考察[C].历史环境与文明演进.上海:商务印书馆,2005:427.

宗即位，重新改东京为东都。

（二）洛阳芳树映天津

唐玄宗时，特别是开元时期，是唐代洛阳城市建设的第四个重要时期。宫殿、坊市、街道、城门、津梁等，不断地得到营建、修缮。武后时将宫城乾元殿改建为明堂，号为万象神宫，又在明堂以北建造了天堂。证圣元年（公元 695 年），天堂和明堂全部毁于大火。后明堂得到复建，天堂旧址建造了佛光寺。开元五年（公元 717 年），玄宗首次临幸洛阳，改称明堂为乾元殿。开元十年（公元 722 年），又将乾元殿改称为明堂。玄宗不再临幸洛阳后，开元二十七年（公元 739 年）改建了明堂，将上层和柱心木除去，保留下层，平座上置八角楼。翌年，佛光寺失火，延烧到了新殿的廊舍。安史之乱中，明堂遭叛军和回纥兵的多次破坏，彻底损毁。

开元五年（公元 717 年），恢复乾元殿旧称后，唐玄宗接受了马怀素的意见，令在“乾元殿东廊下写四部书，以充内库”[1]。如前所述，这是玄宗时期的一项重大文化工程。开元六年（公元 718 年），改乾正修书院为丽正书院。开元十二年（公元 724 年），玄宗第三次巡幸洛阳时，在明福门外设置了丽正殿书院。翌年，玄宗又改此处的集仙殿为集贤殿，书院改称为集贤书院。书院设置大学士、学士、直学士、侍讲学士、修撰官、校理官、知书官，以及其他修书官吏。自开元五年起，玄宗以褚无量为修书使，整理、校对、抄写群书。褚无量去世后，玄宗以元行冲继任，担任丽正殿直学士一职，负责修书工作。当时，主持、参加修书的都是文学大儒，博通经史，除马怀素、褚无量、元行冲外，还有尹知章、韦述、刘彦直、宋辞玉、崔沔、崔藏之等。韦述家中藏书，汗牛充栋，自幼熟读文史典籍，博闻强记，嗜学着书，手不释卷。马怀素建议编次图书时，附上建议采用的二十六人，韦述是其中之一。韦述是韦弘机的曾孙，高宗时韦弘机撰有《东都记》二十卷，而韦述在玄宗开元盛世时撰写了《两京新记》。《两京新记》记载了开元时长安、洛阳的基本面貌、地理沿革、城市建制，以及一些风俗人物、旧闻传说等，描绘了盛唐之下

---

[1] 刘昫. 旧唐书 · 卷四十三 · 职官志二[M]. 北京：中华书局，1975：1851.

长安与洛阳城市生活的方方面面。可惜的是,这本书全书已佚,现在看到的是从各种史籍中辑录出的残本。集贤书院还负责收藏和管理各种图书。《旧唐书·经籍志》记载,开元时,集贤书院图书分为甲、乙、丙、丁四部,代表经、史、子、集,每部图书各为一库,四部库书。

唐玄宗时期,上阳宫依然是非常重要的。李隆基幼年生活在洛阳宫内,上阳宫也是曾游玩的地方。登基之后,他五次临幸洛阳,并长期居住,上阳宫在期间扮演了重要的角色。开元十年(公元722年),玄宗曾亲自至上阳宫的雒城门试文章及第人。开元二十年(公元732年),玄宗在上阳宫内的东洲宴请百官。安史之乱中,唐军与叛军战于上阳宫,上阳宫遭兵火破坏。上阳宫在唐人的观念中是繁荣昌盛的象征,也是洛阳的象征。开元晚期之后,玄宗及此后的历代唐代皇帝基本都不再临幸洛阳,而与此同时,盛唐的气象似乎也随之远去。中晚唐的诗人们念及曾经的盛世,不免有"西巡久未还"的感叹;"上阳花木不曾秋,洛水穿宫处处流。画阁红楼宫女笑,玉箫金管路人愁。幔城入涧橙花发,玉辇登山桂叶稠。曾读列仙王母传,九天未胜此中游";王建《行宫词》中的美景已变为"开元歌舞古草头,梁州乐人世嫌旧。官家乏人作宫户,不泥宫墙斫宫树。两边仗屋半崩摧,夜火入林烧殿柱"的悲凉景象。

开元二十年(公元732年),玄宗改造洛阳皇城南面端门外的洛水三桥,拆毁星津桥,将星津桥与天津桥合二为一。天津桥与上阳宫一样,也是盛唐洛阳的标志性建筑。洛阳遭安史之乱破坏,唐王朝由盛转衰,天津桥的诗文意象也发生了转变。洛阳城跨洛水而建,洛水贯都,有河汉之象,洛水上的桥梁就如同连接银河的津梁。盛世之中,天津桥是歌舞升平的象征,唐玄宗曾写下"洛阳芳树映天津"的诗句;李白也曾在天津桥畔宴饮,"忆昔洛阳董糟丘,为余天津桥南造酒楼"。安史之乱后,天津桥的意象也转变为萧瑟、寂静、落寞,反映了诗人对盛唐的追怀,"天津桥下冰初结,洛阳陌上人行绝。榆柳萧疏楼阁闲,月明直见嵩山雪"。

唐玄宗时期,洛阳外郭城也不断得到修缮,部分坊市进行了调整。武后天授三年(公元692年),将城西的固本坊改为西市,但很快就废弃不用了。开元四年(公元 716 年),玄宗又恢复了西市;直至开元十二年(公元 724 年),再次取消了西市,将厚载门街西一坊之地与西市一起并入禁苑。玄宗时期,洛阳的商业非常繁盛,三市百业兴盛、四海汇聚。天宝八年(公元 749 年),洛阳商人李秀贞为了便于南市的城内贸易,募资在南市北洛水上架设石桥,不到三年即建成使用。

开元时,洛阳的伊、洛、瀍、谷等水多次发生洪灾。为了减少谷、洛二水泛溢对月陂的破坏,开元二十四年(公元 736 年)玄宗令河南尹李适之出内库钱,雇工垒石修造了三陂——积翠、月陂和上阳。此后,相当长的一段时间,谷水、洛水没有再对洛阳造成较大危害。1998—1999年,洛阳市文物工作队在洛阳牡丹桥东侧洛河主河道的南北两侧河床上,发现了隋唐石堤遗存。据考古发掘,这里可能是月陂遗址。

月陂南、洛水岸边的积善坊是玄宗出阁时居住的地方,当时号称"五王子宅"。这里本是太宗宰相高俭的住宅,圣历二年(公元 699 年)相王李旦在积善坊置宅,玄宗兄弟也跟随着在积善坊置院,院匾额是李隆基的八分书写就。天宝元年(公元 742 年),唐玄宗在两京及天下各州设立玄元皇帝庙。玄宗将东京洛阳的旧藩邸设置为玄元皇帝庙,后改称太上玄元皇帝宫,翌年又改为太微宫。

(三)公私仓廪俱丰实

玄宗朝时,洛阳仍然是国家重要的物资汇集地与交通枢纽。如前所述,玄宗在历次发布的巡幸东都的制诏中,都提到了洛阳天下之中,四方纳贡道里均的问题。唐玄宗非常重视仓廪建设及仓储制度的完善。武后时,洛阳为神都;中宗以后,洛阳的政治地位下降,但经济地位并没有下降。洛阳含嘉仓在玄宗时期仍然是国家的重要仓库,其职能、地位与长安的太仓一样。从考古发掘及史料记载中可以看出,玄宗时期含嘉仓的仓储容量非常大,天宝八载(公元 749 年)入含嘉仓的粮食为 5833400 石,而全国诸仓粮总共 12656620 石,含嘉仓占了将近一半。

虽然含嘉仓在天宝初年的规模非常大,但自开元初年起,其转运长安的中继站的作用越来越突出。初期,每年自含嘉仓至太原仓,运粮80 万石,后增加至 100 万石,天宝七载(公元 748 年)增加到了 250 万石。当然,即便如此,含嘉仓仍然是唐王朝的太仓,而非一般的转运仓。

另外，从玄宗时期洛阳水灾的记载中，我们可以看出当时漕运规模的宏大。《旧唐书·五行志》记载，开元十四年（公元726年）七月十四日，瀍水暴涨，冲入漕渠，冲毁了各州租船数百艘，扬州、寿州、光州、和州、庐州、杭州等地运送来的172896石粮食和其他钱绢杂物等被冲走。于是，玄宗下令开启斗门、围堰，引漕渠水入洛水，等到漕渠干涸后，搜寻官物，收得十之四五。此后的开元十八年（公元730年）、开元二十九年（公元741年）等多次发生洪水冲决洛阳漕渠的事件。

开元十八年（公元730年），宣州刺史裴耀卿向玄宗建议：江南地区户口增加，仓廪丰实，但苦于漕运方式不当，难以有效输送至长安，建议采用逐级递送的方式，在运河黄河口置武牢仓、巩县置洛口仓。如果漕船能够进入河、洛，便顺流而上；如果行船不利，便就近入仓。然后，再与洛河入河口的黄河上游两岸设置的河阳仓、柏崖仓、含嘉仓、太原仓、永丰仓、龙门仓、渭南仓等，共同构成一个新的转运体系。这个转运体系不以东都洛阳为中心，而是以关中为中心。新的转运路线设置后，提高了洛阳以西的输送能力，水陆并进的形式在一定程度上减轻了三门天险对漕运的不利影响。开元二十二年（公元734年）至开元二十四年（公元736年）间，自关东运抵关中的粮食达到七百多万石，很大程度上解决了关中乏粮的困境。开元二十四年后，玄宗再也没有巡幸过洛阳。

三、唐玄宗与洛阳文化建设

（一）积善坊内五王宅

唐玄宗的幼年是在洛阳度过的。圣历二年（公元699年），年少的李隆基与父亲相王李旦一起到宫外洛水南的积善坊居住，兄弟五人共居一处，号为“五王子宅”。虽然积善坊的生活并不长，却给了李隆基一个体察民情的机会。这也是即位之后，他能够保持亲民、爱民风格的重要原因之一。玄宗兄弟五人的关系相对来说比较融洽，甚至曾同床共被。李隆基能够顾念年少时五王宅的生活，即位之后对兄弟们的生活多加照顾。此外，李隆基又对兄弟四人倍加防范，消除他们与朝臣的联系，防止形成尾大不掉的政治势力。而宋王、申王、岐王、薛王也多能够做到恭谨自守,不结交朝臣,不干预朝政,乐于诗词歌赋、音律舞蹈。

积善坊北临洛水、月陂。月陂是隋宇文恺所建的洛水斜堤,形似偃月。洛水至此冲捺堤堰,折向东北流。玄宗令李适之用巨木、积石修建了月陂。考古发掘已发现隋唐月陂遗址,可与积善坊、五王子宅、太微宫等共同组成牡丹桥东、洛河南岸的一片文化区。

(二)天津桥上盛世春

开元盛世是洛阳发展历史上的一个鼎盛时期。虽然这时的洛阳不再是王朝的首都,但却是国家的经济中心,与长安共同构成了闪耀的双子星。天津桥、上阳宫、洛阳陌等这些洛阳的文化标志,也代表了唐人对开元盛世具体化的理解与认识,应复原、重建这些洛阳曾经的标志,并赋予其文化的自信。

盛世文化兴,玄宗在洛阳首先设置了丽正殿书院(集贤书院)。集贤书院的设置是中国书院史、文化史上的一件大事,对后世影响深远。玄宗令褚无量、元行冲、张说、李林甫、徐坚、韦述等人在集贤书院编修群书,进一步发展了唐初形成的四部书分类法,并且收录历代书籍数量庞大,达到五万三千九百一十五卷,唐人著作为二万八千四百六十九卷❶;还编纂了《唐六典》《大唐开元礼》《开元新格》等典籍,为后世留下了较为完备的制度规范。

(三)上阳宫内雪殷红

安史之乱中,洛阳遭到极大破坏,正所谓“若问古今兴废事,请君只看洛阳城”。安禄山自范阳起兵,三十余天便攻陷了洛阳。攻占洛阳后,安禄山以洛阳为都,建国号为大燕。此后,叛军基本上以洛阳为据点,逐步向长安进军,并最后占领长安。唐军收复洛阳时,洛阳又再次遭到回纥的毁坏,宫室残损、士女罹难。同时,在安史之乱中,洛阳也涌现出一些不畏牺牲、英勇抗暴的官员、将士,例如东都留守李憕、御史中丞卢奕,以及被安禄山残杀在中桥的颜杲卿等。

安史之乱后,不仅是洛阳,唐王朝本身也开始由盛转衰。这样的转变对于唐人来说是难以接受的。如前所述,中晚唐时期的唐人以上阳

---

❶ 欧阳修,宋祁. 新唐书[M]. 北京:中华书局,1975:1421-1422.

宫、天津桥，以及洛阳的残垣断壁、衰败的城市景象作为怀思李唐盛世的重要载体。大量的诗文描绘了洛阳曾有的辉煌与乱后的景象。虽然，玄宗之后的唐代君王曾对洛阳进行修缮，但洛阳未再达到玄宗时期的发展高度。衰败景象固然没有繁盛景象令人神往，但其具有一种悲剧之美。悲剧美更能够触动人们的内心，更具有强烈的震撼感。这也是为什么杜甫、白居易、元稹、王建等人所创作的关于乱后洛阳的诗歌能够被人们广为流传的原因。

第六章　隋唐洛阳城的设计师——宇文恺

“若问古今兴废事，请君只看洛阳城”，作为“十三朝古城”，古代洛阳城的发展在隋唐时期达到顶峰，不仅城市规模宏大、人口众多，而且交通发达、经济繁荣，是当时世界上数一数二的繁华大都市。不过，隋唐时期的洛阳城，并非是在前代汉魏时期的老城基础上重建的，而是隋炀帝在位时下令选址新建，并且有专人负责城市的规划与设计。隋唐洛阳城能够名垂史册，并在中国古代建筑史上留下浓墨重彩的一笔，应该说是与设计师出色的规划设计密不可分的。而隋唐洛阳城的设计师是谁呢？你不要以为是隋炀帝，作为帝王，他只负责下命令，具体干活的是他的臣子。根据史书资料，大家公认的隋唐洛阳城的设计师，就是隋代大名鼎鼎的城市规划师、中国建筑史上优秀建筑家的代表人物——宇文恺。

一、武将世家中的建筑天才

中国的史书向来喜欢对帝王将相大书特书，宇文恺也曾官居高位，做到了工部尚书，《隋书》中专门为宇文恺列了传记，比较详细地介绍了他的生平经历。不过，在官场上，宇文恺毕竟属于专门从事技术工作的，虽然仕途也有起伏，对他的介绍，重点还是放在了他出色的建筑成就上。

（一）因才而生的仕途

宇文恺（公元555—612年），字安乐，鲜卑族，京兆长安人，出生在西周后期一个显赫的家族。他的父亲是宇文贵，据《周书》记载，早年弃文从军，屡建军功，西魏时期先后任车骑大将军、仪同三司等，到了北周，宇文贵进位柱国，拜御正中大夫，封许国公，历大司空、大司徒、太保等重要官职。长兄宇文善，担任过大将军、洛州刺史、上柱国。二兄宇文忻,17岁时即以军功被北周政权赐爵兴国县公,拜仪同三司,后又靠战功进位开府、骠骑将军,晋爵化政郡公,北周末位至上柱国,晋爵英国公。父亲和兄长都是地位显赫,所以,出生在这样的家庭中,宇文恺3岁时就被赐爵双泉伯,6岁时袭祖爵安平郡公,身份地位十分显贵。

出生在武将之家,按说宇文恺也应该会受到影响,平时经常舞枪弄棒什么的。可是,据《隋书·宇文恺传》记载,在他们家中,宇文恺绝对是个另类。他的兄长们个个爱好骑马射箭,练就了一身武艺,在战场上摸爬滚打,凭借军功发达起来,而宇文恺却偏偏喜欢钻进书房,没事拉不出来,用现在的话说,就是一典型宅男。与他父亲年少时不喜欢读书正好相反,宇文恺非常好学,博览群书,善写文章,而且多才多艺,常有奇思妙想,年纪轻轻就以博学多才而闻名。可以看出,宇文恺在建筑学方面是有天赋的。他广泛阅读从春秋至北魏建筑方面的书籍,尤其对东汉时的洛阳城池、孝文帝时营建的洛阳城有非常浓厚的兴趣,酷爱钻研建筑技术,为以后的建筑成就打下了坚实的基础。所以说,想要在某方面做出些成就,得先有点天赋,还需要在兴趣的激励下,不断地去努力、去实践。

北周后期,20出头的宇文恺,因为建筑方面的才干,被当时的宰相杨坚任命为上开府、匠师中大夫,主要负责城郭、宫室的建造。开皇元年(公元581年),为巩固刚刚建立的政权,隋文帝杨坚开始杀戮北周宗室宇文氏,清除前朝的残余势力。宇文恺原本也被定入诛杀之列,但由于宇文恺家族与北周宗室有别,并非是同一祖先,二兄宇文忻又拥戴隋文帝有功,更重要的是,宇文恺本人的才华深得隋文帝的赏识,杀了他实在可惜,所以临到行刑,隋文帝派人快马加鞭,奔赴刑场,从刀下救了宇文恺一命。在改朝换代的血雨腥风中,宇文恺靠自己的才干得以保全性命。入仕隋朝后,他长期担任的也是主管工程建造方面的官员,设计、监造了许多大型的土木工程,充分发挥了自己的才干。

(二)重要的建筑成就

根据史书上的记载,宇文恺参与负责的营建方面的活动有以下这些:

开皇二年(公元582年)二月,隋文帝要修宗庙,时年28岁的宇文恺被起用,任营宗庙副监、太子左庶子,负责宗庙的兴建事务。宗庙建成后,受到杨坚的赞赏,宇文恺被加封为甑山县公,封邑千户。

开皇二年六月,隋文帝嫌弃从汉代留下来的旧长安城,认为它已经不能满足社会发展的需要,下诏选新址,另建新都。因为宇文恺有精巧的才思,隋文帝令他统领营新都副监,负责具体的规划设计与营建工作。宇文恺设计时博考群籍,研究众多理论学说,参考了北魏洛阳、北齐邺都等城市的建设经验,在继承中国古代都城规划传统的基础上又有所创新。大兴城从开始营建到迁入使用,前后只用了九个月的时间,速度之快,成为世界都市建设史上的一大奇迹,显示了宇文恺卓越的设计才能和建筑技能。

开皇四年(公元 584 年),因为渭水中多沙,河道深浅不一,不利于漕运,隋文帝诏令宇文恺率领水工开凿广通渠。完工后的广通渠,全长三百多里,连接贯通了渭水、大兴城和黄河,既方便了漕运,又灌溉了两岸的农田,促进当地农业的发展,被人们称为"富民渠"。

开皇六年(公元 586 年),宇文恺的二哥宇文忻因谋反被诛,宇文恺受到株连,被除去名籍待在家中,很长一段时间内都得不到选调。直到开皇十三年(公元 593 年),隋文帝想要在岐州建造仁寿宫,寻求可以胜任的人,右仆射杨素就推荐了宇文恺。皇上同意了杨素的意见,任宇文恺为检校将作大匠,负责仁寿宫工程的筹划和设计。宇文恺实地调查,精心规划设计,组织施工,克服了众多技术上的难题,经过两年多的时间,建成一座雄伟壮丽的宫殿。宇文恺因此被提升为仁寿宫监,任仪同三司,担任将作少监。后来,宇文恺又受命营造皇陵太陵。隋文帝认为他工作完成得很好,就恢复了他的爵位安平郡公,封邑一千户。

隋炀帝杨广即位后,考虑到大兴城地处西北,位置偏僻,水陆交通不便,物资调运困难,不能满足朝廷各方面的需要,而且也不利于对全国尤其是江淮地区的控制,隋炀帝决定在洛阳故都附近建造新城,作为东京。大业元年(公元 605 年)三月,隋炀帝下达诏令,由尚书令杨素、纳言杨达、将作大匠宇文恺共同负责,营建东京。宇文恺作为营东都副监,主要负责、主持城市规划与设计。作为洛阳城的总规划师、设计师,宇文恺的天才在这项浩大的工程中再次得到展示,创造了中国古代建都城的典范。宇文恺揣测圣意，知道隋炀帝杨广好大喜功，贪图豪华奢侈，不惜民力，于是他在图纸设计、建筑用料、施工期限等方面都力求最好，耗时最短。他设计监造的东都洛阳城，面积虽略小于大兴城，却是穷极绮丽，十分壮丽奢华。从大业元年（公元 605 年）三月到翌年正月，规划周密、规模宏大的建都工程仅用十个月的时间便宣告建成。隋炀帝对宇文恺十分满意，特加封他为开府仪同三司，并拜为工部尚书。宇文恺还奉命在寿安县修了一座豪华的行宫——显仁宫，北跨洛河，南接皂涧，依山傍水，风光旖旎，是隋炀帝的避暑之所。

大业三年（公元 607 年）六月至八月，宇文恺跟随隋炀帝北巡到榆林，在此期间，他奉命修筑长城，创制了几项活动性的建筑物，展示了他在机械制造方面的造诣。隋炀帝想向北方的突厥炫耀，就命宇文恺建造了一个巨大的帐篷，里面可以容纳几千人。建成后，布置好仪仗侍卫，隋炀帝在大帐内设宴，宴请突厥首领启民可汗及其部落 3500 人，并演奏散乐杂技助兴。宇文恺还奉命造了一座可拆卸的活动宫殿——观风行殿，能容纳数百名侍卫，而且下面还装有轴轮，可以推移挪动。那些少数民族见到这些建筑，又惊又怕，以为大隋有神人相助，于是争着向隋炀帝进献牛羊驼马数千万头。隋炀帝的虚荣心得到极大的满足，愈发高兴，前前后后赏赐了宇文恺很多回。

大业八年（公元 612 年）十月，宇文恺卒于工部尚书任上，谥号为康。宇文恺因为在建筑方面的杰出成就，深得隋文帝、隋炀帝二帝的信任，生前所受赏赐无数；去世后，他的名字同他主持设计建造的工程，一同被载入史册，成为古代文明史的重要组成部分。

二、宇文恺与东都洛阳城

作为隋代洛阳城的规划者与设计师，宇文恺参与了建造的全过程。与大兴城一样，洛阳城集中展现了宇文恺在城市规划建设方面的卓越才华和建筑理念，对后世的城市建设产生了深远的影响。

（一）大兴城的建造

隋代实行的是两京制，有两座都城，隋文帝时期主要在西京长安，也就是大兴城，隋炀帝即位后主要是在东京洛阳，一西一东，遥相呼应，接下来的唐代深受影响,也采用了两京制。隋唐两代的皇帝时不时地在长安和洛阳之间来回溜达,尤其是关中大旱、年成不好时,就会有皇帝带着文武百官跑到洛阳来寻摸粮食,被百姓戏称为“逐粮天子”。皇帝在京城居然还吃不饱饭,想想也挺不容易的。

隋代的大兴城和洛阳城都是由宇文恺规划设计的,二者在整体的建设理念和布局规划上基本一致。大兴城的建设是在隋文帝开皇二年(公元582年),早于洛阳,所以对洛阳的规划设计有着非常直接的影响。

在大兴城选址方面,弃旧城选新址。宇文恺对汉代以来的长安城及其周围地形进行了仔细勘察,抛弃了旧长安城的地址,不再对老城进行改建,而是选定旧长安城东南方向龙首川一带的平原地带,作为建造新城的地址。这里一面傍山,三面临水,交通比较便利,风景秀丽宜人,是比较理想的建城之地。宇文恺还在城南、城东开挖了三条水渠,引水入城,既能解决城里的供水、排水和物资运输问题,又使渠水迂回曲折,汇成多处池塘,岸边广种杨柳,给京城增添了几分景色。选址比较合理,兼顾生活实用和环境美化,是大兴城的重要特点之一。

在布局方面,采用南北中轴线,城区划分明确。城区由宫城、皇城、郭城三部分组成。宫城、皇城位于全城的主要位置,郭城则围绕在宫城和皇城的东、西、南三面。宫城位于中轴线的北部,城内分成三部分,中部为大兴宫,是皇帝起居、听政的地方;东为东宫,专供太子居住和办理政务;西部为掖庭宫,专供宫女学习技艺的地方。宫城南面是皇城,又叫子城,是军政机构和宗庙的所在地,城中南北七街、东西五街,百官衙署行列分布,左有宗庙,右有社稷。郭城又叫京城,是城市居民和官吏的住宅区;东西两面各有一市,西为利人市,东为都会市,是京城的商业区。这种把宫城、官署和居民区严格区分开、划分整齐明确、布局完整对称的方式,是宇文恺的一大创造,对后世都城建设有重大影响。

郭城采用里坊制的设计。东西大街和南北大街纵横交错,将全城分为108个方块。每个方块当时称作“里”,唐时为“坊”,统称“里坊”。里坊的布局沿中轴线左右对称、均匀分布,呈棋盘型;每个里坊各有名称,大小不一;里坊内,官吏和居民住宅、寺庙道观、商业店铺等应有尽有,类似于我们现在的居民小区;里坊周围有围墙,大的里坊四面开门,中辟十字街,小的里坊开东西门,有一条横街。里坊制的安排便于居民的生活,同时有利于对城区居民的管理。

大兴城里的街道宽直平整、整齐划一。城内有南北大街11条、东西大街14条。通向城门的街道,其宽度都在百米以上,不通城门的街道宽度在42~68米,最窄的是四周沿城墙的街道,宽度也有25米。道路两侧设有排水沟,路旁栽有行道树。

统一规划、整体布局,使得整座大兴城规模巨大,气势宏伟。全城总面积约84平方千米。城周围有宽约5米、高约6米的城墙环绕,有12座城门,每个方向各开3个,每个城门各开3个门洞,南面正中明德门因处在全城中轴线上开设有5个门洞,可以说是史无前例。

(二)东京洛阳城的建造

作为东京洛阳城的总规划师和设计师,宇文恺在大兴城的实践基础上,结合洛阳的地形地貌,进行了精心设计,建成后的东京洛阳与大兴城既有一脉相承之处,又有自己鲜明的特征,再次展示了宇文恺这一建筑天才的奇思妙想。

首先,在选址方面,同大兴城一样,都是弃旧城选新址,便于整体规划设计。新址位于汉魏洛阳城之西约10千米,北依邙山,南对龙门,不仅自然环境优美,而且地理位置十分优越。与大兴城不同的是,城区不是简单的靠山临水,而是以洛水贯之,洛水从西向东穿城而过,使得城区的水路交通更为便捷。前代的洛阳城区多是处在洛水之北,宇文恺创造性地将城区扩展到洛水之南。都城正南门直指伊阙,距离更近;借助自然形势,龙门东西二山就像是东都天然的城阙,既气势雄伟,又利于军事防御,控制好城南的这一交通要塞。

其次,东京洛阳在规模上略小于大兴城,面积约45平方千米,为南宽北窄的不规则方形。洛水穿城而过,把城分为南北二区,之间筑有四座桥梁。城东、城南两面各有三座城门,北面两座,西面则有宫城和皇城的各二门,各城门的位置互不对称。因为地形的不同,洛阳城不同于大兴城的南北中轴线和完全对称的布局方式,宫城和皇城建在了地势较高的北区西部,郭城放在了地势较低的南区和北区东部。从整体规划上看,东都的布局仍然是力求方正整齐。

宫城取名紫微城,城内有数十座殿阁堂院,都是由宇文恺设计的,建造得极其富丽堂皇,远远超过了前代,也超过了大兴城。其中,乾阳殿最为奢华,是皇帝举行大典和接待重要外国使团的地方。宫城正门则天门,因为修建得过于奢华,15 年后,唐武德四年(公元 621 年)李世民看到还是忍不住摇头叹息,嫌其过于奢华,命人焚毁另建。皇城名曰太微城,在宫城南面,南邻洛水,沿东西街道分列各种政府机构、社稷、宗庙等建筑。皇城和宫城在同一条轴线上,皇城前的大道通过洛水上的桥直抵定鼎门,与伊阙相对。郭城从南面和东面两个方向,对宫城和皇城形成仰视和护卫之势,周围筑有短墙。宽约 40 米的纵横大街各 10 条,把全城划分为 103 个里坊和 3 个商市。里坊为方形或长方形,略小于大兴城的里坊,周围有墙,每面开一门,坊内有十字形街道。除集中的市外,有些里坊特别是洛河两岸的里坊,也设有商行,便于居民生活和经济发展。

洛阳城的规划吸取了大兴城的经验,布局上不拘于方整对称,能配合地形,适当减小城市规模,在洛河沿岸的坊中设置商业,这些都是宇文恺在城市规划上的显著改进。但是,与大兴城相比,东京洛阳最为重要的改进是在宫城东北面建含嘉城,含嘉城里建大型的国家粮仓——含嘉仓。俗话说得好,手中有粮,心里不慌,城里有了装满粮食的大仓库,隋唐两代的皇帝住在洛阳,再也不用担心像长安城里那样,因为粮食短缺而人心惶惶了。大业元年(公元 605 年)三月,隋炀帝下令开挖通济渠,被后世称为"隋唐大运河"的水利工程也开始建设,引谷水、洛水通黄河,黄河连通淮河,洛阳成为水上交通的中心,漕运更加便利。从东部和江淮地区运来的大量粮食沿运河汇集到洛阳,装进了含嘉仓,然后再运往长安。含嘉仓的建造使得东都的粮食供应得到有力的保障,地位更为重要。

宇文恺应该很了解隋炀帝追求奢华、喜好游乐的心理,他专门在宫城西面建造了一个大型的皇家园林——上林西苑,又名会通苑。据《大业杂记》记载,西苑周长二百多里,北抵邙山,南达伊阙,西至新安,占地范围之广,令人瞠目。苑内修渠引水,在南部汇聚成一个方圆十余里的巨大人工湖(海)，湖(海)上建有蓬莱、方丈、瀛洲三座仙山，高出水面百余尺，台观殿阁布置在山上，风景非常壮丽。西苑北面是一条蜿蜒盘亘的大水龙，名为龙鳞渠，依着地形，高低曲折、跌宕起伏，最后汇入人工湖，连为一体。各具特色的十六座宫院，沿渠而建，院内殿堂楼阁构思精巧、壮观华丽。苑内还有数十处游览观赏的景点和大片山林，飞桥流水、杨柳修竹、奇花异石、亭台楼榭，掩映其中，时隐时现。为了引洛水入苑，宇文恺还修筑了斜堤，形如偃月，谓之月陂。整个西苑环境优美，楼阁壮丽，宛如天成。隋炀帝非常满意，频频光顾，与嫔妃、宠臣在其中饮酒作乐。隋炀帝虽然留给后人一个暴君的名声，却也是个有雅兴的皇帝，他尤其喜欢在月朗星稀之夜，带领数十宫人出宫入苑，骑马踏月、赏景吟诗、歌管达旦，就算放到现代，这也是很有情调的。到了唐代，作为皇家园林的西苑，范围略有缩小，风光依旧不减当年，唐高宗时又建宿羽、高山、上阳等宫，费银高达三千万，西苑的俊美壮丽，由此可见一斑。

(三)宇文恺的城市规划理念

从东都的布局规划和使用效果来看，洛阳城不仅充分展现了宇文恺卓越的建筑设计才干，而且也体现出了宇文恺的一些建筑理念。

天人合一的规划理念。一座都城的规划，除要适应政治经济形势的需求外，还需要综合考虑各种因素，交通条件、自然环境是最基础最重要的条件。封建时期，人们非常注重的天地阴阳、风水好坏等理念也必须加以体现，以满足统治者的心理需求。宇文恺规划东京洛阳时，就充分贯彻了古代“天人合一”的理念。在选址上，东京北据邙山之阳，南抵龙门山之阴，横跨洛水南北，实现“洛水贯都，河汉之象”的寓意，洛水如天上银河，里坊像银河两岸的繁星。宫城位于西北高处，像天空之中最耀眼的北极星，所以命名“紫微城”；皇城、郭城从东、西、南三面围绕宫城，就像北斗和众星一般，作为屏藩拱卫北极星，“居其所而众星共之”。东京的整个建筑布局正符合隋炀帝诏书中对洛阳“天地之所合，阴阳之所和”的评价，难怪隋炀帝在位时，除外出巡幸，大部分时间都要待在东京了。

封建帝王都认为自己是皇权天授，既然整个东京都是天体的化身，那么城内的街道、桥梁、门阙、宫殿等重要建筑的名称，也就多冠以“天”字或带“天”字。如我们现在熟悉的定鼎门，建成时叫“天门”，它连接的中轴线上的街道称“天门街”，洛水上有天津桥，皇城名“太微”，宫城名“紫微”，都是天宫的名称。宫城正南门为“则天门”，后改为“应天门”，建造得非常豪华，隋唐两代在这里多次举行庆典、皇帝登临听政，是东京的一座标志性建筑。

从东京的建筑布局，我们也可以看出，宇文恺善于因地制宜。他能够借助自然环境、山水的自然形势，进行合理的设计。比如，他依照地形把洛阳城设计成不规则的方形，南宽北窄，也不像大兴城那样严格追求对称。把含嘉仓建在地势较高的北部，借助已有河道修建码头，粮食可以通过漕运直抵含嘉仓。洛水两岸的里坊设置商业区，上林西苑借地形修建水渠和人工湖等。另外，适当控制城市规模，重视城市的环境绿化，实用功能与美化功能兼顾，这些也是宇文恺城市设计的重要特色。

三、宇文恺营建洛阳的影响

宇文恺科学的规划设计，使得东京洛阳在建成后很快就成为重要的政治、军事和经济中心，发展为当时世界上繁华的大都市。唐代继续以它为东都，武则天称帝后，一度改为神都。北宋时将洛阳作为陪都，前后历时五百多年，对当时和后来都产生了重要影响。

（一）积极影响

在洛阳建造的几座古代都城中，宇文恺设计的隋代东京洛阳城，与夏都斟鄩、商都西亳、周代王城和成周城、汉魏洛阳城等相比，规模最大，发展最繁华。唐东都城（武则天时称为神都）是在隋东京城的基础上建立的，因为两者时代蝉联，其建筑布局、风格及所起的作用大体相同，所以合称隋唐东都城（隋唐洛阳城）。外国的商人、学者等纷纷慕名而来，当时的洛阳城有很多长期居住的外国人，这不仅促进了洛阳经济的繁荣与发展，也加强了中西方文化的交流，文化昌盛，提高了洛阳在世界上的地位和影响，成为国际性的东方大都会，也是著名的大运河的中心和丝绸之路的起点，其繁盛程度达到了顶峰。科学精巧的规划设计使这座城成为后世明清时期建造都城的样本,是古代都城建造的典范,代表着我国中古时期城市建设的发展水平。

(二)消极影响

每座城市的营建都是一项浩大的工程,更何况是备受重视的都城。从《隋书·食货志》的记载可以看出,隋代营建东都时,每月役使的百姓就多达二百万人。为迎合隋炀帝,博取皇帝之欢心,宇文恺监造东都洛阳时,极力追求宫殿的奢华,不惜浪费大量人力、物力、财力,穷奢极侈;为了赶工期、抢进度,驱迫民众,视民如草芥,导致百姓死伤无数。可以这样说,隋炀帝在位时贪图奢华、误国殃民、身败名裂,以致丧失社稷,宇文恺一味地迎合奉承多多少少也应担负一些责任。

宇文恺作为隋唐东都洛阳城的规划者与设计者,与洛阳关系自然密切。而且,隋炀帝迁入东都,宇文恺应该也住在洛阳,《唐两京城坊考》里提到,宇文恺住在履道里,但是私宅的大小、样式等,史籍中并无提及。如今,洛阳新区有一条路取名为"宇文恺街",以此纪念隋代这位杰出的建筑学家。

第七章　一代名相狄仁杰

提起狄仁杰,人们立马会想到《狄仁杰断案传奇》《神探狄仁杰》《狄仁杰之通天帝国》等一系列影视剧里的“神探”形象,不但能明察秋毫、断案如神,甚至还可以飞檐走壁,武艺十分高强。影视剧的热播,让狄仁杰成为当代家喻户晓的明星,而在历史上,狄仁杰也称得上是响当当的人物,是唐代武周时期大名鼎鼎的一代名相,在《旧唐书》《新唐书》和《资治通鉴》中,对他的生平事迹都有较为详细的记载。更重要的是,就像电视剧中反映的那样,历史上的狄仁杰的确与洛阳——当时的神都有密切联系,他在洛阳扬名,官场中起起落落,后来官居宰相,最后又安葬在这里。直到现在,人们去白马寺游玩,还要顺道去他的墓前瞻仰一下。不过,你要是真的以为狄仁杰就是影视剧里描写的那样,那可就上当了,毕竟影视作品是为了吸引观众,夸张虚构是必不可少的表现手段。历史上的狄仁杰到底是什么样的形象?在洛阳经历过什么?我们还是有必要通过史书典籍来一探究竟。

一、仁德爱民,坚守初心

翻阅《旧唐书》和《新唐书》中的《狄仁杰传》,我们可以断定,狄仁杰绝对是一个深受儒家正统思想影响、老百姓口中称颂的“清官”“好官”。

(一)勤奋读书,宦海沉浮

狄仁杰(公元630—700年),字怀英,并州晋阳(今山西太原)人,主要生活在唐代高宗和武周时期。根据记载,狄仁杰出身于太原一个普通的地主家庭,祖父狄孝绪在贞观年间做过尚书左丞,父亲狄知逊也曾经当过夔州长史,家世并不显赫。而狄仁杰受家庭影响,从小熟读经书,少年的他非常勤奋刻苦,有一事为证。说是他家里曾有一个门人被害,县吏前来家里调查盘问,众人都忙着前去答话回应,只有少年狄仁杰端坐不动，只管手握一卷诗书诵读不停。县吏见自己居然不受这小孩待见，不乐意了，就张口责怪。狄仁杰年纪虽小，却是像大人一般正经地回答说："我正在书卷中和圣贤们对话，哪有空闲与俗吏说话呢？"众人忍不住赞叹，这圣贤书绝对没白读，活学活用，伶牙俐齿又老成持重，日后定有出息！果然，狄仁杰成年后参加科举考试，显示了自己的读经功力，虽不是进士及第，却也顺利地通过明经科，类似今天的高考，考上的虽然不是最顶尖的高校，也是一流名校。学而优则仕，科举高中后，狄仁杰被授予汴州判佐一职，从基层做起，开始了跌宕起伏的官宦生涯。

从小科员到中央部级，狄仁杰做过的官还真不少。以汴州判佐为起点，狄仁杰先后担任过的地方官有并州都督府法曹、宁州刺史、豫州刺史、复州刺史、洛州司马等，在京城当过大理寺丞、侍御史、度支郎中等，政绩都很突出，可圈可点，受人称颂。武则天很欣赏他，在称帝后的天授二年（公元691年），任他为地官侍郎、同凤阁鸾台平章事，狄仁杰初登相位。但仅仅四个月，便因酷吏来俊臣诬陷谋反，被剥夺官职投入诏狱，侥幸平反后，贬到了彭泽当一名小县令。营州之乱时被起复平乱，做了魏州刺史、幽州都督。神功元年（公元697年）调回朝廷，担任鸾台侍郎、同凤阁鸾台平章事，再登相位。久视元年（公元700年），进拜内史，官居正二品，同年九月病逝，追赠文昌右相，谥号文惠。唐睿宗追封梁国公，后人亦称之为"狄梁公"。

（二）体恤百姓，仁德安民

狄仁杰为官，不为自己谋求私利，一心为民着想。《狄仁杰传》中用大量的笔墨记述了狄仁杰体恤百姓、仁德安民的大量事迹。

狄仁杰担任度支郎中期间，有一次，唐高宗出巡到山西汾阳宫，命狄仁杰为知顿使，先行安排途中食宿。巡行途中会经过一个妒女祠，当地人传说，服饰华丽的人经过此处会招来风雷之灾。于是，并州长史李冲玄以此为借口，要征发数万人另修道路，让皇帝改道而行。狄仁杰知道后对李冲玄说，天子出行，随从众多，又有神灵护佑，哪里会有什么妒女来祸害呢！下令停了这项修路工程。并州数万人的劳役因此而得以免除。

垂拱二年(公元686年),狄仁杰任宁州刺史。宁州是多民族杂居之地,形势比较复杂,狄仁杰到任后,注重民族团结,妥善处理少数民族与汉族的关系,发展生产,“抚和戎夏,内外相安,人得安心”,安抚各族百姓,大家和睦相处,人民得以安居乐业。能有这样的长官,宁州的百姓们很是欢欣鼓舞啊!百姓的想法很朴实,你对我们好,我们无以回报,就给你送个锦旗吧,于是宁州百姓就“勒碑以颂”,把狄仁杰的政绩刻在石碑上加以颂扬。御史郭翰巡察陇右各地,在其他地方都能碰到老百姓状告地方官的案子,而进入宁州境内,一路都能听到人们对刺史德政的赞美。郭翰大加赞赏,回京后就上书举荐狄仁杰,狄仁杰很快就被提升为冬官侍郎,充任江南巡抚使,到江南巡视。到江南之后,狄仁杰发现吴楚两地滥建祠庙,大大小小、乱七八糟的祠庙众多,老百姓过度祭祀,迷信盛行,治安混乱。狄仁杰奏请铲除淫祠,一共废除淫祠1700余所,只保留了夏禹、吴太伯、季札、伍员四个人的祠堂。狄仁杰此举,移风易俗,促进了儒家正统思想的传播,减轻了因建祠供祠给当地百姓带来的经济负担,产生了良好的效果和积极影响。

垂拱四年(公元688年),高宗已死,武则天先后废掉中宗李显和睿宗李旦,自己当政,掌控朝政大权。李唐宗室先后起兵反对,豫州刺史越王李贞也在其中。镇压叛乱后,武则天派狄仁杰出任豫州刺史。刚到豫州,就得知受越王株连的有好几千人收押在监,官府催着行刑要处死他们。狄仁杰深知大多数人是稀里糊涂、被迫参加越王叛乱的,杀掉他们,并不利于局势的稳定。他秘密上奏武则天,请求武则天赦免这些人的死罪。武则天采纳了他的建议,改死刑为流放戍边。豫州的局势很快稳定了下来。

当时,平定越王李贞的是宰相张光辅,他手下的将士仗着战功,到处勒索,在地方索取无度,给百姓带来沉重负担。因此,狄仁杰到任后对他们的勒索一概不理。张光辅十分恼怒,训斥狄仁杰作为地方官轻视他这个元帅。狄仁杰毫不退让,斥责张光辅为邀战功,纵容手下杀戮主动归降之人的卑劣行径,甚至说出“我要是有尚方宝剑就砍了你”这样的话来。张光辅无话反驳,心怀愤恨,回去后就状告狄仁杰对上级出言不逊,武则天就把狄仁杰贬到复州当刺史。为了护卫百姓安宁,面对地位高于自己的权贵,狄仁杰也毫不畏惧、义正词严,对百姓的仁爱之心不因权势而动摇,可谓坚定。

万岁通天元年(公元 696 年),契丹在北方作乱,攻陷冀州,河北局势动荡。武则天起用狄仁杰为魏州刺史,前去稳定形势。当时,前任刺史害怕贼寇到来,就把百姓们都赶进城里守城,修缮守城器具。狄仁杰到任后说:“贼兵离得还远,何必要这样役使百姓?万一贼寇真的来了,我自有办法对付,不关百姓之事。”让百姓都回到家里,别耽误农时,百姓无不欢欣鼓舞。契丹乱贼听说后,不战而退。

圣历元年(公元 698 年),突厥南下骚扰河北,劫掠百姓。武则天命狄仁杰安抚河北。当时,河北很多民众曾被突厥胁迫,抵抗过朝廷军队,突厥退军后,他们害怕受到惩处,纷纷外逃,藏匿于山林。狄仁杰奏请皇帝赦免了他们,让他们返回家乡,并散发粮食救济贫困之人。因担心部下将士和使者向当地过度索取,狄仁杰带头吃粗糙饭食,严禁部下侵扰百姓,如有违反,定斩不饶,河北很快安定了下来。狄仁杰身体力行,尽力减轻战乱带给百姓的苦难,不仅有仁德之心,而且有辅国安民之才。

身为封建社会时期的一名官吏,狄仁杰并没有当代共产党人“为人民服务”的公仆意识,但是,纵观他的一生经历,狄仁杰却能够始终以仁爱之心体恤百姓的苦难,尽力去减轻百姓的负担,正如老子所言,“圣人无常心,以百姓心为心”,用实际行动践行了儒家的“仁义”思想。可以说,狄仁杰一生为官,坚守了他仁德爱民的一颗初心。

二、狄仁杰在洛阳的活动

狄仁杰是并州晋阳人,从传记看,他前半生与洛阳交集不多,年近不惑入京为官后,他的命运便与洛阳紧密相关。在东都洛阳,狄仁杰忠言直谏,名动朝廷,屡受重用,却又遭诬下狱,险丢性命,遭贬外任,最后官拜宰相,经历了人生的大起大落、生死沉浮。狄仁杰去世后被安葬在洛阳,永远留在了这片土地上。纵观狄仁杰的仕途历程,他在洛阳主要进行了以下活动。

(一)判案公正,神探扬名

狄仁杰出生于唐代贞观年间,成年以后的活动主要发生在高宗和武周时期。初入仕途的十几年里,狄仁杰一直在地方作下层官吏,担任过汴州判佐、并州都督府法曹,相当于现在的地方基层法官。在这一时期,狄仁杰积累了丰富的办案经验,也展示出了自己卓越的才干,受到同僚和上司的肯定,得到了当时深受皇帝倚重的阎立本的赏识。于是,狄仁杰被举荐到中央做官,来到了京城,升迁为大理寺丞,负责审案断案。

史书中有关狄仁杰断案的记载并不多,《旧唐书·狄仁杰传》中有这样短短的一句话:“仪凤中为大理丞,周岁断滞狱一万七千人,无冤诉者。”在高宗仪凤年间,狄仁杰作大理寺丞,一年之内判决了大量的积压案件,涉及一万七千余人,判完后居然无一人上诉喊冤。狄仁杰断案,不仅效率极高,而且公平公正,一时间名声大振,成为朝野推崇的断案如神的大法官。后世有关“狄公断案如神”的说法应该来源于此,一些文学作品把狄仁杰誉为“中国福尔摩斯”“神探狄仁杰”,也并非是空穴来风、毫无依据。

更可贵的是,狄仁杰是个坚守原则的人,为追求司法公正,他甚至不惜犯颜直谏。因误砍昭陵的柏树,武卫大将军权善才被唐高宗下令处死。狄仁杰按律法上奏,说其罪应当免职,罪不该死,惹得唐高宗十分生气。不顾旁人的示意劝阻,狄仁杰继续进谏,先是称赞高宗贤明,给高宗戴顶高帽子,举例说贤明的君主会接受正确的劝谏;接着,指出皇帝亲自指定的法律不可随意更改,要有法必依;最后还说,自己这样做是不想让皇帝被后人戳脊梁骨,是为皇上考虑,不忘给高宗一个台阶下。一番说辞下来,高宗态度总算是有了松动,免去权善才的死罪。

(二)弹劾百官,忠言直谏

经过权善才一事,唐高宗对狄仁杰印象深刻,很是欣赏,于是任命他为侍御史,负责纠察弹劾百官。狄仁杰十分敬业,他的耿直和勇气很快就再一次表现出来,他弹劾了高宗跟前的两个大红人。

调露元年(公元679年),高宗嫌洛阳宫殿破旧,司农卿韦弘机奉命进行修缮。韦弘机大兴土木,不仅修缮了旧宫殿,还额外增建了宿羽、高山、上阳几座宏伟的新宫殿，非常壮丽豪华，其中上阳宫沿着洛水的长廊就长达一里。高宗看了非常高兴。狄仁杰这时却上奏章弹劾，批评韦弘机行为太过，有意引导皇帝追求奢侈，造成不良影响，韦弘机最后被免职。左司郎中王本立仗着皇帝的恩宠，恣意妄为，很多人都怕他。狄仁杰毫不畏怯地揭露他的罪行，请求皇帝把王本立交付法司审理。唐高宗很想包庇王本立，狄仁杰以身护法，态度强硬，说话干脆："国家虽然缺少英才，哪里会少本立这样的人呢！陛下为何要怜惜罪人而让王法亏损？您一定要赦免他的话，请先把臣贬斥于无人之地，让那些忠贞之士引以为戒！"高宗无奈，只好妥协，王本立最终被定罪。自此，满朝文武谨慎行事，朝廷上下一片肃然。

历史上，相对于断案，狄仁杰的直谏更负盛名，传记中记录了他多次的进谏之言，像上文提到的，请求赦免被迫参与李贞叛乱者的死罪，不追究受突厥胁迫的河北百姓，等等。武则天非常赏识他，对于他的进谏多予采纳，称赞他为"直臣"。

（三）遭陷入狱，机智应对

武则天为稳固自己的帝位，消灭反对势力，重用酷吏来俊臣等人。来俊臣趁机大肆构陷朝臣，洛阳城内人人自危。长寿元年（公元692年），来俊臣诬陷狄仁杰等几位大臣谋反，将他们逮捕下狱。出人意料的是，面对诬陷，狄仁杰并未喊冤，未经酷刑就承认自己谋反。来俊臣大为满意，得到想要的口供后，就将狄仁杰等关在牢里，对他不再严加防备。而狄仁杰趁着看管松懈，他偷偷向狱吏借来笔墨，从被子上撕下一块布帛，书写冤屈情况，塞在棉衣里，对看管的人说，天气变热，麻烦您把这棉衣交给我家人，去掉里面的棉絮。看守没有在意，把衣服交给了前来探监的狄仁杰的儿子狄光远。

狄光远回家发现帛书后，拿着它去向武则天告状喊冤。武则天先是召来俊臣查问，又命人前往狱中查看。来俊臣伪造了狄仁杰的《谢死表》，让使者回奏武则天。后来，武则天明白过来，就召见狄仁杰，问他为什么承认造反。狄仁杰回答说，如果不承认造反，自己早已经死于酷刑，再也见不到陛下了。武则天又问为什么要作《谢死表》，狄仁杰矢口否认。得知《谢死表》是伪造的，武则天下令将狄仁杰释放，免除死罪，与他同时被陷害的几人也得以幸免。从宰相到阶下囚，狄仁杰凭借自己的机智，从容应对，逃过此劫。

（四）身居高位，举贤荐能

第二次拜相，狄仁杰深受武则天的信任。这时，他先后举荐了桓彦范、敬晖、窦怀贞、姚崇等多位官员，他们忠贞廉洁、精明干练，被委以重任后，朝中风气得以改变，刚正之气得以发展。狄仁杰很有知人之明，在他的大力举荐下，张柬之从荆州长史提升为洛州司马，再升为秋官侍郎，最后升为宰相。张柬之后来能够拥护中宗复位，兴复唐室，可以说是离不开狄仁杰当初的极力推荐。

对于曾经敌对的少数民族将领，狄仁杰也能举贤荐能。契丹猛将李楷固、骆务整骁勇善战，曾经屡次率兵打败武周军队，后来契丹首领孙万荣死，二人前来投降，有司主张依法斩之。狄仁杰认为李楷固有骁将之才，做事尽心尽力，如果赦免其死罪，以德安抚，他必然对朝廷感恩效力，为朝廷所用。于是奏请赦免两人，并授予官爵，委以专任。亲近的人对此很是替他担忧。后来的事实证明，狄仁杰没有看错，李楷固等人率军消灭契丹余党，立下了赫赫战功。

《资治通鉴·唐纪》中还讲了这样一件事，武则天命令几位宰相各自举荐一人为尚书郎，狄仁杰便推荐自己的儿子司府丞狄光嗣。狄光嗣因此被拜为地官员外，而且他做事非常称职。武则天非常高兴，称赞狄仁杰："你可以和内举不避亲的祁奚相比了。"

（五）劝立储君，兴复唐室

深受儒家正统思想的影响，狄仁杰虽然尽心尽力地辅佐武则天，没有反对武则天称帝，但他始终坚持李唐王室的正统地位，希望李唐复国。所以，当武则天越来越年迈，武氏子弟兴风作浪，想要谋求太子之位时，兴复李唐皇室就成了狄仁杰晚年最重要的活动。活动分成两步，首先，想办法将被囚禁在房州的李显迎回洛阳，把他推上储君位置；其次，就是拥戴李显登上皇位。武则天神功元年（公元 697 年），狄仁杰再次拜相，在充分获得武则天的信任后，狄仁杰便不露声色地展开了兴复李唐皇室的活动。

狄仁杰再一次表现出做事手段的灵活性。张易之与张昌宗是武则天晚年养的两个男宠。这二人原本地位不高，因为备受武则天宠爱，很快身居要位。武则天的侄子武承嗣、武三思对他们极力奉承与拉拢，想以此讨好武则天，谋求太子位置。狄仁杰虽鄙视二人，却没有一味排挤，不靠近也不故意疏远。张氏兄弟对未来的命运担忧，向德高望重的狄仁杰请教“自安计”，怎样能长久保住当前的富贵和性命。狄仁杰替他们分析形势，告诉他们只有一个方法可以长保富贵，就是劝武则天将庐陵王李显迎回洛阳，并立为太子，二张如能立此奇功，一旦武则天去世，继承帝位的便是李显，二张有了迎立之功，任何灾难也就不会降临到他们头上了。

更主要地是，狄仁杰利用与武则天接触的机会，多次劝说武则天，直接表明自己的观点。圣历元年（公元698年），武则天有意立梁王武三思为皇太子，征求宰相们的意见。狄仁杰明确表示，由梁王和庐陵王募兵一事可以看出，天下人心都还思念着李唐王室，梁王不得人心，若要选择继承人，非庐陵王不可。武则天大怒，拂袖而去。

《资治通鉴》和《新唐书》记载了不同版本的一个故事，说是武则天对近臣讲自己做的一个梦，梦到一个大鹦鹉，可是两个翅膀全折断了，不知道是为什么。狄仁杰回答，武，是陛下的姓，两翼，就是两个儿子。陛下如果起用您的两个儿子，就可以振翅高飞了。另一个说法是武则天梦见自己下好几盘双陆不胜，狄仁杰和另一个大臣回答说，双陆不胜，是因无子，天意在警示陛下，不能动太子这一天下根本。无论哪个说法，都可以看出，狄仁杰抓住一切可用的机会来劝武则天。

狄仁杰还善于打亲情牌，对武则天循循善诱、晓以利害：“昔日文皇帝冲锋陷阵、出生入死，勤劳而有天下，传之子孙。先帝弥留之际，诏令陛下监国。陛下登基，君临四海已有十多年了，如今却想要立侄子三思为太子。您觉得，姑侄与母子，哪一个更亲近呢？您立庐陵王，千秋万岁后您还可以配享宗庙。要是立武三思，宗庙中可就没有陛下您这位姑母了。”武则天终于感悟，很快便派人到房州去迎接庐陵王李显回京。狄仁杰去世后，神龙元年（公元705年），张柬之等人趁武则天病重，拥戴唐中宗李显复位，李唐社稷得以匡复。

三、狄仁杰对后世的影响

唐代是我国封建社会的繁盛时期,在将近三百年的历史中,涌现出许多诤臣良相,前有贞观之治时期的魏征、房玄龄,后有开元盛世时期的姚崇、宋璟,个个都大名鼎鼎。为什么狄仁杰能够在众多名人中脱颖而出,备受后人推崇呢？这应该与狄仁杰个人的品行和才干密不可分。

(一)贤德仁义,品德高尚

根据史书的记载,狄仁杰“孝友绝人”,孝敬双亲、贤德仁义、为人正直,其品行堪称封建士大夫的楷模。

狄仁杰初入职场,作汴州判佐时曾被人诬告。工部尚书阎立本审理后为他洗清冤屈,发现了他的才干,十分欣赏,于是推荐狄仁杰作并州都督府法曹。狄仁杰赴任时,他的母亲住在河阳别业,没有随同前往。狄仁杰途中登上太行山,远远地望见南边一片白云孤飞,他告诉同行的人:“吾亲所居,在此云下。”(我的亲人,就住在那片白云下面啊。)他注视良久,直到白云飘去才又重新上路。

在并州,狄仁杰的同事郑崇质,其家中老母年迈多病。有一次,郑崇质被上司派遣,要到西北边远之地执行公务。狄仁杰对他说:“你母亲有病在身,而你却要出使到远方,怎么能让年迈的母亲远隔万里为你担忧呢?”狄仁杰进见并州长史蔺仁基,请求代替郑崇质执行这次公务。蔺仁基被二人的友情所感动,联想到自己与同僚李孝廉之间的种种不和,深感惭愧,主动与李孝廉和解。狄仁杰的仁孝之举赢得众人的高度评价。

狄仁杰被酷吏来俊臣诬陷下狱后,来俊臣的属下王德寿让他指证宰相杨执柔也是同谋,想要借此升官。狄仁杰悲愤地说:“皇天后土在上,我狄仁杰怎么能做这种伤天害理的事情!”说话间,用头撞向柱子,血流满面,吓得王德寿连声安慰,再不敢难为他。狄仁杰坚守做人的底线,宁愿去死也不肯诬陷他人。

为人一身正气,至亲至孝,贤德仁义,坚守底线,狄仁杰的高尚品德到现在也是值得我们学习的。

(二)才干卓越,灵活变通

狄仁杰是一个实干家。他才能卓越,做事坚持原则,敢于犯颜直谏。但他做事很讲究方法策略,能根据情况灵活变通,并不教条。

《新唐书》记载,狄仁杰曾奉命出使岐州。岐州当地的士兵因不堪重负,有很多人开小差,逃离了军队。官府一味采取高压政策,到处追捕这些人,逃兵们干脆落草为寇,到处流窜,经常拦路抢劫,导致道路不通,形势更加不稳。狄仁杰了解情况后说:"他们这是走投无路了,才去为非作歹的。"于是明确下令自首者免罪,并将抓捕的人全部释放,讲明政策后,让他们回去向其他人传话。结果很快奏效,被逼做强盗的士兵们纷纷出来投降。狄仁杰灵活变通的处理,使岐州形势迅速稳定,"帝叹其达权宜",高宗对他的处理很是赞叹。

狄仁杰受儒家正统思想影响,忠于唐室,在武则天改周称帝后,以匡复李唐社稷为己任。但是,出于对武则天才干的欣赏,狄仁杰并没有明确反对武则天,在保全自身的同时,还尽心尽力地辅佐她,使得社会稳定、百姓安居。为保全性命,暂时承认谋反罪名,再积极谋求办法;为护李唐,他能与小人周旋,虚与委蛇;忠言直谏,却又讲究说话策略。狄仁杰把原则性和灵活性把握得恰到好处,既能很好地保护自己,又能使得自己的政治理想最终实现。所以,有人把狄仁杰视为武周第一名臣,有理想、有谋略,既坚持原则又灵活变通,最后既恢复大唐,又保全了自己,不愧是一个伟大的政治家。

坚持原则,灵活变通,在做事处世上,我们或许也应该向狄仁杰学习。

(三)不谋私利,忠直坦荡

狄仁杰才干卓越,做事不谋私利,一心一意为民着想、为国家考虑,十分坦荡磊落。第一次任宰相时,武则天曾对他说:"你在汝南有很好的政绩,但还是有人中伤你,说你的坏话,你想知道是谁吗?"狄仁杰回答道:"如果陛下认为我错了,我就改过;如果陛下明白我并无过错,这是我的幸运。我不知道诋毁我的人是谁,就把他当成我的朋友。我情愿不知道。"武则天叹服他的坦荡,对他愈发信任。

宋代王谠的《唐语林》中记载了这样的故事:狄仁杰与娄师德同朝

为相,并不知娄师德曾多次举荐过自己,对性格谨慎、忍让宽厚的娄师德很是排斥。察觉到两人之间的关系后,武则天问狄仁杰是否知道自己为什么得到朝廷重用,狄仁杰坦然回答:"我是因为文章出色、品行端正,而得以重用,并非是无所作为而去依靠别人。"武则天却告诉狄仁杰,是娄师德的推荐才让你被了解、被重用。这个故事虽然意在表现娄师德的大度宽厚,有识人之才,但从中我们也能看出狄仁杰足够的自信与坦荡。

狄仁杰为官的几十年,正是武则天一步步掌控朝政,最终登上权力顶峰的时期。政权更迭,杀戮之事常有发生。在这样险恶的政治环境中,狄仁杰不畏权贵、直言敢谏,还能够受到武则天的重用和信任,应该说,与他卓越的才干、忠直坦荡的襟怀密不可分。虽然武则天也宠信武三思、张昌宗之类的奸佞小人,可治理国家、保境安民之类的大事,她还是很清楚,是要靠狄仁杰这样的忠直之士。所以,即使狄仁杰常当面直谏,甚至忤逆她的心意,她也能加以重用,予以信任。

(四)安葬洛阳,后世流芳

圣历三年(公元 700 年)九月,狄仁杰病逝于神都洛阳。武则天痛感"朝堂空矣",废朝三日,为之举哀,赠文昌右相,谥曰文惠。

狄仁杰生前就受人推崇,他任职过的宁州、魏州等地,人们感恩他的仁德,均立碑建祠予以颂扬。狄仁杰不畏权势,忠言直谏,多次上表奏对,达数万言。开元年间,北海太守李邕就撰写了《梁公别传》,详细记载了他的言辞。狄仁杰的族曾孙狄兼谟,历经宪宗、穆宗、敬宗、文宗四朝,在唐后期腐败的官场中,能够关心民间疾苦,严格执法,为官刚正,被认为颇有曾祖狄仁杰遗风,同样受到了世人的尊敬。

因为狄仁杰曾任并州都督府法曹、大理丞等,断案严明公正,在后世的民间传说中,有许多关于他断案的传说。清代末年,出现了一部长篇公案小说《狄公案》,讲述狄仁杰折狱断案、整顿朝纲的故事,流传很广。20 世纪五六十年代,荷兰的外交官、汉学家高罗佩编写创作小说《大唐狄公案》,书中的狄仁杰善于逻辑推理、揣测人物心理,断案能力超强,受到中西方读者的推崇,被称为"中国的福尔摩斯",神探形象更加深入人心。直到今天,各种版本的影视剧中,狄仁杰卓越的断案才能都是描写的重点对象，而史书中记载更多的不畏权贵、忠言直谏的气节反倒被忽略了。

狄仁杰去世后安葬在洛阳，这一点确定无疑，但是关于墓地的具体位置，则有不同的看法。根据20世纪90年代出土的狄兼谟的墓志，有学者考证，孟津县平乐镇翟泉村附近有狄氏家族的祖茔，狄兼谟的墓离狄仁杰墓不远，狄仁杰应该葬在了祖茔，因为年代久远，地面变化很大，具体位置已经无法确定。目前，人们熟知的狄仁杰墓是在洛阳城东的白马寺。从白马寺的山门向东不远，有一圆形土丘，墓前存有石碑两块，较大的石碑上书刻"有唐忠臣狄梁公墓"的字样，重立于明代万历二十一年(1593年)。游客参观完白马寺，一般都会来到这里，缅怀一下这位大名鼎鼎的唐代名相。斯人已逝，精神永存，我们纪念狄仁杰，是敬仰他的气节，至于他是不是真的安葬在此处，倒也不那么在意了。

下编　文学艺术名人

第八章　杜审言

——放迹五湖内,乃心在洛阳

杜审言,初唐著名诗人,诗圣杜甫的祖父。杜甫称"诗是吾家事""吾祖诗冠古",并非虚语。杜审言与李峤、崔融、苏味道相友善,时为"文章四友",名重于天下,甚或被誉为"初唐五言律第一"。

郡望京兆杜陵,祖籍襄州襄阳人。徙居洛州巩县(今河南巩义)。据《新唐书·宰相世系表》记载:"杜氏出自祁姓,帝尧裔孙刘累之后。在周为唐杜氏。成王灭唐,以封弟叔虞,改封唐氏子孙于杜城,京兆杜陵县是也。"杜氏家族,以京兆杜陵为其郡望。杜甫即自称"京兆杜甫"(《祭故相国清河房公文》)、"杜陵野老"(《投简成华两县诸子》)。

《元和姓纂》谓杜逊"随元帝南迁,居襄阳"。《梁书·杜崱传》亦载:"杜崱,京兆杜陵人也;其先自北归南,居于雍州之襄阳,子孙因家焉。"杜审言的父亲杜依艺任洛州巩县令,遂迁居巩县。从此,洛阳成了杜审言一生的重要活动区域之一,也成了他一生钟情之所。

一、省试长安怀洛阳

关于杜审言的生卒年,史书没有明确记载。学者陈冠明据宋之问《祭杜学士审言文》所云:"维大唐景龙二年,岁次戊申月日,考功员外郎宋之问,谨以清酌之奠,敬祭于故修文馆学士杜君之灵。""孟冬十日兮共归君,君有灵兮闻不闻?"推定其卒在景龙二年(公元 708 年)秋。并据李峤《酬杜五弟晴朝独坐见赠》称审言为"弟"而推定杜审言享年 63 岁,生在唐贞观十九年(公元 645 年)。陈冠明先生的推定相当严谨,兹从之。

在 23 岁之前,和古时太多仕宦门第的子弟一样,杜审言已经在洛阳有了情意投合、诗思昂扬的朋友圈。

这在他的《春日京中有怀》一诗中充分体现。其诗曰：

今年游寓独游秦，愁思看春不当春。
上林苑里花徒发，细柳营前叶漫新。
公子南桥应尽兴，将军西第几留宾。
寄语洛城风日道，明年春色倍还人。

这一年，他在长安下第，此诗正是此时所做。由诗中所云“独游秦”“愁思”“花徒发”“叶漫新”，可见他在春日花发时节，由于下第而导致的百无聊赖之心境，以及在下第之时对洛阳朋友的寄语与思归之心。

其友于季子即回诗道：“梓泽年光往复来，杜霸游人去不回。若非载笔登麟阁，定是吹箫伴凤台。路傍桃李花犹嫩，波上芙蕖叶未开。分明寄语长安道，莫教留滞洛阳才。”（《早春洛阳答杜审言》）也算是对杜审言的最好慰藉吧。是年，杜审言虽然下第了，但是洛阳以它烂漫的春光和友朋情思召唤着杜审言的回归，积蓄再次应对科考的力量。

二、东都调选壮友行

仪凤四年、调露元年（公元679年）六月，吏部侍郎裴行俭征突厥。同年十一月，以裴行俭为礼部尚书、定襄道大总管，再征突厥，皆引咸阳县尉苏味道为书记。

此时，34岁的杜审言罢蜀川县尉，回东都调选。于是年冬，有诗寄赠苏味道，以壮其突厥之行。其诗云：

北地寒应苦，南庭戍未归。
边声乱羌笛，朔气卷戎衣。
雨雪关山暗，风霜草木稀。
胡兵战欲尽，虏骑猎犹肥。
雁塞何时入，龙城几度围。
据鞍雄剑动，插笔羽书飞。
舆驾还京邑，朋游满帝畿。
方期来献凯，歌舞共春辉。

——杜审言《赠苏味道》

诗作中充满了对友人的鼓励和对其凯旋的期待。

三、居于东都多诗酬

此后，杜审言人生仕路几番转折，在罢蜀川县尉之后，又“累转”县尉约三次之多。于垂拱四年(公元688年)戊子，杜审言43岁时，再次赴京调选。

天授元年(公元690年)，杜审言45岁，在麟台任职。同年九月，发十道存抚使，李嗣真存抚河东，杜审言和其诗送之。此事见载于《唐会要》卷七十七：“天授二年，发十道存抚使，以右肃政、御史中丞、知大夫事李嗣真等为之。阖朝有诗送之，名曰《存抚集》，十卷，行于世。杜审言、崔融、苏味道等诗尤著焉。”《存抚集》今不存，并崔融、苏味道之诗亦佚，唯杜审言之诗尚存，即五言排律《和李大夫嗣真奉使存抚河东》。其诗曰：

六位乾坤动，三微历数迁。
讴歌移火德，图谶在金天。
子月开阶统，房星受命年。
祯符龙马出，宝箓凤凰传。
地即交风雨，都仍卜涧瀍。
明堂唯御极，清庙乃尊先。
不宰神功运，无为大象悬。
八荒平物土，四海接人烟。
已属群生泰，犹言至道偏。
玺书傍问俗，旌节近推贤。
秩比司空位，官临御史员。
雄词执刀笔，直谏罢楼船。
国有大臣器，朝加小会筵。
将行备礼乐，送别仰神仙。
城阙周京转，关河陕服连。
稍观汾水曲，俄指绛台前。
姑射聊长望，平阳遂宛然。

舜耕馀草木，禹凿旧山川。
昔出诸侯上，无何霸业全。
中军归战敌，外府绝兵权。
隐隐帝乡远，瞻瞻肃命虔。
西河偃风俗，东壁挂星躔。
井邑枌榆社，陵园松柏田。
荣光晴掩代，佳气晓侵燕。
雨霈鸿私涤，风行睿旨宣。
茕嫠访疾苦，屠钓采贞坚。
人乐逢刑措，时康洽赏延。
赐逾秦氏级，恩倍汉家钱。
拥传咸翘首，称觞竞比肩。
拜迎弥道路，舞咏溢郊鄽。
杀气西衡白，穷阴北暝玄。
飞霜遥渡海，残月迥临边。
缅邈朝廷问，周流朔塞旋。
兴来探马策，俊发抱龙泉。
学总八千卷，文倾三百篇。
澄清得使者，作颂有人焉。
莫以崇班阂，而云胜托捐。
伟材何磊落，陋质几翩翾。
江海宁为让，巴渝转自牵。
一闻歌圣道，助曲荷陶甄。

其结尾“伟材何磊落，陋质几翩翾。江海宁为让，巴渝转自牵。一闻歌圣道，助曲荷陶甄。”颂扬嗣真，并希冀援手之意溢于言表。《唐会要》谓“合朝有诗送之”，所举为“文章四友”中的三友。时李峤在朝任给事中，于“四友”中最显，当亦有诗相送。苏味道时为考功郎中，崔融为著作佐郎，唯杜审言在“四友”中职位最为低微，大致不过麟台正字、校书郎之类。

然而，此诗却产生了很大影响。李邕亦尝极称此诗，比之“玉山桂"。杜甫亦为之感到自豪,其《八哀诗·赠秘书监江夏李公邕》云:"例及吾家诗,旷怀扫氛翳。慷慨嗣真作,咨嗟玉山桂。钟律俨高悬,鲲鲸喷迢递。"借他人之口,表达对祖父杜审言此诗的推崇。武平一《请追赠杜审言官表》说:"审言誉郁中朝,文高前列,是以升荣粉署,擢秀兰台。"更见杜审言的笔力之壮。

武则天万岁通天元年(公元696年)七月,杜审言又做了《送崔融》一诗,曰:

君王行出将,书记远从征。
祖帐连河阙,军麾动洛城。
旌旃朝朔气,笳吹夜边声。
坐觉烟尘扫,秋风古北平。

是年七月,朝廷命梁王武三思为榆吴道安抚大使,东征以防契丹。杜审言的好友崔融当时在武三思幕府掌书记,也随军东征,故杜审言作诗以送之。

清代画家方熏认为用笔的神妙在于有虚有实,谓"虚实使笔生动有机,机趣所之,生发不穷"。这首送别诗即采用了虚实结合的表现手法来写别情,写出了出征者的军威和预想中取得的胜利,生成了情景和谐、韵味深长的艺术效果。一、二句以叙事方式写友人奉命随行远征,交代送别的原因;三、四句写送别的场面气魄宏大、阵势壮观;后四句写诗人设想大军到达边境后的情境,并推想此去必然扫平叛军,清除烟氛,表达了诗人对崔融的鼓励与祝愿。全诗虚实相照、机趣盎然、格调古朴苍劲、音韵铿锵流转,在写作上善于运用衬托的手法,特别是颈联用"朔气"和"边声"来反衬唐军的威严和警觉,显得十分传神,是初唐五律中不可多得的送别佳品。

崔融则作了《留别杜审言并呈洛中旧游》,诗曰:

斑鬓今为别,红颜昨共游。
年年春不待,处处酒相留。
驻马西桥上,回车南陌头。
故人从此隔,风月坐悠悠。

才子文友,共同抒写了洛阳城中发生的交合着风雅与雄壮气象的人间故事。

四、洛阳县丞太匆匆

万岁通天二年、神功元年(公元 697 年)丁酉,杜审言 52 岁时,迁洛州洛阳县丞。

《太平广记》(卷二六五)引唐胡璩《谭宾录》曰:"杜审言初举进士,恃才謇傲,甚为时辈所妒。苏味道为天官侍郎,审言参选试判,后谓人曰:'苏味道必死!'人问其故,审言曰:'见吾判即当羞死矣!'又语人曰:'吾之文章合得屈宋作衙官,书迹合得王羲之北面。'其矜诞如此。"或许正是这种矜诞的个性,成了杜审言仕途中的一大障碍。因此,虽然他的故交苏味道了解其性格,不加计较,调选他为洛阳县丞。但是,杜审言却并没有能够在洛阳县丞任上待多久。

圣历元年(公元 698 年)戊戌,杜审言 53 岁时,在洛阳县丞任上因坐事贬吉州司户参军。此事在《新唐书·杜审言传》有载。

关于杜审言被贬缘由,从陈子昂《送吉州杜司户审言序》中或可窥见。其序云:

杜司户炳灵翰林,研几策府,有重名于天下,而独秀于朝端。徐、陈、应、刘,不得劘其垒;何、王、沈、谢,适足靡其旗。而载笔下寮,三十余载。秉不羁之操,物莫同尘;含绝唱之音,人皆寡和。群公爱祢衡之俊,留在京师;天子以桓谭之非,谪居外郡。苍龙阙茂,扁舟入吴。告别千秋之亭,回棹五湖之曲。

由"群公爱祢衡之俊""天子以桓谭之非",似可想见当是杜审言的矜诞和直言得罪了武则天。

当时武则天欲称帝,以瑞符欺世。垂拱四年(公元 688 年),武承嗣使人凿白石为文曰:"圣母临人,永昌帝业。"使雍州人唐同泰献之,称获之洛水。武后喜,命其石曰"宝图",加己尊号"圣母神皇",更命"宝图"为"天授圣图",洛水为永昌洛水。此后有年号永昌、天授。又以先于汜水得瑞石,改汜水为广武。(参看《资治通鉴》卷二〇四)。很可能是杜审言反对瑞符之说,得罪了武则天,以致被贬为吉州司户。

杜审言此时因其仕途不遇,也生出了归隐之志。陈子昂序中云:

杜君乃挟琴起舞，抗首高歌。哀皓首而未遇，恐青春之蹉跎。且欲携幽兰，结芳桂，饮石泉以节味，咏商山以卒岁。返耕饵术，吾将老焉。群公嘉之，赋诗以赠，凡四十五人，具题爵里。

但他终究没有归隐，而是在好友的惜别深情中踏上了前往吉州的颠簸之路。

而杜审言因为耿直矜诞导致的仕途坎坷在当时和后世却引起了巨大的同情。他的好友宋之问《送杜审言》诗云：

卧病人事绝，嗟君万里行。
河桥不相送，江树远含情。
别路追孙楚，维舟吊屈平。
可惜龙泉剑，流落在丰城。

宋之问是在病榻之上慨叹杜审言的此一遭际的。

宋人黄庭坚《寄舒申之户曹》诗云：

吉州司户官虽小，曾屈诗人杜审言。
今日宣城读书客，还趋手板傍辕门。
江山依旧岁时改，桃李欲开烟雨昏。
公退但呼红袖饮，剩传歌曲教新翻。

其公正而真诚地为杜审言的这一经历喊屈鸣冤。

五、痛失爱子归神都

杜审言到了吉州司户任上，位置尚未温，就又被贬官回到了神都洛阳。

这件事是一场巨大的悲剧，是杜审言人生中的心灵之痛，此一赴任，他痛失爱子后回归洛阳。

杜审言到了吉州司户任上，可真是人落水而逢落石人。圣历二年（公元 699 年）己亥七月，54 岁的杜审言因与州僚周季重等不叶，季重等构其罪状，系狱，将杀之。审言子并，年 16 岁，怀刃杀季重。杜并亦被害。杜审言也因此免官归神都洛阳。

关于此事，《大唐新语·孝行》有载，杜审言"自洛阳县丞贬吉州司户，又与群寮不叶。司马周季重与员外司户郭若讷共构之，审言系狱，将因事杀之。审言子并,年十三,伺季重等酬宴,密怀刃以刺季重。季重中刃而死,并亦见害。季重临死,叹曰:'吾不知杜审言有孝子,郭若讷误我至此!'审言由是免官归东都,自为祭文以祭并。士友咸哀并孝烈,苏颋为墓志,刘允济为祭文。"然《杜并志》最早详载此事,谓杜并"以圣历二年七月十二日终于吉州之厅馆,春秋一十有六"。《大唐新语》所言十三当为十六之讹。

圣历二年(公元699年),杜审言回到了洛阳。直至长安二年(公元702年),杜审言都免官居于洛阳。长安二年,下葬杜并于洛阳建春门外。《杜并志》载:"今以长安二年四月十二日,瘗于建春门东五里。杜君流目四野,抚膺长号,情惟所钟,物为之感……"杜审言送别孝子,自沉痛如是。然生活还是要继续,不久之后,杜审言再次迎来仕途的转折。

是年,57岁的杜审言得到武则天的召见,拜为著作佐郎。至长安三年(公元703年),58岁的杜审言迁膳部员外郎。同年十月,扈从武后还神都洛阳;十二月,扈从武后教阅。

长安三年十月丙寅八日,武后车驾发西京。乙酉二十七日,至神都洛阳。(见《旧唐书·则天皇后纪》、《资治通鉴》卷二〇七)

杜审言扈从武后车驾还神都洛阳时,作了一首《扈从出长安应制》,诗云:

分野都畿列,时乘六御均。
京师旧西幸,洛道此东巡。
文物驱三统,声名走百神。
龙旗萦漏夕,凤辇拂钩陈。
抚迹地灵古,游情皇鉴新。
山追散马日,水忆钓鱼人。
禹食传中使,尧樽遍下臣。
省方称国阜,问道识风淳。
岁晚天行吉,年丰景从亲。
欢娱包历代,宇宙忽疑春。

由诗作中"京师旧西幸,洛道此东巡""欢娱包历代,宇宙忽疑春"

既可看出杜审言对武则天的歌颂，也可看出他的欢愉之心。

长安三年十二月，武后教阅狩猎，审言以膳部员外郎扈从，亦作有诗，惜其原作已佚。李峤有《奉和杜员外扈从教阅》，其诗云：

杪冬严杀气，穷纪送颓光。
薄狩三农隙，大阅五戎场。
菜田初起烧，兰野正开防。
夹岸虹旗转，分朋兽罟张。
燕弧带晓月，吴剑动秋霜。
原启前禽路，山萦后骑行。
云区坠日羽，星苑毙天狼。
礼振军容肃，威宣武节扬。
神心体殷祝，灵兆叶姬祥。
幸陪仙驾末，欣采翰林芳。

由李峤的诗不难想见，杜审言他们扈从教阅狩猎的欢愉之情。

然而好景不长，长安四年（公元704年）十二月，武后寝疾，居长生院。翌年，即神龙元年（公元705年）正月，唐中宗即位，杜审言等不少旧臣以结交张易之兄弟之罪被窜逐四荒。同年二月，已60岁的杜审言被流配峰州（今越南河内西北）。

六、狐死首丘魂归来

景龙元年（公元707年）春，62岁的杜审言遇赦北归，拜国子监主簿。

杜审言归京后，闻崔融已亡，为之服缌麻。缌麻为五服中最轻的一种，以疏织细麻布为丧服，服丧三月。当时中表兄弟即服缌麻。《新唐书·杜审言传》载："少与李峤、崔融、苏味道为'文章四友'，世号'崔李苏杜'。融之亡，审言为服缌云。"杜审言为崔融服缌之礼的原因，《唐书合钞》卷八"崔融"条有记载道："杜审言为融所奖引，为服缌麻。"或是所指杜审言免官期间，崔融荐于武后，武后召见，令赋《欢喜诗》，而授著作佐郎之事。由此可见，杜审言既有矜诞的一面，更有深情重恩的一面。或许，这也是他一生心系故土、耽爱洛阳、留恋友朋的根本品格的一种折射。

景龙二年(公元708年)戊申,63岁的杜审言在国子监任主簿。是年五月,加修文馆直学士。《旧唐书·宋之问传》云:"时中宗增置修文馆学士,择朝中文学之士,之问与薛稷、杜审言等首膺其选,当时荣之。"武平一的表中对杜审言也十分推崇,云:"审言誉郁中朝,文高前列,是以升荣粉署,擢秀兰台。往以微瑕,久从远谪。陛下膺图玉扆,下制金门,收贾谊于长沙,返蔡邕于左校。审言获登文馆,预奉属车。未献长卿之辞,遽启元瑜之悼。臣等积薪增愧,焚芝盈感,伏乞恩加朱绂,宠及幽泉,假饰终之仪,举哀荣之典。庶敝帷莫弃,坠履无遗。"杜审言也因此在死后被"诏赠著作郎"。

此时,杜审言人在长安,和洛阳故旧诗词唱和。

苏颋有《和杜主簿春日有所思》诗云:

朝上高楼上,俯见洛阳陌。
摇荡吹花风,落英纷已积。
美人不共此,芳好空所惜。
揽镜尘网滋,当窗苔藓碧。
缅怀在云汉,良愿睽枕席。
翻似无见时,如何久为客。

"朝上高楼上,俯见洛阳陌。摇荡吹花风,落英纷已积。美人不共此,芳好空所惜",知时在暮春,苏颋在洛阳,而杜审言在长安,故曰"美人不共此"。诗又云"缅怀在云汉",指杜审言在朝廷。

是年秋,杜审言卒,诏赠著作郎。至此,杜审言颠沛流离的一生画上了一个让人叹惋而怅惘的句号。

是年十月十日,宋之问等共护杜审言灵柩归葬,宋之问并作《祭杜学士审言文》叙述杜审言病笃时的情况,"君之将亡,其言也善。余向十旬,日或再展。君感斯意,赠言宛转。识金石之契密,悔文章之交浅。命子诫妻,既恳且辨"。直到临终时,杜审言还十分感激宋之问的情意,以至"命子诫妻,既恳且辨"。

七、文采风流贻后人

杜审言有子四人,闲、并、专、登;女五人。杜闲一支生了后来的大诗人杜甫。

杜审言有文集十卷。今存聊城杨氏海源阁藏宋刊本《杜审言集》一卷，为现存最古之刊本。《全唐诗》卷六二录其诗一卷四十三篇，其文不存。

杜审言善诗，对其孙杜甫影响巨大，又工书翰。《大唐新语·孝行》载："杜审言，雅善五言，尤工书翰。"开元间太子校书郎王冷然上书张说，称："有唐以来，无数才子，至于崔融、李峤、宋之问、沈佺期、富嘉谟、徐彦伯、杜审言、陈子昂者，与公连飞并驱，更唱迭和；此数公者，真可谓五百年后挺生矣。"(《唐摭言》卷六)

杜审言诗歌成就甚高。所存 41 首诗，有五律 28 首，五言排律 7 首，七言律诗 3 首，七言绝句 3 首，均开有唐一代风气，其中五言排律、七言律诗对杜甫影响尤为巨大。杜甫五言排律如《自京赴奉先县咏怀五百字》《北征》《秋日夔府咏怀一百韵》等，直接受乃祖影响。

对此，前人早有发论。杨万里《杜必简诗集序》指出："今观必简之诗，若'牵风紫蔓长'，即'水荇牵风翠带长'之句也；若'鹤子曳童衣'，即'儒衣山鸟怪'之句也；若'云阴送晚雷'，即'雷声忽送千峰雨'之句也；若'风光新柳报，宴赏落花催'，即'星霜玄鸟变，身世白驹催'之句也。余不知祖孙之相似，其有意乎，抑亦偶然乎？至于'往来花不发，新旧雪仍残'，如'日气抱残虹'，如'愁思看春不当春，明年春色倍还人'，如'飞花搅独愁'，皆佳句也。三世之后，莫之与京，宜哉！"《诚斋集》(卷八十三)"祖孙之相似"正是对杜审言于杜甫影响的一大发现。

陈振孙亦以为："唐初沈、宋以来，律诗始盛行，然未以平仄失眼为忌。审言诗虽不多，句律极严，无一失粘者。甫之家传有自来矣！"(《直斋书录解题》卷 19)

方回《瀛奎律髓》评："陈子昂、杜审言、宋之问、沈佺期，俱同时，而皆精于律诗。孟浩然、李白、王维、贾至、高适、岑参与杜甫同时……唐诗一时之盛有如此十一人，伟哉。"则是对杜审言在唐代诗歌史上地位的灼见。

第九章　宋之问

——谜情共天远，洛阳春日迟

一、籍贯之谜惹争议

关于宋之问的籍贯，《新唐书》《旧唐书》的记载迥然不同，成了一个谜。《旧唐书·宋之问传》（卷一百九）云："宋之问，虢州弘农人。"《新唐书·宋之问传》（卷二百二）云："宋之问，字延清，一名少连，汾州人。"

因《新唐书》《旧唐书》对宋之问的籍贯记载之异，直到现在，宋之问的籍贯还是学界考辨争议的话题。

学者王启兴认为宋之问的籍贯为汾州。主要依据如下所述。

宋之问的《祭杨盈川文》有云："维大周某年月日，西河宋某，谨以清酌脯羞之奠，敬祭于杨子之灵"（《全唐文》卷二四一）。他认为宋之问自称"西河宋某"，就是说他是西河人，并据唐李吉甫所撰《元和郡县志》卷十三汾州条所载，"（汾州）秦属太原郡。汉武帝元朔四年置西河郡……隋大业三年废汾州，还于隰城县置西河郡，皇朝初改为浩州，武德三年又改浩州为汾州"。又载汾州"管县五：西河、孝义、介休、灵石、平遥。西河县，本汉兹氏县也，曹魏于此置西河郡，晋改为国，仍改兹氏为隰城县，上元元年改为西河县"，而定汾州就是汉以来的西河郡。又据《旧唐书》卷三十九《地理志》二"河东道汾州"、《新唐书》卷三十九《地理志》三"河东道汾州西河郡"佐证其汾州亦即西河郡的观点。认为以唐人籍贯多称郡望来看，宋之问自称"西河宋某"，其籍贯当为汾州，这是无可怀疑的，故《新唐书》本传定宋之问为"汾州人"，即今山西汾阳市是正确的，《旧唐书》本传定宋之问为“虢州弘农人”，即今河南灵宝市是错误的。

并引骆宾王赠宋之问的《送宋五之问得凉字》：“愿言游泗水，支离去二漳。”指明宋之问的故里在“二漳”一带。《在江南赠宋五之问》一诗中有句云：“采之将何遗？故人漳水滨。”陈熙晋笺注云：“漳水滨……宋汾州人，故云。”（《骆临海集笺注》卷一）

又据陈子昂《昭夷子赵氏碑》（《陈子昂集》卷五）文中有载：“君故人之居沙门释法成，嵩山道士河内司马子微……洛州参军西河宋之问……咸痛君中夭。”认定：这里陈子昂称宋之问为“西河宋之问”，陈宋为挚友，对宋的籍贯不可能误记，由此断定宋之问为汾州人当毫无疑义。

但是，马斗全和王启兴的看法可不一样。马斗全否定了《新唐书》《旧唐书》中一称宋之问的籍贯为山西汾州，一称其籍贯为河南灵宝的这两种比较有代表性的说法，而认定宋之问是河南洛阳一带人。马斗全认为，要想弄清宋之问的籍贯，最好从宋之问的诗文中寻找答案。

他认定，就宋之问的诗作来看，宋之问的家乡在洛州（今河南洛阳）。关于宋之问非汾州人，马斗全列举的主要理由如下所述。

宋之问的诗中洛、嵩一带的地名甚多，如洛阳、陆浑、伊川、巩、登封、嵩丘、箕山，以及洛、伊两水等，独不见汾州一带地名。若为汾州人，不可能不在诗中提及故乡。尤其是两次被贬岭南，身处“蛮地”而屡洒怀乡之泪时，也不提及汾州。在愁苦的贬途中，他因思念家乡而作诗云，“乡连江北树，云断日南天”（《渡吴江别王长史》）、“丹心江北死，白发岭南生”（《发藤州》）。若是汾州人，诗中言“河北”“河东”平仄亦合律，且地域更确而乡路更遥，其所以不言“河北”“河东”而俱言“江北”者，盖其家非在黄河以北，而在河南也。

并特别征引宋之问著名的《渡汉江》一诗来说明问题。称该诗是宋之问从岭南贬所归乡时所作，诗云：“岭外音书断，经冬复历春。近乡情更怯，不敢问来人。”汉江即汉水，从岭南北归，渡汉水后便离洛州不远了。若沿当时著名的南北通道三鸦路北归，“汉江”也可能指汉水支流唐河、白河，那离洛州则更近了。若其家乡在汾州，则汉水离汾州还约有两千里之遥,黄河尚未过,何言"近乡"呢? 并且他这次还乡,是从岭南逃归。《新唐书》本传云"逃归洛阳"。若其家在汾州,理应逃归汾州,为何要逃归他的政敌掌权的洛阳呢? 那不是自投罗网吗? 由此观之,宋之问不像是汾州人。

又据清代著名学者戴震于乾隆年间纂修的《汾州府志》,详记了汾州历史上许多名人的旧庄、遗舍、碑蜚,唯独没有一处同宋之问有关。并进一步论证,该志除抄录《新唐书》的宋之问传外,唯一有关宋之问的,是录有杜甫《过宋员外之问旧庄》,首联云"宋公旧池馆,零落首阳阿"。按杜甫并未到过汾州,杜诗所记的首阳山并不在汾州,据《读史方舆纪要》载,"首阳山在洛阳城东北"。最后得出结论:在力图将宋之问说成汾州人的《汾州府志》里,确实找不到一点宋之问是汾州人的依据。

他又据宋之问的诗否定了他是弘农人的说法。认为宋之问在诗中自言"家住嵩山下"(《嵩山夜还》);"敝庐嵩山下"(《自洪府舟行直书其事》);"移疾卧兹岭,寥寥倦幽独。赖有嵩丘山,高枕长在目……伊洛何悠漫,川原信重复"(《温泉庄卧病寄杨七炯》);"池平分洛水,林缺见嵩丘"(《春日郑协律山亭陪宴饯郑卿同用楼字》);又出游时诗云"归寝忽成梦,宛在嵩丘山"(《答田征君》);《寒食还陆浑别业》诗云,"旦别河桥杨柳风,夕卧伊川桃李月"。诸诗所言地名,均在洛州。关于宋之问诗写作年月难考,上述诗句中有些可能为游历或官居该地时之作。他又继续找出另外一些诗证明自己的观点。

再据宋之问的诗作考察其生平。他自云"妙年拙自晦,皎洁弄文史"(《自洪府舟行直书其事》),可知他中进士不会很早,当在20岁以后。据《唐才子传》和《登科记考》载,宋之问为上元二年(公元675年)进士。宋之问《秋莲赋》(《四部丛刊续编》)云:"天授元年(公元690年),敕学士杨炯与之问分直于洛城西。"这就是说,宋之问被召,当在35岁以后。那他青少年时代在什么地方度过呢? 他回忆说:"揆己道德馀,幼闻虚白旨。贵身贱外物,抗迹远尘轨。朝游伊水湄,夕卧箕山趾"(《自洪府舟行直书其事》),又说"妙年秉愿逃俗纷,归卧嵩丘弄白云"(《绿竹引》)。从这些诗句可以看出,他被召以前是生活在洛州的。

并引宋之问在送一位同乡肖某去外地做官时的诗句“莫令金谷水，不入故园流”（《送永昌肖赞府》）论道：肖是永昌人。《新唐书·地理志》载垂拱四年（公元688年）“析河南、洛阳置永昌”，长安二年（公元702年）省之。又载神龙二年（公元706年）“更洛阳曰永昌”，景云元年（公元710年）复故名。洛阳之一部和全部当时曾为永昌，那么肖某便是洛阳人。《读史方舆纪要》云，“金谷水在（洛阳）府东北七里，入谷水。”《唐六典》云，“东都苑中谷洛二水会焉”。《水经注》云，谷洛二水合流后，“又东过洛阳县南……入于河”。宋之问这里是要肖某莫像金谷水一样，离开故园后便不再回来了，嘱其莫忘故乡，应落叶归根。

借此，马斗全认为宋之问的诗作指向他早年生活在洛阳。

同时，更深入地论证道：宋之问宠极而衰，仕途失意，曾两度被贬岭南，“常忧死别”“实冀生还”（《在桂州与修史学士吴兢书》）。他在贬途和贬所写的许多怀乡诗更能说明问题，“适蛮悲疾首，怀巩泪沾臆”（《早发大庾岭》）；“去年上巳洛桥边，今年寒食庐山曲。遥怜巩树花应满……感物思归怀故乡”（《寒食江州满塘驿》）。巩即洛阳东北的巩县，洛桥即“天津桥……旧为洛水桥，在洛阳故城南”（《读史方舆纪要》）。流寓途中，在汴河“孤舟”上，“洛阳西顾日增悲”（《初宿淮口》），言其回首西望洛阳，大有去国怀乡之感。在岭南愁思故园“恩归”时，“不求汉使金囊赠，愿得佳人锦字书”，想望的是“洛阳音信”（《桂州三月三日》）。目对岭南景物，便自然地想到“洛阳春”（《始安秋日》）。在《早发韶州》诗里说，“回瞻乡路”时，真想望见“青云洛水桥”，并云“故园长在目，魂去不须招”。在脍炙人口的《途中寒食题黄梅临江驿寄崔融》诗里，更加痛切地写道：“可怜江浦望，不见洛阳人……故园肠断处，日夜柳条新！”旅途愁闷，又逢寒食，怎能不强烈地想家思乡而翘首回望洛阳呢？并再论及宋之问的五言绝句《渡汉江》的写作背景是第一次被贬岭南后，“逃归洛阳”时所作，所以提心吊胆，“近乡情更怯”，怕被人认出。逃归洛阳后，不敢露面，只好“匿张仲之家”。了解了这一点，才能真正地理解这首诗，也才能进一步确信宋之问的家乡为洛阳。

同时，马斗全否定了宋之问是弘农人的说法。他说，弘农自隋至唐,与洛阳非属一州,若宋之问是弘农人,决不至于以外州地名代指家乡。或言宋之问曾在洛阳得意,自然诗中多提及洛阳。但古人记事惯例都不以宦地和旅居地为故乡。宋之问通过其诗告诉我们洛阳乃其故乡,当可信。又杜甫《过宋员外之问旧庄》一诗中云,宋之问旧庄在洛阳东北首阳山下,杜甫亦是洛州人,生年去宋之问不远,所记当确。宋之问诗很少提及弘农地名,只有函谷关和过函谷的记述。函谷关有二,旧关在虢州,新关在洛州。自汉代以来,人们所言函谷,多指新关。即使宋之问诗中的函谷为旧关,也不能说其为弘农人。该关是当时洛阳通往长安的必经之路,过函谷恰是宋之问为洛阳人的一个佐证。至于《旧唐书》称宋之问是弘农人,他认为很可能是《旧唐书》在"鸿胪"二字上出的错。宋之问曾做过鸿胪主簿的官,又据《元和郡县志》载,贯穿弘农县境、傍县治而过的弘农涧,唐时叫作鸿胪涧。《旧唐书》很可能在"鸿胪"二字上出的错。因为古人除以故里代称人名(张曲江、柳河东)外,还以宦地称名(岑嘉州、姚武功),大概《旧唐书》的编纂者错将宋之问鸿胪主簿的"鸿胪"当作鸿胪涧的"鸿胪"了。又认为《新唐书》将宋之问改为汾州人,或是因为"洛""汾"二字草体极相似,在缮写时,像古书中常有的那样,鲁鱼亥豕,将"洛"误作"汾",抑或有他因。

并对宋之问确曾自称"西河宋某"与宋之问同时期的陈子昂在《昭夷子赵氏碑》中也记有"西河宋之问"做了针对性分析,认为唐代有一种以祖籍为籍的习尚,说明其祖上在隋或隋以前曾居西河。从而得出结论:宋之问祖籍西河,家居洛阳,应是洛阳人。

就学界关于宋之问籍贯的考辨而言,马斗全依据宋之问的诗文所做的分析更为允妥,而认定宋之问祖籍西河、家居洛阳的结论也更可靠,兹从之。

二、女皇夺袍酬诗才

《全唐文》载宋之问《秋莲赋》云:"天授元年(公元 690 年),敕学士杨炯与之问分直于洛城西。"

宋之问从九品殿中内教跻身五品学士,为世人钦慕。唐代学士之职,以文学言语被天子顾问,出入侍从,礼遇尤宠。家世低微的宋之问以此更是感恩耀荣，视为得秩于禄的捷径与保障。

宋之问在《奉敕从太平公主游九龙潭寻宴安平王别序》中说："下官少怀微尚，早事灵丘，践畴昔之桃源，留不能去；攀君王之桂树，情可何之。"典型地表白了他的这种心态。

武后雅好文辞乐章，宋之问以巧思文华取幸。一次游洛阳龙门，武后命群臣赋诗，左史东方虬诗先成，武后赐锦袍。及宋之问《龙门应制》诗成奉上，文理兼美，左右称善。武后夺东方虬锦袍转赐给他。

其诗曰：

宿雨霁氛埃，流云度城阙。
河堤柳新翠，苑树花先发。
洛阳花柳此时浓，山水楼台映几重。
群公拂雾朝翔凤，天子乘春幸凿龙。
凿龙近出王城外，羽从琳琅拥轩盖。
云罕才临御水桥，天衣已入香山会。
山壁崭岩断复连，清流澄澈俯伊川。
雁塔遥遥绿波上，星龛奕奕翠微边。
层峦旧长千寻木，远壑初飞百丈泉，
彩仗蜺旌绕香阁，下辇登高望河洛。
东城宫阙拟昭回，南阳沟塍殊绮错。
林下天香七宝台，山中春酒万年杯，
微风一起祥花落，仙乐初鸣瑞鸟来。
鸟来花落纷无已，称觞献寿烟霞里。
歌舞淹留景欲斜，石关犹驻五云车。
鸟旗翼翼留芳草，龙骑骎骎映晚花。
千乘万骑銮舆出，水静山空严警跸。
郊外喧喧引看人，倾都南望属车尘。
嚣声引飏闻黄道，佳气周回入紫宸。
先王定鼎山河固，宝命乘周万物新。
吾皇不事瑶池乐，时雨来观农扈春。

这是一首应制的七言歌行，记述武后访问龙门之事。《唐诗纪事》

载:“武后游龙门,命群官赋诗,先成者赐以锦袍。左史东方虬诗成,拜赐坐未安;之问诗后成,文理兼美,左右莫不称善,乃就夺锦袍衣之。”这首诗作里宋之问赞美武后的出游时用了许多歌行体的技巧,但他将夸张的描写连接成近于叙述的形式显得更加复杂而华美。在结尾更巧妙地赞美了武周政权的正统性及道德力量。

这种华美的描写风格无疑最能表现富丽堂皇的盛世气象,以至于后来的诗圣杜甫在经历了安禄山叛乱之后,也常常采用这种描写风格来追忆唐代昔日的繁盛。此中予夺,既反映了武后对靡丽颂德诗风的提倡,也表现了宋之问那时的创作方向对他的声名和地位都有很大的影响。

武周时期,宋之问不仅扈从武后朝会游豫,而且奉承武后近幸的媚臣外戚宴乐优游,并且对这样的生活自感“志事俱得,形骸两忘”(《祭杨盈川文》)。这种生活追求最终使他沉溺并陷入到统治集团内部争权夺利的政治漩涡中。

三、出为洛州参军任

宋之问约于天授二年(公元691年)离开习艺馆任洛州参军(参见傅璇琮《杨炯卢照邻简谱》),患病温泉庄,有《温泉庄卧病寄杨七炯》一诗。其诗曰:

移疾卧兹岭,寥寥倦幽独。
赖有嵩丘山,高枕长在目。
兹山栖灵异,朝夜翳云族。
是日濛雨晴,返景入岩谷。
幂幂涧畔草,青青山下木。
此意方无穷,环顾怅林麓。
伊洛何悠漫,川原信重复。
夏馀鸟兽蕃,秋末禾黍熟。
秉愿守樊圃,归闲欣艺牧。
惜无载酒人,徒把凉泉掬。

长寿二年(公元693年),杨炯卒于盈川令任上,宋之问又作《祭杨盈川文》，其文曰：

维大周某年月日，西河宋某，谨以清酌脯羞之奠，敬祭于杨子之灵曰：自古皆死，不朽者文！北河流液，西岳吐云，叶神通契，降精于君。伏道孔门，游刃诸子，精微博识，黄中通理。属词比事，宗经匠史，玉璞金浑，风摇云起。闻人之善，若在诸已；受人之恩，许之以死。惟子坚刚，气陵秋霜，行不苟合，言不苟忘。大君有命，征子文房，馀亦叨忝，随君颉颃。同趋北禁，并拜东堂，志事俱得，形骸两忘。载罹寒暑，贫病洛阳，裘马同弊，老幼均粮。自君出宰，南浮江海，馀尝苦饥，今日犹在。之子妙年，香名早传，从来金马，夙昔崇贤。门庭若市，翰墨如泉，千载之后，闻而凛然。死而不亡，问馀何伤？伤予命薄，益友零落。生平之言，幽显相托，痛君不嗣，匪我孤诺。君有兄弟，同心异体，陟冈增哀，归葬以礼。旅榇飘零，于洛之汀，我之怀矣，感叹入冥。见子之弟，类子之形，悼往心绝，慰存涕盈。古人有言，一死一生，昔子往矣，追送倾城，今子来也，迺知交情。惟郭是戚，有崔不易，来哭来祭，哀文在席。帷席可依，冰雪四满，家人哀哀，宾径微断。今我伤悲，情勤昔时，子文子翰，我缄我持，子宅子兆，我营我思。子有神鉴，我言不欺；我有絮酒，子其歆之。我亦引满，傥昭神期，魂兮归来，闻余此词。

其文曰："大君有命，征子文房，馀亦叨忝，随君颉颃。同趋北禁，并拜东堂，志事俱得，形骸两忘。"回顾当年二人情谊，真是不胜感慨。

在洛州参军任上，和宋之问交结和诗文酬唱的文坛名人不止于杨炯，还有陈子昂。

武后万岁通天元年(公元696年)夏五月，营州契丹松漠都督李尽忠等举兵反，攻陷营州，遣左鹰扬卫将军曹仁师等讨之，同年秋九月，以同州刺史建安王武攸宜为右武威卫大将军，充清边道行军大总管，以讨契丹。

陈子昂以右拾遗官为攸宜府参谋，宋之问还在洛州任参军，因陈子昂随军，与陈子昂相约新乡(《新唐书·地理志》三属河北道卫州)再见，结果未能如愿，宋之问遂写下《使往天平军马约与陈子昂新乡为期，及还而不相遇》一诗。其诗曰：

入卫期之子，吁嗟不少留。

情人去何处，淇水日悠悠。
恒碣青云断，衡漳白露秋。
知君心许国，不是爱封侯。

诗中充分表达了对陈子昂的思念之情和未曾相见的遗憾。但同时也对陈子昂前方御敌给予了高度的支持、鼓励和赞美，称赞他“知君心许国，不是爱封侯”的高贵品质。

陈子昂以《征东至淇门答宋十一参军之问》诗作答。其诗曰：

南星中大火，将子涉清淇。
西林改微月，征斾空自持。
碧潭去已远，瑶华折遗谁。
若问辽阳戍，悠悠天际旗。

同样表达了对宋之问的友情和对前方战事的高度关注。

万岁通天元年（公元 696 年）赵贞固卒后，宋之问又作诗怀念他，并寄呈了陈子昂和卢藏用，陈子昂作诗《同宋参军之问梦赵六赠卢陈二子之作》奉答，共同表达了故友逝去的悲伤。其诗曰：

晓霁望嵩丘，白云半岩足。
氛氲涵翠微，宛如嬴台曲。
故人昔所尚，幽琴歌断续。
变化竟无常，人琴遂两亡。
白云失处所，梦想暧容光。
畴昔疑缘业，儒道两相妨。
前期许幽报，迨此尚茫茫。
晤言既已失，感叹情何一。
始忆携手期，云台与峨眉。
达兼济天下，穷独善其时。
诸君推管乐，之子慕巢夷。
奈何苍生望，卒为黄绶欺。
铭鼎功未立，山林事亦微。
抚孤一流恸，怀旧日暌违。
卢子尚高节，终南卧松雪。

宋侯逢圣君,骖驭游青云。
而我独蹭蹬,语默道犹屯。
征戍在辽阳,蹉跎草再黄。
丹丘恨不及,白露已苍苍。
远闻山阳赋,感涕下沾裳。

四、遭贬再难归洛阳

宋之问在武后晚年先后转任尚书监丞、左奉宸内供奉,武后媚臣张易之、张昌宗兄弟"雅爱其才",召他与好友杜审言、阎朝隐、沈佺期、王无竞、尹元凯,以及李适、富嘉谟、刘允济等文士预修。宋之问与阎朝隐等多代工张赋篇入集,倾心媚附。书成,于长安二年(公元 702 年)迁司礼主簿。

神龙元年(公元 705 年)正月,宰相张柬之与太子典膳郎王同皎等逼武后退位,诛杀二张,迎立唐中宗,宋之问与杜审言等人皆遭贬谪。

宋之问贬泷州(今广东罗定市)参军,诸事艰难,慕念昔荣,翌年春便秘密逃还洛阳,探知友人张仲之与王同皎等谋诛宰相武三思(时张柬之被贬),后使人告密,擢任鸿胪主簿,"由是深为义士所讥"。

景龙元年(公元 707 年)七月,节愍太子李重俊杀武三思父子后死于事变,宋之问上表歌颂武氏父子功德,请造唐中宗神武颂碑,深获赏识,于翌年迁考功员外郎,并与杜审言、武平一、沈佺期、阎朝隐等首选修文馆直学士,"及典举,引拔后进,多知名者"(《旧唐书·宋之问传》)。其时朝廷朋党争立,由于他倾附安乐公主,遭太平公主忌恨,进言中宗,于景龙三年(公元 709 年)将他下迁越州(今浙江绍兴市)长史。

他在越州登山涉险,访察民生,"颇自力为政"。诗歌创作也开始转入了健康清新的轨道,"流布京师,人人传讽"(《新唐书·文艺传》)。

但是,就在宋之问开始走上"新生"之路的时候,又一次宫廷政变将他逼上了绝境。景云元年(公元 710 年)六月,临海郡王李隆基与太平公主诛杀韦后和安乐公主,拥立唐睿宗,以宋之问尝附二张及武三思诏流钦州(今广西钦州市东北),后以赦改桂州。先天元年(公元712年)八月,唐玄宗李隆基即位后,宋之问被赐死于徙所,结束了最后的人生旅程。

宋之问虽然曾经逃归洛阳,却最终还是令人叹息地死在荒远的桂州徙所。他的魂魄可曾在月明风清的夜里乘着云雾再次回归洛阳呢?这正像历史上发生在宋之问身上的太多谜团一样,都已不得而知了。但可以肯定的是,宋之问的政治际遇和品行缺陷都终究没能遮盖他在诗歌方面的深厚成就。

在唐诗发展过程中,尤其是在完善七言律诗方面,宋之问和沈佺期无疑都应占有一席之地。皎然曾把沈、宋和陈子昂作过比较,认为“陈子昂复多而变少,沈宋复少而变多”(《诗式》卷五)。沈佺期、宋之问二人的诗作在当时的号召力很大,《新唐书·宋之问传》曰:“魏建安后迄江左,诗律屡变,至沈约、庾信,以音韵相婉附,属对精密。及宋之问、沈佺期,又加靡丽,回忌声病,约句准篇,如锦绣成文,学者宗之,号为‘沈宋’。”

至于他是否果真为了“年年岁岁花相似,岁岁年年人不同”的这首妙诗而欲占为己有,害死了诗歌的原作者——他的外甥刘希夷,可俟有志之士继续考证。

总之,宋之问的一生,虽趋炎附势而命运波折,虽品行有亏却难掩高才,实在不能不令人为之长叹和深叹。

第十章　诗圣杜甫

杜甫（公元712—770年）是中国唐代的伟大诗人。他的诗歌广泛而深刻地反映了唐代社会由盛到衰的急剧变化，再现了安史之乱前后的许多重大事件，成为时代的一面镜子，被公认为"诗史"。他的诗歌诸体兼备，可谓中国唐代以前诗歌的集大成者，达到了思想性和艺术性的高度统一，登上了唐代现实主义诗歌艺术的高峰，因而被尊为"诗圣"。1961年，世界和平理事会将杜甫定为世界文化名人之一来纪念，其受到全世界人民的热爱和敬仰。

为了纪念杜甫这位伟大的诗人，在他曾经生活和从事创作的不少地方都以他为荣，建立了纪念祠堂，如长安（今陕西西安市）、秦州（今甘肃天水市）、成都（今四川成都市）、绵州（今四川绵阳市东）、夔州（今四川奉节市东）、耒阳（今湖南耒阳市）等地。1961年3月，国务院正式公布成都杜甫草堂为全国重点文物保护单位。

然而，这样一个伟大的诗人，到底是哪里人，却成了争论不休的问题。那么杜甫究竟是哪里人呢？经过考证，我们认为杜甫应为河南洛阳人。

一、杜甫的祖籍、诞生地及故里

（一）杜甫的祖籍

通过大量的事实考证，杜甫的祖籍应为京兆杜陵（今陕西西安市南），与湖北襄阳无涉。主要证据如下：

1. 由杜甫的诗文可证

（1）《醉时歌》："杜陵野客人更嗤，被褐短窄鬓如丝。"

（2）《自京赴奉先县咏怀五百字》："杜陵有布衣，老大意转拙。"

(3)《投简成、华两县诸子》:“长安苦寒谁独悲,杜陵野老骨欲折。”

(4)《复阴》:“君不见夔子之国杜陵翁,牙齿半落左耳聋。”

(5)《立春》:“巫峡寒江那对眼,杜陵远客不胜悲。”

(6)《季夏送乡弟韶陪黄门从叔朝谒》:“令弟尚为苍水使,名家莫出杜陵人。”

(7)《赠韦七赞善》:“乡里衣冠不乏贤,杜陵韦曲未央前。”

(8)《进封西岳赋表》:“臣甫言:臣本杜陵诸生,年过四十,经术浅陋,进无补于明时,退尝困于衣食,盖长安一匹夫耳。”

(9)《祭外祖祖母文》:“维年月日,外孙荥阳郑宏之、京兆杜甫,谨以寒食庶羞之奠,敢昭告于外王父母之灵……”

(10)《祭故相国清河房公文》:“维唐广德元年岁次癸卯,九月辛丑朔,二十二日壬戌,京兆杜甫,敬以醴酒茶藕莼鲫之奠,奉祭故相国清河房公之灵。”

(11)《唐故万年县君京兆杜氏墓志》:“有唐义姑,京兆杜氏之墓。”按此“唐义姑,京兆杜氏”即杜甫的姑姑,杜甫之父杜闲的妹妹。

2. 由杜甫叔叔杜并的墓志铭并序可证

杜并(公元684—699年),杜审言次子,杜闲之弟,杜甫的二叔,年十六岁时,因手刃诬陷其父杜审言的周季童,自己亦被当场打死,被称为“孝童”。《大周故京兆男子杜并墓志铭并序》云:“男子讳并,字惟兼,京兆杜陵人也。”

3. 由其他史料可证

(1)唐元稹《唐故工部员外郎杜君墓系铭并序》云:“系曰:昔当阳成侯姓杜氏,下十世而生依艺,令于巩。依艺生审言,审言善诗,官至膳部员外郎。审言生闲,闲生甫。”按:此谱系既从杜甫的远祖杜预始起,那么其祖籍自然是以杜预的籍贯为准。《晋书·杜预传》云:“杜预字元凯,京兆杜陵人也。”

(2)宋赵次公《杜工部草堂记》云:“惟杜陵野老,负王佐之才,有意当世……”

(3)元辛文房《唐才子传·杜甫》云:“甫,字子美,京兆人。审言生闲,闲生甫。”

关于杜甫的祖籍,一般来说,我们首先应该尊重其本人的意见。在大量的诗文中,杜甫均自称是“京兆杜陵”人;说到他的祖父杜审言及他的姑姑,均言“京兆杜府君”“京兆杜氏”,这足以说明他的祖籍应为“京兆杜陵”。杜甫的叔叔杜并的墓志铭并序,亦云杜并是“京兆杜陵人”。元稹与杜甫之孙、杜宗武之子杜嗣业是同代人,杜嗣业求元稹为杜甫写墓志铭并序,元稹亦云杜甫的谱系当以其远祖杜预始起,那么其祖籍自然应以“京兆杜陵”为准。也就是说,杜嗣业亦认为其祖父的祖籍是“京兆杜陵”。将杜甫的祖籍定作“京兆”,这无疑是正确的。

将杜甫的祖籍直接说成是“襄阳人”的,始于后晋刘昫等《旧唐书·杜甫传》。该书云:“杜甫,字子美,本襄阳人,后徙河南巩县。曾祖依艺,位终巩令。祖审言,位终膳部员外郎,自有传。父闲,终奉天令。”宋欧阳修、宋祁《新唐书·杜甫传》中虽未言杜甫的籍贯,但该书《杜甫传》紧系于《杜审言传》后,自然是以杜审言的籍贯为是了。该书《杜审言传》云:“杜审言字必简,襄州襄阳人,晋征南将军预远裔。”之所以出现杜甫祖籍为“襄州襄阳”之错,主要在于后晋刘昫等,以及宋欧阳修、宋祁,后人不加细考,只是沿袭前代史家所云杜逊“随晋元帝南迁,居襄阳”的错误说法。

(二)杜甫的诞生地及故里

至于杜甫的诞生地及故里,不在巩县(今河南巩义市),而是在唐代东都洛阳(今河南省洛阳市)。其主要证据如下所述。

1. 由事实可证

杜依艺“位终巩令”便“徙”家于“河南巩县”之说,本是后晋刘昫等《旧唐书·杜甫传》的一条错误。其后各家均不加详究,以讹传讹,加油添醋,遂进一步讹传为杜甫“原籍湖北襄阳,生于河南巩县”(见1988年版《辞源》)。上文大量事实已经证明:杜依艺的先祖及杜依艺本人,以及杜依艺的儿子杜审言、孙子杜闲、重孙杜甫等人的籍贯均与湖北襄阳无涉,更没有自湖北襄阳“徙”家于河南巩县。

2. 由杜依艺的生平可证

杜依艺曾任过唐监察御史、雍州司马和洛州巩县令等官职。他的生卒年未详，但可以从杜审言的生卒年大略推知他的生年。傅璇琮《杜审言考》证明杜审言"当生于公元 648 年之前"，公元 648 年即唐太宗贞观二十二年，如果杜依艺 30 岁时生杜审言的话，杜依艺大约生于唐高祖武德元年（公元 618 年）。如果杜依艺 20 岁时生杜审言的话，杜依艺大约生于唐太宗贞观二年（公元 628 年）。假若杜依艺 60 岁"位终巩令"的话，按他 30 岁时生杜审言，当是唐高宗仪凤三年（公元 678 年）；按他 20 岁时生杜审言，当是武则天垂拱四年（公元 688 年）。看来，杜依艺做官的时间应主要在唐高宗和武则天执政时期。唐高宗于显庆二年（公元 657 年）"闰月，壬寅，行幸洛阳""二月，辛酉，车驾至洛阳宫""十二月，乙卯朔，车驾还洛阳宫""丁卯，以洛阳宫为东都"（见《资治通鉴·唐纪十六》）。杜依艺既然任职于唐高宗和武则天执政时期，且任监察御史、雍州司马、洛州巩县令，那么他的家应该主要在洛阳。杜依艺的家既然在洛阳，那么他的儿子、孙子、重孙（杜甫）自然亦应居住在洛阳。

3. 由杜甫的诗可证

在杜甫的诗歌中，思念故乡洛阳的作品多不胜举，略列几首于此。

（1）《闻官军收河南河北》："白日放歌须纵酒，青春作伴好还乡。即从巴峡穿巫峡，便下襄阳向洛阳。"该诗"洛阳"下有原注云："余田园在东京。""东京"即洛阳。这里的"还乡"，显然不是还襄阳，亦不是还河南巩县及京兆杜陵，而是还洛阳。

（2）《熟食日示宗文宗武》："松柏邛山路，风花白帝城。"

（3）《恨别》："洛城一别四千里，胡骑长驱五六年。草木变衰行剑外，兵戈阻绝老江边。思家步月清宵立，忆弟看云白日眠。闻道河阳近乘胜，司徒急为破幽燕。"

（4）《遣兴五首》："昔在洛阳时，亲友相追攀。送客东郊道，遨游宿南山。"

（5）《天边行》："天边老人归未得，日暮东临大江哭……九度附书向洛阳，十年骨肉无消息。"

（6）《至后》："冬至至后日初长，远在剑南思洛阳。青袍白马有何意，金谷铜驼非故乡……"（按"金谷"句，仇兆鳌《杜诗详注》云："金谷铜驼,洛阳遭乱矣。”意为洛阳已面目全非了)。

以上大量的事实都充分证明,杜甫的诞生地及故里均不在河南巩县,而在唐东都洛阳。

(三)杜甫墓

关于杜甫墓,全国有八座。经考证,只有洛阳市所属偃师市城关镇杜楼村的杜甫墓才是真正的杜甫墓。但据付永魁《杜甫故居与杜墓》一书所载,目前中国境内都有八处杜甫墓地:①湖北襄阳(今湖北省襄阳市);②陕西鄜州(今陕西省富县);③陕西华州(今陕西省华县);④四川成都(今四川省成都市);⑤湖南耒阳(今湖南省耒阳市);⑥湖南平江县(今湖南省岳阳市所属平江县)小田村;⑦河南偃师县(今河南省偃师市)城关镇杜楼村;⑧河南巩县(今河南省郑州市所属巩义市)康店乡。

课题组成员经过2001年暑期的实地考察,走访了当地的民政局、档案局,并查阅了当地的地方志,了解到以上八处中的陕西华州、陕西鄜州,从古到今均无杜甫墓;至于成都市的杜甫墓,是一座张冠李戴的假墓冢,据说该墓在“文化大革命”中进行了发掘,证明是一座被盗掘过的汉墓。由此可知,全国杜甫墓现存有五座。湖南省平江县小田村的杜甫墓,为杜甫于唐代宗大历五年(公元770年)嗣后初葬墓地。43年后,即唐宪宗元和八年(公元813年),由杜甫的孙子杜嗣业将灵柩迁葬于今河南省洛阳市下属之偃师市。偃师市城关镇杜楼村的杜甫墓为真正的杜甫墓。湖南省耒阳市、湖北省襄阳市的杜甫墓,为纪念性的空棺墓,但均有其一定的纪念意义。譬如耒阳市杜甫墓,说明唐代耒阳聂县令对杜甫的无比敬仰之情,历代的耒阳政府和人民虽明知这是一座空棺墓,但至今仍保存完好。说明耒阳历代政府和人民对诗人杜甫的热爱,以及对文物古迹的重视。至于河南省巩义市的杜甫墓,实为一座张冠李戴的假墓冢,它实际是康氏人家的老祖坟。巩义市对这座杜甫的假墓冢大肆修建,虽然表现出对诗人杜甫的热爱之情,但未经专家论证便兴师动众、大兴土木,实在是一个教训。1963年6月20日,河南省人民政府公布偃师市城关镇杜楼村的杜甫墓为河南省重点文物保护单位。但是,与偃师市比邻的巩义市也有一座杜甫墓,被定为巩义市重点文物保护单位。多年以来，巩义市大力宣传，说杜甫诞生于巩义市老城东一千米的南窑湾村，其笔架山下有一孔砖窑洞即杜甫诞生窑。杜甫的墓在巩义市康店乡康店村。20世纪80年代以来，巩义市政府十分重视对这些所谓的杜甫胜迹的旅游开发，并主持召开了一次杜甫国际学术讨论会。单就杜甫墓来说，仅第一期工程，该市就耗资一百多万元。但据考证，巩义市的杜甫诞生窑、杜甫故里及杜甫墓均系伪古迹。主要证据如下所述。

1. 宋代诸家之误

杜甫葬于河南巩县之说，最早出于北宋宋敏求之《春明退朝录》卷上："杜甫终于耒阳，藁葬之。至元和中，其孙始改葬于巩县。元微之为志。而郑刑部文宝谪官衡州，有《经耒阳杜子美墓》诗。岂但为志而不克迁，或已迁而故冢尚存耶？"

这一段有关杜甫墓地的记载，有三处错误：

(1)"杜甫终于耒阳，藁葬之。"此盖抄袭《新唐书》《旧唐书》而未亲作实地调查之误。如《新唐书·杜甫传》云："大历中，出瞿塘，下江陵，溯沅、湘以登衡山，因客耒阳。游岳祠，大水遽至，涉旬不得食，县令具舟迎之，乃得还。令尝馈牛炙白酒，大醉，一昔卒，年五十九。"事实上，杜甫是大历五年（公元770年）冬死于长沙与岳阳之间湘江上的舟中。杜甫死后，灵柩停厝在今岳阳市所属平江县南三十里的小田村。

(2)"至元和中，其孙始改葬于巩县。元微之为志。"这里所说的"至元和中，其孙始改葬于巩县"的根据显然是"元微之为志"。但元稹《唐故工部员外郎杜君墓系铭并序》说得十分明白："适子美之孙嗣业，启子美之柩，襄祔事于偃师""维元和之癸巳，粤某月某日之佳辰，合窆我杜子美于首阳之山前"。根本没有"至元和中，其孙始改葬于巩县"之说。之所以出现这样的错误，当系后来版本传抄之误，或系后人妄自篡改之误。此为杜甫改葬巩县说之源，后世学者以讹传讹，均出于此。

(3)"岂但为志而不克迁，或已迁而故冢尚存耶？"这说明宋敏求既没有到湖南耒阳考察过，也没有亲自到河南偃师去考察过，只是凭想当然而存疑问。在宋敏求之后，持杜甫葬于河南巩县之说的还有司马光（见《温公续诗话》）、江少虞（见《宋朝事实类苑》）和曾敏行（见《独醒杂志》)。其错只能在于后来版本传抄之误,或系后人妄自篡改所致。

2. 明清至民国《巩县志》及墓碑之误

(1)明世宗嘉靖三十四年(1555 年)乙卯《巩县志》卷四《陵墓》云:"杜工部墓在县西南孝义保。"此未道其出处,当系受宋敏求《春明退朝录》及司马光《温公续诗话》以讹传讹之影响,由巩县孝义保一带的杜氏人家所建造。

(2)在今河南省巩义市康店乡邙山岭上所谓的杜甫墓前,立有一通清圣祖康熙十九年(1680 年)杜漺《巩县杜少陵先生墓碑记》碑,实为一篇伪文,这通碑亦为一通伪碑。(详见王元明《杜甫新论》一书)

3. 汉族传统的宗族坟墓埋葬习惯

另据汉族传统的宗族坟墓埋葬习惯,只能是同辈兄弟的坟墓并列一排,且必须按照昭穆顺次排列。下一辈(儿子辈)的坟墓决不能和父辈们的坟墓并列排在一行,只能排在父辈的脚头,即另排一行,然后亦按昭穆顺次排列。然而,我们在今巩义市康店乡所谓的杜甫陵园中所看到的情况却是:"墓地坐北面南,东西并列三个土冢。西为杜甫墓,向东依次为长子宗文、次子宗武之墓。"(引文见国家文物局主编《中国文物地图集·河南分册》)。这显然是不符合汉族传统的宗族坟墓埋葬的习惯。

由此可知,在现今河南省巩义市康店乡邙山岭上的所谓杜甫陵园,实际上应为康氏人家先祖的陵园。

真正的杜甫墓在偃师杜楼村的主要证据如下:

(1)杜甫远祖晋当阳侯杜预的墓地在偃师杜楼(见国家文物局主编《中国文物地图集·河南分册·偃师县》和杜甫的《祭远祖当阳君文》)。

(2)杜甫的祖父杜审言及其原配夫人薛氏、继室卢氏墓均在偃师杜楼(见国家文物局主编《中国文物地图集·河南分册·偃师县》和清乾隆年版《偃师县志》)。

(3)由唐元稹《唐故工部员外郎杜君墓系铭并序》可知,杜甫的墓地当在河南偃师。如文中说"适子美之孙嗣业,启子美之柩,襄祔事于偃师……嗣子曰宗武,病不克葬,殁,命其子嗣业。嗣业贫,无以给丧,收拾乞丐,焦劳昼夜,去子美殁后四十余年,然后卒先人之志,亦足为难矣……铭曰:维元和之癸巳,粤某月某日之佳辰,合窆我杜子美于首阳之山前。"等可以证明。

4. 由其他史料及后人题咏可证杜甫墓在河南偃师

(1)后晋刘昫等《旧唐书·杜甫传》云:"元和中,宗武子嗣业,自耒阳迁甫之柩,归葬于偃师县西北首阳山之前。"

(2)清陈梦雷《古今图书集成·方舆汇编·职方典》第四百三十九卷《河南府部汇考·河南府古迹考陵墓附·偃师县》云:"工部员外郎杜甫墓:在土楼村。元和八年葬,元稹志其墓。"

持此观点的还有宋周序、清刘宗沛,今人徐金星、刘开扬、冯至、朱东润,以及《中国大百科全书·中国文学》、四川省文史研究馆《杜甫年谱》等。

由上所述,可知杜甫的真正墓地当在唐代东京河南府河南郡所属偃师县土楼村,即今河南省洛阳市所属偃师市城关镇杜楼村。

二、杜甫与洛阳的关系

杜甫与洛阳的关系至为密切。

杜甫的远祖杜预(公元222—284年)是魏晋年间著名的政治家、史学家、辞赋家,字符凯。旧说京兆杜陵(今陕西省西安市)人。据本书作者之一王元明先生考证,他的诞生地及故里均为洛阳(今河南省洛阳市)。他的墓地在今河南省洛阳市所属偃师市城关镇杜楼村。杜预官至晋征南大将军,都督荆州诸军事,封当阳县侯。

杜甫的曾祖父杜依艺,约于唐高祖武德元年(公元618年)生于洛阳,约于唐高宗仪凤三年(公元678年)卒于洛阳。其墓地亦应在今河南省洛阳市所属偃师市城关镇杜楼村。杜依艺曾任唐监察御史、雍州司法、洛州巩县令。

杜甫的祖父杜审言(约公元645—708年),唐初著名诗人,少与李峤、崔融、苏味道齐名,被称为"文章四友",世号"崔李苏杜"。杜审言的出生地及故里均为洛阳,其家住洛阳桥南,今河南省洛龙区安乐窝村。此见于杜审言《春日怀归》:"更怀欢赏地,车马洛桥边。"这所宅第即杜甫的父亲杜闲及杜甫的出生地及故居。杜审言官至唐国子监主簿,加修文馆直学士。其墓地在今河南省洛阳市所属偃师市城关镇杜楼村。

杜甫的父亲杜闲,约生于唐高宗永淳元年(公元682年),约卒于唐玄宗开元二十九年(公元741年)。杜闲的诞生地及故里均为洛阳。其故居在今洛阳市洛龙区安乐窝村洛河南岸。杜闲曾历任武功尉、奉天令、朝议大夫、兖州司马等职。其墓地在今河南省洛阳市所属偃师市城关镇杜楼村。

杜甫,字子美,行二。旧说出生于唐洛州巩县(今河南省巩义市),不妥。据王元明先生考证,杜甫的出生地及故里均为洛阳,其故宅在今洛阳市洛龙区安乐窝村洛河南岸。其墓地在今河南省洛阳市所属偃师市城关镇杜楼村。唐玄宗开元二十九年(公元741年),杜甫30岁时,其父杜闲卒于兖州。杜甫自兖州扶柩归洛,筑陆浑庄(即"土娄",今称杜楼)于今偃师市城关镇之首阳山下。诗集中所言"河南陆浑庄""故庐在偃师""土娄庄""尸乡""土室",皆指此一处,实为其父庐墓之处,杜甫的墓地也在这里。

杜甫于唐睿宗太极元年(公元712年)正月初一出生于洛阳。此后,直至唐玄宗天宝五载(公元746年)这三十多年中,除有几年外出到吴越、齐鲁等地漫游外,大部分时间都生活在洛阳,占他一生的60%左右。

杜甫在洛阳有田园。唐代宗广德元年(公元763年),杜甫52岁,春在梓州(治所在今四川省三台县),作《闻官军收河南河北》,其末句云:"便下襄阳向洛阳!"在此句下杜甫自注云:"余田园在东京。"唐代的"东京",即今河南省洛阳市。

幼时,杜甫曾寄居于洛阳建春门内仁风里二姑母万年县君家。与二姑母之子同时卧病。得二姑母用心看护,较其亲子为多,而二姑母之亲子因此而亡,杜甫则得以幸存。彼时杜甫年幼,尚不得记事。其后稍长,得旁人所告乃知之,由此深感二姑母之大德,终身不忘。及二姑母死后,为之作墓志(《唐故万年县君京兆杜氏墓志》),因记此事。

杜甫7岁时,始作诗文。《壮游》诗云:"七龄思即壮,开口咏凤凰。”时为唐玄宗开元六年(公元 718 年)。又于《进雕赋表》云:“自七岁所缀诗笔,向四十载矣,约千有余篇。”

杜甫 9 岁时,则致力于大字。《壮游》诗云:“九龄书大字,有作成一囊。”

杜甫 14 岁时,开始出游于翰墨之场,与岐王李范、崔尚(郑州刺史)、魏启心(豫州刺史)、李龟年等同游。《壮游》诗云:“往昔十四五,出游翰墨场。斯文崔魏徒,以我似班扬。”晚年在湖楚,作《江南逢李龟年》诗云:“岐王宅里寻常见,崔九堂前几度闻。”时在唐玄宗开元十三年(公元 725 年)。

开元二十三年(公元 735 年),杜甫 24 岁,自吴越归洛阳,举进士,不第。其时,作《游龙门奉先寺》《龙门》等诗。

开元二十九年(公元 741 年),杜甫 30 岁。此年,其父杜闲卒于兖州,杜甫扶柩归洛,将其父葬于今河南省洛阳市所属偃师市城关镇杜楼村之杜氏祖茔中。筑陆浑庄于首阳山下,实则是其庐墓所居之处。与夫人杨氏结婚,当在此年其父杜闲卒之前。其后,依礼庐墓三年。

唐玄宗天宝元年(公元 742 年),杜甫的二姑母万年县君卒于洛阳仁凤里。同年六月,葬于河南县。杜甫为之作《唐故万年县君京兆杜氏墓志》。时年杜甫 31 岁。

唐玄宗天宝三载(公元 744 年),杜甫 33 岁。同年三月,李白于长安向唐玄宗自请还山,离开长安。同年四月,经过洛阳,与杜甫相会并约定,同往梁宋访道。杜甫第一次写作《赠李白》。此后,一生共写有关李白的诗 15 首,可见其对李白之崇敬及与李白友情之深笃。

唐玄宗天宝五载(公元 746 年),杜甫 35 岁。从鲁郡归洛阳,随即至长安。

唐玄宗天宝八载(公元 749 年),杜甫 38 岁,在长安,冬,间归洛阳,谒玄元皇帝庙,观吴道子壁画(见《冬日洛城北谒玄元皇帝庙》)。

唐玄宗天宝九载(公元 750 年),杜甫 39 岁,春,自洛阳复至长安。

唐玄宗天宝十一载(公元 752 年),杜甫 41 岁。三月,暂归洛阳。于夏末初秋间复至长安。

唐肃宗至德二载(公元 757 年),杜甫 46 岁。此年,杜甫任左拾遗职，适宰相房管(洛阳人)败于陈陶后被贺兰进明、崔圆等所谮，加以私由门下琴工董庭兰收受贿赂嫌疑，罢宰相职，贬为太子少师。杜甫与房管同是洛阳老乡，又为布衣之交，上疏为房管辩护，言房管罪细，不宜免大臣。肃宗怒，诏三司杂问。宰相张镐曰："甫若抵罪，绝言者路。"帝乃解，不复问。幸有韦陟、张镐救之。

唐肃宗乾元元年(公元 758 年)，杜甫 47 岁，在长安，怀洛阳亲友及洛阳故居，作《遣兴三首》。冬自华州间赴洛阳。

下马古战场，四顾但茫然。风悲浮云去，黄叶坠我前。朽骨穴蝼蚁，又为蔓草缠。故老行叹息，今人尚开边。汉虏互胜负，封疆不常全。安得廉耻将，三军同晏眠。

——《遣兴三首》其一

高秋登塞山，南望马邑州。降虏东击胡，壮健尽不留。穹庐莽牢落，上有行云愁。老弱哭道路，愿闻甲兵休。邺中事反覆，死人积如丘。诸将已茅土，载驱谁与谋。

——《遣兴三首》其二

丰年孰云迟，甘泽不在早。耕田秋雨足，禾黍已映道。春苗九月交，颜色同日老。劝汝衡门士，忽悲尚枯槁。时来展材力，先后无丑好。但讶鹿皮翁，忘机对芳草。

——《遣兴三首》其三

唐肃宗乾元二年(公元 759 年)，杜甫 48 岁。春初归河南陆浑庄。作《忆弟二首》：

丧乱闻吾弟，饥寒傍济州。人稀吾不到，兵在见何由。忆昨狂催走，无时病去忧。即今千种恨，惟共水东流。

且喜河南定，不问邺城围。百战今谁在，三年望汝归。故园花自发，春日鸟还飞。断绝人烟久，东西消息稀。

同年二月，自陆浑庄回洛阳故居。不久，自洛阳回华州。一路上，作《三吏》《三别》。其中至新安县，作有《新安吏》一首。

唐肃宗上元元年(公元 760 年)，杜甫 49 岁。至成都。其后，与洛阳友人高适多有交往，曾得高适看顾与救济。二人互相唱酬诗多首。杜甫作有《酬高使君相赠》《因崔五侍御寄高彭州一绝》《奉简高三十五使君》等多首。

唐代宗广德元年(公元763年),杜甫52岁。春,在梓州。闻唐军收复河南、河北,作《闻官军收河南河北》,末四句云:“白日放歌须纵酒,青春作伴好还乡。即从巴峡穿巫峡,便下襄阳向洛阳。”于末句下自注云:“余田园在东京。”唐代东京,即今河南省洛阳市,由此可知,杜甫的故乡在洛阳。

同年八月初四,房管卒于阆州僧舍,杜甫闻讯,于九月由梓州赴阆州吊唁,二十二日祭房管,写作《祭故相国清河房公文》,至为沉痛。此年作《天边行》云:“天边老人归未得,日暮东临大江哭。陇右河源不种田,胡骑羌兵入巴蜀。洪涛滔天风拔木,前飞秃鹫后鸿鹄。九度附书向洛阳,十年骨肉无消息。”又作《送元二适江左》,元二,即元撝,洛阳人。

唐代宗广德二年(公元764年),杜甫53岁。作《黄河二首》。

唐代宗永泰元年(公元765年),杜甫54岁。作《承闻故房相公灵榇自阆州启殡归葬东都有作二首》。

唐代宗大历元年(永泰二年十一月改元,公元766年),杜甫55岁。春,在云安。时岑参方为嘉州刺史,寄诗赠之。春晚,移居夔州。初寓山中客堂。秋日,移寓西阁。是年多追忆旧游之作。有《洛阳》,又有《凭孟仓曹将书觅土娄旧庄》,云:“平居丧乱后,不到洛阳岑。为历云山问,无辞荆棘深。北风黄叶下,南浦白头吟。十载江湖客,茫茫迟暮心。”土娄旧庄在今河南省洛阳市所属偃师市城关镇杜楼村。

唐代宗大历二年(公元767年),杜甫56岁。在夔州。春,自西阁移居赤甲。同年三月,迁居瀼西草屋。弟观自京师来。秋,始复动东游荆湘之意。同年十月十九日,于夔州别驾元持宅观李十二娘舞“剑器”。此年秋,左耳始聋。冬,仍复多病。

唐代宗大历三年(公元768年),杜甫57岁。正月中旬,去夔出峡。三月,至江陵。夏,暂如外邑。留江陵数月,颇不得意。秋末,移居公安县。遇顾诫奢、李晋肃(贺父)及僧太易,留憩公安数月。因公安治安太差,遂移衡州。

唐代宗大历四年(公元769年),58岁。正月,经岳州至衡州(衡阳),游南岳道林二寺,观宋之问题壁……然故人衡州刺史韦之晋任潭州刺史,杜甫又奔潭州,希望在他手下谋一份差事,但韦之晋忽然病卒。时苏涣居江侧,忽一日,访公于舟中,公请涣诵诗,大赏异之,遂订交焉。

唐代宗大历五年(公元770年),59岁。正月二十一日,检故帙,得高适上元二年人日见寄诗,因追酬一首,寄示汉中王瑀及敬超先。暮春,逢李龟年。四月,避乱入衡州(今衡阳)。游岳庙,为暴水所阻,旬日不得食。欲往郴州依舅氏崔伟,因至耒阳。耒阳令知之,自棹舟迎杜甫而还。啖牛肉白酒,一夕而卒于耒阳。

唐宪宗元和八年(公元813年),其孙杜嗣业从岳州启杜甫灵榇归葬今偃师市城关镇杜楼村首阳山下之杜氏祖茔。路经荆州时,请当时的著名诗人元稹(洛阳人)为杜甫作《唐检校工部员外郎杜君墓系铭并序》。

三、杜甫对故乡洛阳的热爱和咏赞

(一)总咏洛阳

洛阳昔陷没,胡马犯潼关。天子初愁思,都人惨别颜。清笳去宫阙,翠盖出关山。故老仍流涕,龙髯幸再攀。

——《洛阳》

(二)咏写洛阳山川

在杜甫诗集中,咏写洛阳的山有嵩山、邙山、首阳山;洛阳的河有黄河、洛河。

……那知根无鬼神会,已觉气与嵩华敌……

——《阆山歌》

……松柏邛山路,风花白帝城……

——《熟食日示宗文宗武》

……系书元浪语,愁寂故山薇。

——《归雁二首》其一

"故山薇",家乡的薇菜。故山,此指洛阳的首阳山。伯夷、叔齐在周武王灭商后,耻食周粟,逃到首阳山,采薇而食,饿死在山里。杜甫的先祖杜预、杜审言等墓在首阳山南。

黄河北岸海西军，椎鼓鸣钟天下闻。铁马长鸣不知数，胡人高鼻动成群。

——《黄河二首》其一

黄河南岸是吾蜀，欲须供给家无粟。愿驱众庶戴君王，混一车书弃金玉。

——《黄河二首》其二

……坐见幽州骑，长驱河洛昏……

——《后出塞五首》其五

……河雒化为血，公侯草间啼……

——《咏怀二首》其一

(三)咏写洛阳建筑

……洛阳宫殿化为烽，休道秦关百二重……

——《诸将五首》其三

(四)咏写洛阳名胜古迹

龙门横野断，驿树出城来。气色皇居近，金银佛寺开。往还时屡改，川水日悠哉！相阅征途上，生涯尽几回？

——《龙门》

已从招提游，更宿招提境。阴壑生虚籁，月林散清影。天阙象纬逼，云卧衣裳冷。欲觉闻晨钟，令人发深省。

——《游龙门奉先寺》

配极玄都閟，凭虚禁御长。守祧严具礼，掌节镇非常。碧瓦初寒外，金茎一气旁。山河扶绣户，日月近雕梁。仙李盘根大，猗兰奕叶光。世家遗旧史，道德付今王。画手看前辈，吴生远擅场。森罗移地轴，妙绝动宫墙。五圣联龙衮，千官列雁行。冕旒俱秀发，旌旆尽飞扬。翠柏深留景，红梨迥得霜。风筝吹玉柱，露井冻银床。身退卑周室，经传拱汉皇。谷神如不死，养拙更何乡。

——《冬日洛城北谒玄元皇帝庙》

(五)咏写洛阳月

戍鼓断人行，秋边一雁声。露从今夜白，月是故乡明……

——《月夜忆舍弟》

（六）咏写洛阳的杜康酒

……杜酒偏劳劝，张梨不外求……

——《题张氏隐居二首》其二

“杜酒”，指杜康酒。杜康为酒的发明者，故称“杜酒”。

（七）咏写洛阳的牡丹花

紫萼扶千蕊，黄须照万花。忽疑行暮雨，何事入朝霞。恐是潘安县，堪留卫玠车。深知好颜色，莫作委泥沙。

——《花底》

（八）咏写洛阳人

在杜甫诗集中，描写的洛阳人颇多。有苏秦、贾谊、房管、贾至、王维、李白、高适、韦济、张垍、高式颜、祝鸡翁等。

……弊裘苏季子，历国未知还。

——《远游》

……季子黑貂敝，得无妻嫂欺……

——《奉送魏六丈佑少府之交广》

苏秦（？—公元前284年），战国时期洛阳人，字季子。《战国策·秦一·苏秦始将连横》：“说秦王书十上而说不行，黑貂之裘弊，黄金百斤尽。资用乏绝，去秦而归。羸縢履蹻，负书担橐，形容枯槁，面目犁黑，状有愧色。归至家，妻不下纴，嫂不为炊，父母不与言。”

群盗哀王粲，中年召贾生。

——《春日江村五首》其五

“贾生”：即贾谊（公元前200—前168年），西汉政论家、文学家。世称“贾生”。

西掖梧桐树，空留一院阴。艰难归故里，去住损春心。宫殿青门隔，云山紫逻深。人生五马贵，莫受二毛侵。

——《送贾阁老出汝州》

“贾阁老”即贾至，唐代洛阳人，著名诗人。

他乡复行役，驻马别孤坟。近泪无干土，低空有断云。对棋陪谢傅，把剑觅徐君。唯见林花落，莺啼送客闻。

——《别房太尉墓》

“房太尉”即房管(公元697—763年),系河南(今河南省洛阳市)人。

中允声名久,如今契阔深。共传收庾信,不比得陈琳。一病缘明主,三年独此心。穷愁应有作,试诵白头吟。

——《奉赠王中允维》

二年客东都,所历厌机巧。野人对膻腥,蔬食常不饱。岂无青精饭,使我颜色好。苦乏大药资,山林迹如扫。李侯金闺彦,脱身事幽讨。亦有梁宋游,方期拾瑶草。

——《赠李白》

秋来相顾尚飘蓬,未就丹砂愧葛洪。痛饮狂歌空度日,飞扬跋扈为谁雄。

——《赠李白》

白也诗无敌,飘然思不群。清新庾开府,俊逸鲍参军。渭北春天树,江东日暮云。何时一樽酒,重与细论文。

——《春日忆李白》

寂寞书斋里,终朝独尔思。更寻嘉树传,不忘角弓诗。短褐风霜入,还丹日月迟。未因乘兴去,空有鹿门期。

——《冬日有怀李白》

……李白一斗诗百篇, 长安市上酒家眠。天子呼来不上船, 自称臣是酒中仙……

——《饮中八仙歌》

凉风起天末,君子意如何。鸿雁几时到,江湖秋水多。文章憎命达,魑魅喜人过。应共冤魂语,投诗赠汨罗。

——《天末怀李白》

不见李生久,佯狂真可哀! 世人皆欲杀, 吾意独怜才。敏捷诗千首, 飘零酒一杯。匡山读书处,头白好归来。

——《不见》

死别已吞声,生别常恻恻。江南瘴疠地,逐客无消息。故人入我梦,明我长相忆。恐非平生魂,路远不可测。魂来枫林青,魂返关塞黑。君今在罗网,何以有羽翼? 落月满屋梁,犹疑照颜色。水深波浪阔,无使蛟龙得。

——《梦李白二首》其一

浮云终日行，游子久不至。三夜频梦君，情亲见君意。告归常局促，苦道来不易。江湖多风波，舟楫恐失坠。出门搔白首，若负平生志。冠盖满京华，斯人独憔悴。孰云网恢恢，将老身反累。千秋万岁名，寂寞身后事。

——《梦李白二首》其二

昔年有狂客，号尔谪仙人。笔落惊风雨，诗成泣鬼神。声名从此大，汩没一朝伸。文彩承殊渥，流传必绝伦。龙舟移棹晚，兽锦夺袍新。白日来深殿，青云满后尘。乞归优诏许，遇我宿心亲。未负幽栖志，兼全宠辱身。剧谈怜野逸，嗜酒见天真。醉舞梁园夜，行歌泗水春。才高心不展，道屈善无邻。处士祢衡俊，诸生原宪贫。稻粱求未足，薏苡谤何频。五岭炎蒸地，三危放逐臣。几年遭鵩鸟，独泣向麒麟。苏武先还汉，黄公岂事秦。楚筵辞醴日，梁狱上书辰。已用当时法，谁将此义陈。老吟秋月下，病起暮江滨。莫怪恩波隔，乘槎与问津。

——《寄李十二白二十韵》

杜甫咏及李白的诗，还有《昔游》（昔者与高李）、《遣怀》（昔我游宋中）、《送孔巢父谢病归游江东兼呈李白》（巢父掉头不肯住）、《苏端、薛复筵简薛华醉歌》（文章有神交有道）、《与李十二白同寻范十隐居》（李侯有佳句）等，因非专咏李白者，故不录。凡此诸诗，已足见杜甫与李白的关系至亲至密。

崆峒小麦熟，且愿休王师。请公问主将，焉用穷荒为。饥鹰未饱肉，侧翅随人飞。高生跨鞍马，有似幽并儿。脱身簿尉中，始与捶楚辞。借问今何官，触热向武威。答云一书记，所愧国士知。人实不易知，更须慎其仪。十年出幕府，自可持旌麾。此行既特达，足以慰所思。男儿功名遂，亦在老大时。常恨结欢浅，各在天一涯。又如参与商，惨惨中肠悲。惊风吹鸿鹄，不得相追随。黄尘翳沙漠，念子何当归。边城有馀力，早寄从军诗。

——《送高三十五书记十五韵》

叹惜高生老，新诗日又多。美名人不及，佳句法如何。主将收才子，崆峒足凯歌。闻君已朱绂，且得慰蹉跎。

——《寄高三十五书记》

当代论才子，如公复几人。骅骝开道路，鹰隼出风尘。行色秋将晚，交情老更亲。天涯喜相见，披豁对吾真。

——《奉简高三十五使君》

楚隔乾坤远，难招病客魂。诗名惟我共，世事与谁论。北阙更新主，南星落故园。定知相见日，烂漫倒芳尊。

——《寄高适》

归朝不相见，蜀使忽传亡。虚历金华省，何殊地下郎。致君丹槛折，哭友白云长。独步诗名在，只令故旧伤。

——《闻高常侍亡》

在杜甫诗集中，还有很多咏写高适的诗。此仅录上五首，可见杜、高二人交情之深。

有客传河尹，逢人问孔融。青囊仍隐逸，章甫尚西东。鼎食分门户，词场继国风。尊荣瞻地绝，疏放忆途穷……尸乡馀土室，难说祝鸡翁。

——《奉寄河南韦尹丈人》

“河南韦尹”，指韦济。“祝鸡翁”，《列仙传》载，洛阳。居尸乡北山下，养鸡百余年。鸡千只，每只鸡皆有名，呼之即来。他卖鸡蛋得钱千余万，却把钱放在屋里，置身而去。

翰林逼华盖，鲸力破沧溟。天上张公子，宫中汉客星。赋诗拾翠殿，佐酒望云亭。紫诰仍兼绾，黄麻似六经。内分金带赤，恩与荔枝青。无复随高风，空馀泣聚萤。此生任春草，垂老独漂萍。倘忆山阳会，悲歌在一听。

——《赠翰林张四学士》

张垍，张说之子，洛阳人。宁亲公主驸马，宦居翰林学士。

昔别是何处，相逢皆老夫。故人还寂寞，削迹共艰虞。自失论文友，空知卖酒垆。平生飞动意，见尔不能无。

——《赠高式颜》

高式颜，高适的族侄，洛阳人。

(九)咏写洛阳典故

在杜甫诗集中,所用的洛阳典故,有东汉严光客星犯御座、西晋张翰鲈脍莼羹、卫玠乘白羊车典故。

……天上张公子,宫中汉客星……

——《赠翰林张四学士》

“汉客星”,汉,指东汉。客星,忽隐忽现的星。《史记·天官书》:“客星出天廷,有奇令。”《后汉书·严光传》:“(光武帝)引光入,论道旧故……因共偃卧,光以足加帝腹上。明日,太史奏客星犯御坐甚急。帝笑曰:‘朕故人严子陵共卧耳!’”

……邵平元入汉,张翰后归吴……

——《过南岳入洞庭湖》

张翰,字季鹰,西晋著名文学家。齐王司马冏召为大司马东曹掾。时政事混乱,翰为避祸,急欲南归,乃托辞见秋风起,思故乡菰菜、莼羹、鲈鱼脍,辞官归吴。《世说新语·识鉴》:“张季鹰辟齐王东曹掾,在洛,见秋风起,因思吴中菰菜羹、鲈鱼脍,曰:‘人生贵得适意尔,何能羁宦数千里以要名爵!’遂命驾便归。俄而齐王败,时人皆谓为见机。”

……恐是潘安县,堪留卫玠车……

——《花底》

“卫玠车”,《世说新语·容止》篇刘孝标引《卫玠别传》说,卫玠七、八岁时,曾乘白羊车于洛阳市上。

(十)思念故乡洛阳

京洛云山外,音书静不来。神交作赋客,力尽望乡台……

——《云山》

……江通神女馆,地隔望乡台……

——《遣愁》

江碧鸟逾白,山青花欲燃。今春看又过,何日是归年?

——《绝句二首》其二

(十一)在安史之乱中关心洛阳时局

……坐见幽州骑,长驱河洛昏……

——《后出塞五首》其五

且喜河南定，不问邺城围。百战今谁在，三年望汝归。故园花自发，春日鸟还飞。断绝人烟久，东西消息稀。

——《忆弟二首》其二

乡关胡骑远，宇宙蜀城偏……

——《得广州张判官叔卿书，使还，以诗代意》

(十二)闻官军收复洛阳后，急欲还归故乡

剑外忽传收蓟北，初闻涕泪满衣裳。却看妻子愁何在，漫卷诗书喜欲狂。白日放歌须纵酒，青春作伴好还乡。即从巴峡穿巫峡，便下襄阳向洛阳。

——《闻官军收河南河北》

四、杜甫的影响

杜甫是我国唐代的伟大诗人。他的诗广泛而真实地反映了唐代社会由盛到衰的急剧变化，反映了安史之乱前后的历史现实，成为时代的一面镜子，被誉为“诗史”。他的诗在思想性和艺术性方面达到了高度的统一，登上了我国古典现实主义诗歌艺术的高峰，因而被尊为“诗圣”，并被列为世界文化名人，其对后世之影响极大。这是洛阳的光荣和骄傲。他一生写作洛阳的诗很多，其中被人们广为吟诵的是“露从今夜白，月是故乡明”(《月夜忆舍弟》)二句，还有“一时今夕会，万里故乡情”(《季秋苏五弟缨江楼夜宴崔十三评事、韦少府侄三首》其一)等。在美国，曾经举办过“朝圣”(朝拜诗圣杜甫)的活动。如果洛阳市将杜甫故居及有关遗迹恢复起来，并设立一个“诗圣节”，将会大大提高洛阳的知名度，同时创造丰硕的旅游收益。

第十一章 李贺“昌谷作诗”与“洛阳情结”

洛阳历史悠久,文化底蕴深厚,名家辈出,诗人无数,李贺便是其中颇具特色的一位。李贺,字长吉,生于唐德宗贞元六年(公元790年),卒于唐宪宗元和十一年(公元816年),生年仅27岁。然而,他在诗歌创作上却有着惊人的天赋,旧《宜阳县志》载:“长吉(李贺)多才,栖息昌谷”,年纪轻轻就名噪一时,为后世留下了许多不朽的诗篇。

李贺究竟是位怎样的诗人?他的一生与洛阳又有着怎样的交织?他的“洛阳情结”与其诗作有何密不可分的关联?这都是李贺及其诗歌研究中有待解决的关键性问题。

李贺是唐代诗人中的杰出代表。唐代是中国诗歌艺术发展的巅峰,纵览其间浩如烟海的诗人群体,李贺则如一颗耀眼的流星,从唐诗的天空疾速飞过。在李贺的诗歌作品中,关于家乡洛阳的表达与描写随处可见,对洛阳及故园割舍不断的情怀是他诗歌的一大特色和亮点,亦是我们走近李贺的绝佳路径。

一、李贺洛阳故园——昌谷简况

李贺自称河南府福昌县昌谷乡人,后人因此称他为“李昌谷”,又称其作品集为“昌谷诗”或“昌谷集”。河南府福昌县,旧《宜阳县志》记载,“即今之河南省宜阳县三乡镇一带”,归洛阳市管辖。位于宜阳县三乡镇东向的连昌河源于陕县,自西北向东南穿谷而过,注入洛河,两河交界处为连昌河谷,昌谷之名因此而得。李贺生于斯,长于斯,又魂归于斯,可以说昌谷就是他短暂生命的起点与终点。

在李贺的诗歌中,有不少直接以昌谷为切入点的作品。《南园十

三首 · 其二》中“宫北田塍晓气酣”一句，“宫”即连昌宫，为唐高宗显庆三年(公元658年)建，又名玉阳宫、兰昌宫。连昌宫遗址位于连昌河谷，与李贺故居相距不远；西有“汉刹云山”(光武庙)，南有女几山隔河相望，有名的五花寺塔矗立高耸，赢得了武则天、唐玄宗、张九龄、岑参、韩愈等多位权贵、文化名人的诸多笔墨。

对于一位诗人，最崇高的敬意便是对其诗作的深入研究和传承。文化延续了一个人的生命，一千多年的时光流转，李贺及其诗歌作品并没有离开我们的生活，李贺故里(昌谷)也成了享誉一方的文化旅游景观。现在李贺故居正在重修，李贺纪念馆处于积极筹备修建之中，李贺研究会和李贺诗词协会也已经成立。我们坚信，在此基础上，李贺的诗歌将绽放更夺目的光彩。

二、李贺洛阳作诗概述

在李贺短暂的生命中，他不惜笔墨地对故乡纵情描写，留下了大量关于洛阳风光和日常生活的诗歌。单从题目来看，诗歌涉及洛阳的就有《昌谷诗》《昌谷读书示巴童》《昌谷北园新笋四首》《自昌谷到洛后门》等多篇。诗集中含有昌谷风物或意象的诗歌更是多达50首，占其诗歌总数的五分之一，尚且有余，在历代诗人中位居前列。毫不夸张地说，李贺的人生、李贺的诗歌、李贺的精神生活蕴含着浓厚的“洛阳情结”。

在李贺80余首“洛阳情结”诗歌中，中心和主体是其作于昌谷故园的近50首诗歌。昌谷作诗的整体情况可分为具体编年诗与不明作期诗两个部分。

李贺具体编年诗可以分为前、中、后三个时期。前期为李贺19岁应河南府试之前所作，可以断定年份的诗歌有《上之回》《黄家洞》《梁公子》《白门前》《美人梳头歌》等5首，而关涉家乡洛阳情怀者仅《美人梳头歌》1篇，其余4篇或歌颂平藩平叛战争之胜利，或揭露官军乱杀边民之残暴举动，或讽刺李唐诸王淫纵之情形，均与当时现实社会状况有关。由此可见，少年家居之李贺即以李唐宗孙的身份关注国事，并以诗歌表露心迹、揭示社会现状。这表明李贺在创作之初是一个关心时事、有胸怀、有抱负的青年，他身在洛阳，心忧天下，用现实主义笔法表达着自己的“洛阳情结”。

中期的诗歌为李贺长安应试不获、遭谗落第，归家前后所作，充分体现了李贺诗“洛阳情结”的多样性与复杂性。诸如《咏怀二首》《昌谷读书示巴童》《自昌谷到洛后门》《巴童答》《莫种树》《送韦仁实兄弟入关》《南山田中行》《休洗红》《房中思》等9首。这一时期作品以《自昌谷到洛后门》为代表：

九月大野白，苍岑竦秋门。
寒凉十月末，露霰濛晓昏。
澹色结昼天，心事填空云。
道上千里风，野竹蛇涎痕。
石涧冻波声，鸡叫清寒晨。
强行到东舍，解马投旧邻。
东家名廖者，乡曲传姓辛。
杖头非饮酒，吾请造其人。
始欲南去楚，又将西适秦。
襄王与武帝，各自留青春。
闻道兰台上，宋玉无归魂。
缃缥两行字，蛰虫蠹秋芸。
为探秦台意，岂命余负薪。

诗歌内容生动形象地展现了李贺由家居到动身外出的心态与活动。寒天、野竹、鸡鸣、流水、瘦马等意象，都颇具李贺“诗鬼”特色，更是李贺贫寒生活的隐喻和写照。不仅如此，李贺对神仙世界的痴迷与不吝笔墨的描述，也表现出他鬼魅情趣的苗头。这些诗歌对李贺遭谗落第之后的怀才不遇之苦闷、归家隐居之思、孱弱多病之况、家贫穷愁之状均有多层次地展现。李贺鬼神诗代表作之一《南山田中行》光芒初绽，奠定了李贺“鬼才”之基。

后期的诗歌为李贺辞官奉礼郎归家后所作。其间一年多时间，便有《春归昌谷》《示弟》《昌谷诗》《秋凉诗，寄正字十二兄》《章和二年中》《题赵生壁》《昌谷北园新笋四首》《竹》《南园十三首》《南园》《兰香神女庙》《感春》《勉爱行二首送小季之庐山》《后园凿井歌》等 30 余首佳作。除《春归昌谷》部分、《章和二年中》无明显“洛阳情结”表现外，其余对昌谷、北园、南园、兰香神女庙、后园境况之描绘，对兄弟情深、愧对母亲、殷切悼念亡妻之情感，以及艳羡隐士、终老故园之幽思，弃文从武、投笔从戎之慷慨与悲歌等，李贺都浓墨重彩地展开描绘，用情至深，是李贺“洛阳情结”的集中体现。李贺这一时期的诗歌中，可以窥见李贺内心的矛盾冲突，出世与入世、兼济与独善之间复杂的思想感情，及其决心北游潞州等行为的深层原因。

此外，李贺诗歌作品还包含三首不能确定编年和写作时期的——《新夏歌》《钓鱼诗》《溪晚凉》，以及三首存在争议的——《野歌》《感讽五首其五》《秋来》。一位伟大的诗人，生前可能因为诸多不可控因素而落寞，但其璀璨夺目的文学成就和对后世的深远影响，却令其在离世千百年之后，依旧绽放人格和思想的光辉。

综合说来，在数量上，三个时期的诗歌创作数量呈递增态势，前期虽少，但足以展现李贺少年时期风华正茂、才情旺盛的英姿，以及关怀国事、建功立业的志向；后期最多，单篇、组诗、绝句、古体皆有，内容丰富多样、思想蕴含深刻、艺术形式变化多样。在本质上，中期与后期最能彰显李贺的“洛阳情结”，诗歌的经典性与传播度亦是历经千年而持续高涨。同时，李贺诗歌创作的三个时期，近 50 首诗歌，分别反映了李贺不同时期的思想动态、心理发展的复杂性，显示了李贺诗歌创作和诗歌风格的多面性与多元化，而其中贯穿不变的就是李贺的“洛阳情结”。

三、“洛阳情结”在李贺诗歌中的表现与影响

李贺诗歌的形与神与其个人的创作趣味有关，而其中更核心的是李贺对家园故土、对“洛阳”不可释怀的执着与描画。李贺诗歌中对“洛阳情结”有不同角度和层次的展现，包括自然风光、文化传统、宗教神话色彩、家庭环境因素等。这些角度是研究李贺“洛阳情结”的窗牖与蹊径。

（一）自然风光对李贺个人性格与诗歌风格的影响

洛阳昌谷，自然风光优美宜人、人文积淀深厚，李贺在这里体会着人与人之间的亲情关爱，这一切构成了李贺“洛阳情结”的基础场域，也是形成李贺独特性格和诗歌风格的天然核心因素。刘勰《文心雕龙·物色》中指出：“屈平所以能洞监《风》《骚》之情者，抑亦江山之助乎？”李贺与洛阳昌谷之间的关系，也正如刘勰所言，没有此地此情，便没有此种模样的诗篇。宋代诗人张耒在《岁暮福昌怀古》中有云：“独爱诗篇超物象，只应山水与精神。”他指出，李贺的诗歌创作受到了昌谷故园山水的助推。现代学者王礼锡在《李长吉评传》中则更详细地指出，“环境是造成诗人的一个重要原因……李白的豪放、杜甫的沉郁、王维的清淡、孟郊的古淡等，无不与自然环境相关……所以其（李贺）作品的美丽，受昌谷环境的影响自然不少”。李贺创作的环境包括洛阳昌谷的山水风光、历史文化环境、李贺的家庭背景，以及当时的时代环境。这些环境对李贺的性格、思维、行为处事方式，以及文学创作都产生了重要的影响。

昌谷地形具有得天独厚的优势，山岭丘壑交替出现，谷底则土地平旷、环境清幽，加之水源丰富，非常适合农耕，《昌谷诗》云：“昌平五月稻，细青满平水。”“竹香满凄寂，粉节涂生翠。”“渔童下宵网，霜禽竦烟翅。”“芒麦平百井，闲乘列千肆。”

除《昌谷诗》中有对昌谷全景式的描写外，《南园十三首》《昌谷北园新笋四首》等诗中也有描写泉水、竹子、水稻等意象的诗句。昌谷的山水、草木都在无形中丰富了李贺的感官世界，提高了他对色彩、声音的敏感度，奠定了他诗歌瑰艳风格、旖旎意象的艺术基础。李贺善于运用“水”这一意象营造错乱、迷离、变形、鬼魅的氛围。当然，这一风格的形成更离不开李贺经常近距离观察水及其创新构思的文学追求。

安史之乱后，由于转运物资的需要，地处洛阳、西安交通要道的昌谷三乡邑成为一个水陆要道的重要转运站，全国各地大批物资途经这里运往长安。同时，当朝权贵无休止敛财、统治阶级软弱无能、藩镇割据局面尚未统一、贪官污吏更是四处横行盘剥百姓，身处乱世的李贺没有李白的洒脱飘逸、没有王维的隐逸之风，更多的是眼见社会惨淡之后的"苦吟"。"夜雨叫租吏,春声暗交关"这句诗真实再现了李贺及百姓"风雨交加"的贫困生活。

(二)文化传统对李贺创作的影响

昌谷山川秀美、宁静清幽,自魏晋时期起,就逐渐形成了隐逸的文化传统,自幼生长在这里的李贺,势必要受到隐士文化的影响。这一影响在李贺怀才不遇、愤懑难平之时得以显现。尤其是李贺仕途失意、归返故园之后,生出像陶潜那样终老故园的隐居念头。在李贺的诗歌中,不难看出他对隐士安宁、闲适生活的向往。另外,由于帝王、世家、权贵经常到访,驿站设施齐全、交通便利,昌谷也因此成了行宫文学、行役文学的多产之地。李贺长期在这里生活,耳濡目染,于是创作了不少行役诗,《自昌谷到洛后门》《三月过行宫》《春归昌谷》等便是他结合亲身经历写下的诗作。

唐代时期,统治者非常重视东都洛阳城的建设,大批的建筑原料途经昌谷,运往洛阳。如此声势浩荡的场面,对青年时期的李贺而言,非常有利于开阔眼界,汲取文化滋养,进而丰富、扩充他诗歌的创作内容和题材。清代学者黎简评论李贺诗:"此篇章法甚老。六句重结句……词特深婉。"简单说来,即该诗章法阔达,很有杜甫《北征》诗的神韵。

此外,李贺生在昌谷乡村,自幼接触穷苦百姓,对农民被压迫、被盘剥的身心之苦感同身受。《感讽五首》等诗作张力十足的讽喻力,均得益于他现实故园生活的真切体验。家乡的环境、家乡人的悲欢离合都在客观上为李贺提供了灵感来源,这也是李贺"洛阳情结"的内驱力。

(三)宗教色彩和神话气息的浸染

洛阳昌谷在唐代是一个具有浓厚道教色彩和神话气息的圣地。昌谷西南是女几山,民间流传着这座山中兰香神女的瑰丽传说,山上有庙,名曰兰香神女庙。李贺在《昌谷诗》曾云,"高眠服玉容,烧桂祀天几",表达出他对神女形貌的憧憬与遐思。此外,在《兰香神女庙》中,李贺更是不惜笔墨地对神女形象做了细致文雅的描述,"团鬓分蛛巢,秾眉笼小唇。弄蝶和轻妍,风光怯腰身"。此刻,神女窈窕的风姿和神韵成为李贺心之所向的典型诗艺形象。自此,兰香神女成为李贺笔下各种女神的雏形，贝宫夫人、湘神等女神的形象与特质都与兰香神女有诸多相似之处。

另外，浓郁的道教气息则激发了少年李贺的诗意幻想，对彼岸世界的向往与体系构建成为他诗歌表现的主要内容之一。《梦天》《天上谣》《帝子歌》《神弦曲》等神仙系列的诗歌里经常以神话传说来托古寓今。李贺，又有“诗鬼”“太白仙才，长吉鬼才”之称，他之所以能在诗意空间中穿梭于人间、鬼域和天国之间，就是因为昌谷独特的自然和文化环境的熏陶，“洛阳”“故园”这些底色成了李贺进行诗歌话语创作的内推力。

（四）动荡的时局与鬼魅环境的影响

李贺是中唐到晚唐的重要诗人之一，也是唐代诗风转变期的代表诗人之一，李贺的诗歌创作，缺少李白诗歌中那种恣肆澎湃的盛唐气象，而是对生不逢时的苦闷不满与深沉慨叹，抒发对理想抱负难以实现的落寞，以及对藩镇割据、宦官专权和生灵涂炭的控诉与悲歌。

昌谷地理位置特殊，四周交通发达便利、难攻易守，军事地理位置非常重要，一直都是兵家必争之地。唐代著名的安史之乱主战场就是这里，多年的战火使昌谷焦尸如山、生灵涂炭、坟茔遍野。如此鬼魅的环境深深刺痛了情感细腻的浪漫主义诗人李贺，因而他的诗歌意象与氛围的塑造都蕴含着浓烈的灵氛鬼意。

安史之乱后，昌谷地区居民锐减、残垣断壁、荒草丛生，尽现凄凉破败之景。李贺此时的诗歌也呈现出低迷、颓废之意。如《南山田中行》：

荒畦九月稻叉牙，
蛰萤低飞陇径斜。
石脉水流泉滴沙，
鬼灯如漆点松花。

这首诗是李贺白天骑马到郊外闲游所做，昌谷山上的坟墓荒寂、鬼火明灭之间，幽冷诡异的氛围笼罩全篇。连带《长平箭头歌》《苏小小墓》《秋来》等使用神鬼意象的诗歌一起，李贺冷艳怪奇诗风的冷、怪、奇的特色一览无余。

(五)家庭环境和性格因素的影响

诗歌风格的形成需要经过诗人人格、性情的熔炼,而关于地域风情的发现与描写,是创作者心理内部原因的一种外塑。李贺的家庭环境影响了他的性格及思维方式、兴趣爱好,可以说,没有李贺的家庭,就没有李贺的诗风与成就。因此,从家庭环境、自身性格、情趣喜好等方面探寻李贺的"洛阳情结"是不可忽视的着眼点。

首先,李贺虽自幼家贫,但其父曾做过小官,父母双亲的疼爱加之李唐皇室之后,使他自幼便产生了天生的优越感和孤傲心理。同时,由于李贺儿时多跟随母亲生活,致使李贺产生了类似于哈姆雷特的恋母情结。当他的恋母情结外化在诗歌创作中,就显现为女神仙这一理想意象。此外,手足情深也是李贺诗歌中再三展现的主要情感之一。由于父母双亲的包办和兄、姐的照料,李贺自幼形成了弱化人格,缺乏抗压能力和应变能力,养成了冲动、极端情绪化的性格。李贺诗歌中充满矛盾与冲突的思想情感,凝重峭拔的诗歌话语之下,暗藏着如同梵高一样耀眼色彩下阴暗、近乎变态的心理。

其次,由于李贺故居周围山水阻隔,与外界沟通较少,一定程度上助长了李贺的内向型人格,注意力内倾,久而久之陷入了好奇、爱幻想的个人世界。因此,李贺的兴趣爱好非同常人,诗歌创作也异于常人。《李贺小传》载:"(贺)每日旦出,骑弱马……非大醉、吊丧日率如此,过亦不甚省。"李贺为了排解胸中的寂寞,常常白天四处奔走、搜罗素材,夜晚时苦吟成篇,练就了擅长刻画瞬时自然事物的直观印象、对色彩和声音的感受敏锐的诗歌创作风格。李贺在昌谷生活,其生活空间狭小,兴趣爱好偏颇,均导致了李贺诗歌的气象不够雄浑、格局不够开阔、诗歌题材狭窄与逼仄的痼疾。

此外,昌谷生存环境相对狭小,自然封闭,在这样的环境中,李贺作诗更趋古朴、天然。因而其诗歌体裁多集中在古体、古风。李贺部分诗歌质朴清新、平实自然,这都与其家居生活环境恬淡安适有关。昌谷是个休养生息、尽享隐逸之乐的环境,就像一个波澜不惊的磁场,诱发出李贺诗歌创作中田园牧歌的部分,其中质朴的乡情,都是经过李贺故乡过滤后的理想境况,也是李贺构建自我诗歌世界与精神家园的地域要素。

（六）"洛阳情结"与多元情感指向

由于李贺长期抑郁感伤和焦思苦吟的诗歌创作方式，年仅27岁便英年早逝。在李贺短暂的生命中，忧病、畏死、穷愁困顿的思虑经其笔补造化，形成了冷艳奇诡的诗歌风格。这是李贺诗受楚辞、古乐府、齐梁宫体、李杜、韩愈等的影响，经由自我熔铸形成了"想象丰富奇特、语言瑰丽奇峭"的独特风格。这一风格能从他的"洛阳情结"中找到渊源。

李贺"洛阳情结"的诗歌是李贺念故思亲的情感轴心。其诗歌作品中流露出对家乡山水、田园风光的热爱与眷恋，对亲情、爱情、友情的向往与讴歌，以及对故园生活的思恋，无不显示了他对洛阳、对昌谷的怀念情结。虽然其间夹杂着士不遇的愤懑与年老病衰的纠葛，但李贺终究在走完个体的生命征途之后回归故园，为自我诗歌的发展路径画上了因残缺而圆满的句号。

如果"昌谷作诗"是"洛阳情结"的正面抒发，那么羁旅思乡诗与其他带有故园因子的诗歌则是"洛阳情结"由内而外的侧露。现实中或意想中的昌谷故园都是李贺诗歌生命的根基，是他多舛人生的重要支柱，是他诗歌思想内容矛盾、多变的风向标，是他主导风格之外的另一种特色鲜明的倾向性渊薮，同时也是他诗艺窄狭的限制因素。羁旅在外时孤寂悲凉的处境，都促使内外皆困的李贺有意无意地怀念远方温暖的亲情，因此其笔下的思乡曲与望乡吟都增添了不少溢于言表的感伤情绪。

人生于世，是各种社会关系的总和，同时人与社会的关系时常是社会改变人。古今中外能做到对立统一的人极少，所以人间充满了超前或滞后的悲剧。蚌病成珠，文章憎命达，诗人因各式各样的悲剧而美丽。洛阳诗人李贺对其昌谷故园有着浓厚的情结，其昌谷作诗多为暖色调，明朗清新，多姿多彩；客居作诗多冷色调，裹挟着灰暗与失落的阴影；而当其思乡怀人时，诗歌于冷寂中洒上了一缕暖色调，如深秋的暖阳、黑夜的月光，冲淡了羁旅的苦情，部分消解了诗人苦闷压抑的心理。昌谷作诗有诗人客观观察与现实写真的成分，进而借景抒情，情景交融。在外作诗多是感物、感时的产物,包含的思想意蕴较家居诗歌复杂。李贺的“洛阳情结”不但体现在意象、结构和内容上,更体现在其丰富多元的情感内蕴上。诗人李贺,生于洛阳,长于洛阳,笔下写洛阳,胸中爱洛阳。“洛阳情结”是建立诗人心理时空的坐标基点,基于这一点,李贺无限发散,造就了长吉体斑斓的“洛阳诗篇”。

第十二章　著名高僧玄奘

玄奘大师法名“玄奘”，被尊称为“三藏法师”，是我国唐代著名高僧，也是我国著名的佛学家、哲学家、翻译家、旅行家，对我国乃至世界文化发展做出了巨大的贡献。

青年时期的玄奘大师满怀豪情，不远万里，矢志西行，行程五万多千米，游历了18个国家，足迹几乎遍布我国西域及印度全境。后将游历笔记整理加工成了弥足珍贵的《大唐西域记》，使没有到过这些地方的人也能了解这些国家的地域大小、方位、地势，以及政治、经济、文化状况，是研究古印度历史、地位的珍贵资料。在他游历的17年时间里，他又用坚韧的求知之心带回了大批的佛教理论与经典。回国之后的19年间，玄奘大师“共译经74部，1335卷”[1]，是自隋开皇元年（公元581年）至唐贞元十六年（公元800年）的220年中，所有译经者译经卷数最多之人。据《开元录》与《贞元录》统计，在此220年中，所有被译经典491部，2622卷。中国佛教史上“四大翻译家”中的其他三人——不空译经111部，143卷；鸠摩罗什译经74部，384卷；真谛译经49部，142卷，三人译经卷数总和为669卷，仅为玄奘大师所译经卷的一半。玄奘大师不仅译经数量多、涉及范围广，质量要求也严格，创始了法相唯识宗与汉传因明，在中国翻译史上达到了一个新高度。

跨越隋唐两个时期的玄奘大师把毕生的精力都贡献给了佛教事业，为我们留下了丰厚的遗产，他的思想与精神已成为中国乃至世界人民的共同财富。

---

[1] （唐）道宣．大慈恩寺三藏法师传·卷十［M］．北京：中华书局，2008．

一、玄奘大师的童年与故土

据《大慈恩寺三藏法师传》记载，玄奘大师俗姓陈，名祎，出生于书香世家，名臣后代，祖籍颍川郡（今河南省许昌市），后迁入洛州缑氏（河南洛阳偃师缑氏镇），玄奘大师即出生于此。13 岁之前，一直生活于缑氏，13 岁出家至 18 岁，生活于洛阳的净土寺。大师早期的生活与学习都留在了洛阳这片土地上。

（一）玄奘大师的童年

玄奘大师曾经家世显赫、家境殷实。其远祖陈寔为东汉末年太丘长；高祖陈湛为北魏清河太守；曾祖父陈钦曾任后魏上党太守、征东将军，爵封南阳郡开国公；祖父陈康以学而优出仕于北齐，历任国子博士、国子司业、礼部侍郎，食邑河南，后定居于缑氏。其父陈慧，早通经术，潜心学问，博览经书，好儒者之容，曾被时者比做东汉的郭有道，举孝廉，先后任陈留、江陵等县令，然隋政衰败，遂无意于仕途，便解缨返里，隐居而终。

玄奘大师母亲宋氏，为隋洛州长史宋钦之女，育有四子一女，玄奘大师排行最小。次子，即玄奘大师二哥陈素于洛阳净土寺出家为僧，法名长捷。大师唯一的姐姐张氏即陈慧与宋氏之女，嫁瀛洲（今河北省河间市）。

玄奘大师 5 岁时，其母宋氏因病亡故；6 岁时，其父陈慧解甲归里，故于玄奘大师少年时，由于父亲的解缨隐居，家道或已大不如前。

大师生活在书香世家，首先接触到的必是儒家的思想道德、礼仪哲学，因此其自幼与同龄孩子不同，喜欢阅读习字，跟随父亲学习儒家经典。据《慈恩传》卷一记载，隋炀帝大业三年（公元 607 年），八岁时，父亲向其口授《孝经》第一章“开宗明义章”中“曾子避席”一节，“仲尼居，曾子侍。子曰：‘先五有至德要道以顺天下，民用和睦，上下无怨，汝知之乎？’曾子避曰：‘参不，何足以知之。’”[1]孔子与学生曾子一同谈论德行，孔子问其知不知道最高德行时，曾子赶紧离开席子回答老

[1] 胡平生译注. 孝经译注[M]. 北京：中华书局，2020.

师。古时人都席地而坐,避席即站起身来,不坐在席子上,按礼仪,师有问,学生应"避席起答"。玄奘听到这些,忽然整襟避席,父亲惊问其原因,便回答:"曾子闻师命避席,玄奘今奉慈训,岂宜安坐?"父亲陈慧听后异常惊喜,知其日后必成大器,此后便更加尽心辅导玄奘经业。在学习中,除了《孝经》,其他经典也尽心教给他,使他从小养成了温和待人、谦恭坚韧、淳厚谨慎、好学不倦的特性与品行。

(二)玄奘大师与净土寺

玄奘大师5岁丧母,10岁丧父,命运之苦也是玄奘较早出家的原因。玄奘自小聪颖好学,博闻强记,二哥陈素也经常带玄奘到净土寺随行吃住,寺院中幽静、优裕的生活环境,浓厚的学习氛围激发了玄奘出家的原动力。

当时的净土寺为洛阳四个讲经场所之一,规模最大。玄奘11岁随二哥长捷入寺受学《法华经》《维摩经》,刚进入净土寺时因为幼小而不能被录取为正式的僧人。而当大理寺卿郑善果到洛阳剃度僧人时,看到站于门旁的玄奘,看其聪慧英俊、仪表非凡,回答问题有远见,便将之破格录取。于此,13岁的玄奘在净土寺出家。至此,玄奘结束了家学教育,正式开始在净土寺的佛门生涯。之后的玄奘也确如其所言,以毕生的毅力与智慧使佛教发扬光大。

玄奘的第一位经师是二哥陈素,也是其皈依佛门的领路人,最早接触到的基础典籍是《维摩经》《法华经》。正式出家在净土寺的几年里,玄奘主要研习慧景法师的《涅槃经》与慧严法师的《摄大乘论》。据记载,玄奘大师在听法师所讲之余,经常执卷研习,达到废寝忘食的地步。在听严法师讲授《摄大乘论》时,听过一次即可得其大要,再看一遍,便可诵达无余,僧众都非常惊讶,请其升座复述,玄奘剖析讲解可以达到法师的水平,表现出了少年惊人的才华,13岁的玄奘从此声名远扬。《涅槃经》与《摄大乘论》两部经典同时对玄奘大师产生了很大的影响。

从13岁至18岁,玄奘大师自净土寺出家之后从未离开过洛阳。但后来由于战争,洛阳寺院的经济也陷入瘫痪,在学习氛围被打破、生活安全无保证的情况下,玄奘大师洞察时局,权衡利弊,遂决定与其兄从洛阳前往长安,后入蜀游学。在入蜀游学的三、四年中,玄奘大师虚心请教名僧大德,究通诸部,登座讲论时旁征博引,诵注无穷,被称为神人。玄奘大师在浓厚的佛教氛围下,如鱼得水,强烈的求知欲望使其尽情地吸取佛教的精华。

皈依佛门之后,大师历经东、西两京,"周流吴蜀,爰逮赵魏,末及周秦"[1],游遍大半个中国,边游边学边讲,参遍高僧名师。贞观元年(公元 627 年),他抱着"若不至天竺,终不东归一步"的决心,踏上了西行求法的征途。

(三)玄奘大师与故土

为了纪念玄奘大师,其家乡人曾修建了玄奘故里与玄奘寺。

据《大唐三藏大遍觉法师塔铭》与《大唐故三藏玄奘法师行状》等著作记载玄奘大师为缑氏人,《大慈恩寺三藏法师传》中也记载,"寺西北岭下缑氏县之东南凤凰谷陈村,亦名陈堡谷,即法师所生地也"。故玄奘故里在今天的缑氏镇陈河村。而今陈河村并非彼陈河村,所以不同人对陈河村的位置理解不同,对玄奘大师的出生地也有争议。温玉成、刘建华先生从唐、清与现在县治的不同,家族搬迁及家谱记载,史书中所记载玄奘大师家周围繁华街道状况,以及实地考察等,认为玄奘大师的出生地应为现在的偃师市府店镇滑城河村。而无论玄奘大师的出生地在哪里,都不能阻碍我们对他的崇敬与敬仰。因此,在这里我们讨论的玄奘故土以现在位于缑氏镇陈河村的玄奘故里为对象。

玄奘故居历经历史变迁,大部分建筑已不存在,现在的玄奘故居为偃师市政府 20 世纪 90 年代修复重建。

玄奘寺是玄奘早期曾聆听佛学之地,位于偃师市缑氏镇东南约 2 千米的唐僧寺村北。据传,幼年的玄奘曾在隋大业年间(公元 605—618 年)多次到灵岩寺聆听佛法。

早期的玄奘寺始建于北魏,原名灵岩寺。隋代大业年间,年幼的玄奘曾多次于此聆听佛学,后西天取经返回,被誉为大善大德之人,人们为了弘扬他大善大德的精神,改名为"兴善寺"。圣历二年(公元 699 年),

---

[1] (唐)道宣. 续高僧传 · 卷四[M]. 北京:中华书局,2014.

女皇武则天从神都洛阳到中岳庙寺禅,途经该寺,赐地百顷,并赐金重修该寺。明万历年间,又改名为唐僧寺。1996 年又更名为玄奘寺。

据天王殿前、玄奘殿前保存的明万历丙辰(1616 年)重修唐僧寺碑、清康熙四十年(1701 年)建火神庙碑、清同治十三年(1874 年)唐僧寺上殿又重修碑、清光绪三十年(1904 年)修缮唐僧寺碑、重修唐僧寺伽蓝殿碑、修唐僧神位碑、少林寺方丈行政大师纪念碑等多方古碑记载,玄奘寺曾经历过多次重修。

玄奘寺规模宏大,殿宇壮观。然而,历经千百年风雨与破坏,几经兴废,寺内仅留下天王殿和玄奘殿两个殿堂。20 世纪 90 年代,玄奘寺又扩建。

二、玄奘大师与洛阳情愫

玄奘大师印度取经回国后,多次回到家乡洛阳。洛阳当时的文化氛围与叶落归根的愿望一直牵动着他的心,希望能回到家乡静心译经,实现自己的梦想。因此,玄奘大师一直关心并关注着家乡的发展,足见其对家乡感情的深厚。

(一)玄奘大师与龙门石窟

龙门石窟位于洛阳市南部,位于伊河东西两山的峭壁上,南北大约一千米,今有窟龛 2345 个,造像十万余尊,开凿于北魏孝文帝年间,历经隋、唐、宋时期,大约 400 年之久,是我国石刻艺术的宝库之一。

佛、菩萨、罗汉、天王等是石窟艺术的主要题材,而优填王造像是龙门石窟中一种较为罕见的造像题材。

龙门石窟的优填王造像主要分布于敬善寺洞、宾阳寺洞等洞区,其中敬善寺洞区内有 40 多尊,宾阳寺洞区大概有 15 尊。据目前统计,龙门优填王造像龛至少达 42 处之多,造像数目不少于 70 尊。

优填王造像在汉代随着佛教的传入而传入中原地区。据《高僧传 · 竺法兰》记载 :“(蔡)愔又于西域得画释迦倚像,是优田王旃檀像师第四作。既至雒阳,明帝令画工图写清凉台中及显节陵上,旧像今不复存焉。”这些记载在《魏书 · 释老志》《冥祥记》《后汉书》等书中也有相关信息。优填王造像在我国早期的佛教传播中起到了很大的作用,但是明帝及其以后所制作的优填王造像早已不复存在。[1] 据李文生先生在《我国石窟中的优填王造像》一文中论述，优填王造像再次传入我国是玄奘印度求法归来之时，即唐贞观十九年(公元 645 年)，玄奘归来所带的物品中有“刻檀佛像一躯，背光座高尺有五寸，拟憍赏弥国出爱王思慕如来，刻檀写真像”。[2] “此像是优填王造像的摹拟像”[1]，龙门石窟中的优填王造像是所有石窟中发现最早且造像最多的，是初唐与武后时期的作品，最早为高宗永徽六年(公元 655 年)，距玄奘回国有十年左右的时间。玄奘归国后经常拜谒太宗于洛阳，多次回到大唐洛阳。

因此，无论是从造像的时间还是从玄奘归来之后佛教造像的兴盛程度，或者玄奘回到洛阳的频率，足以说明玄奘对洛阳龙门石窟的影响，同时也从侧面反映了龙门石窟中的优填王造像与玄奘有着不可或缺的关系。

(二)玄奘大师对洛阳的眷恋

洛阳偃师是玄奘大师的出生地，其生命中三分之一的时间在这里度过。因此，玄奘大师对故乡有很深的感情。

玄奘大师从印度归国后曾多次回到洛阳，并关心洛阳的发展。贞观十九年(公元 645 年)，刚刚到达长安的玄奘马上拜谒唐太宗，希望太宗能准许其远离喧嚣，回到离自己家乡较近且幽静的嵩岳少林寺译经，但未获太宗允许。贞观二十年(公元 646 年)完成《大唐西域记》后，玄奘再次“前又洛阳奉见日”[2]。贞观二十三年(公元 649 年)四月，唐太宗驾幸洛阳翠微宫，“皇太子及法师并陪从”[3]。在唐太宗时期，玄奘大师三次回到洛阳。太宗继位后，玄奘大师又回到洛阳。显庆

---

[1] 李文生. 我国石窟中的优填王造像[J]. 中原文物，1985(04)：102-106.
本书龙门石窟中优填王造像的一些数字来自李文生先生《我国石窟中的优填王造像》一文。

[2] (唐)道宣. 大慈恩寺三藏法师传 · 卷六[M]. 北京：中华书局，2008.

[3] (唐)道宣. 大慈恩寺三藏法师传 · 卷七[M]. 北京：中华书局，2008.

二年(公元657年)春二月,唐高宗驾幸洛阳宫,“法师亦陪从”[1]。玄奘还利用此次回到洛阳的机会,问亲访友,并将其父母坟陇重新选址改葬。处理完家事,玄奘再次恳请到离家较近的嵩山少林寺去译经,再次被高宗拒绝。

玄奘大师除多次回到洛阳,并两次恳请到离家乡较近的嵩山少林寺译经外,时刻关心着洛阳的发展。

唐高宗显庆二年十二月,改洛阳为东都。为了提高洛阳的政治地位,改变了洛阳的行政区划,将洛阳周边的区域划归洛阳。玄奘也以自己家乡“乡邑增贵”而自豪,并向高宗表示感谢和祝贺。“沙门玄奘言……前王龌龊,丰、洛递开,我后牢笼,伊、咸并建。麟宗克茂,鼎祚惟远,自可东宴平乐,西临建章。伫吹笙而祝寿。康在藻而流咏。荡荡至公。巍巍罕述。玄奘散材莫效。贻惧增深。但三川之郊,猥沾故里;千载之幸,郁为新邑。荜门虽翳,刍命犹存;喜编毂下,匪惭关外。况光宅之庆。遐迩所同欢;圣上允安,庸微所特荷。不胜喜抃之极。谨奉表陈谢以闻。”[1]

玄奘大师回国后屡次恳请回家乡少林寺译经,说明了玄奘大师对家乡的惦念与眷爱。

三、玄奘大师对洛阳的影响

玄奘大师通过十几年的西域之行,回国后的时间里大力推广佛教,译出《大般若经》《解深密经》《瑜伽师地论》《成唯识论》《俱舍论》《因明入正理论》等经卷,将印度佛教全盛时期的精华宝典因明、对法、戒律、中观和瑜伽介绍到中国,译经词句典雅、文义贯连、妙达深理、辞约义丰,并校正了旧译之讹谬,集前古译者之大成,是中国译经史上一位划时代的人物。

作为洛阳偃师人的玄奘大师,多次回到家乡,在佛教方面对家乡产生了很大的影响。

首先,由于玄奘大师对佛教的坚持,洛阳的佛教也得到了快速的发

---

[1] (唐)道宣. 大慈恩寺三藏法师传·卷九[M]. 北京:中华书局,2008.

展。在玄奘大师的不断努力与一些社会实际状况的契合下，使唐初“道先佛后”的基本国策有了改变的希望。看似道、佛并进，实际上提高了佛教地位，为问题的解决铺平了道路。在他去世后的上元元年（公元674年），唐高宗曾要求“公私斋会及参集之处，道士、女冠（女道士）在东，僧、尼在西，不须更为先后”。[1] 唐睿宗也在《令僧道并行制》中提出：“释及玄宗（道教），理均迹异，拯人救俗，教别功齐……自今每缘法事集会，僧、尼、道士、女冠等，宜令齐行并进。”[2]“道先佛后”的基本国策慢慢得到了改变。后在武周时期，更是出现了“佛先道后”的局面，作为首都的洛阳，佛教地位也同样得到提高，同时也使洛阳的译经场所增加，其中著名的有大福先寺、广福寺等处。他们不仅是洛阳著名的译场，同时也是安置僧侣居住之处。

正是由于玄奘大师前期对佛教的坚持与推广，才有了后来洛阳佛教与国外佛教更多的交流与互动，有了佛教更加广阔的发展空间。

其次，由于玄奘大师对佛教的坚持，促使洛阳佛教新教派的产生与发展。

僧人法藏在武则天的支持下于洛阳创立了新的华严宗，留下了不少佛学著作。法藏在洛阳佛授记寺讲解新译《华严经》的同时，广收弟子，弘扬华严学说，“对后来程朱理学的产生和发展，起着直接的启发和推动作用”。[3]

再次，由于玄奘大师对佛教的坚持，洛阳地区石窟佛像增多，寺院增多。

唐代的洛阳地区佛教盛行，立佛寺、造佛像、修石窟。北魏是洛阳佛寺最盛时期，而由于后来佛教地位的变化与战乱发生，僧人被迫还俗，佛寺、石窟破坏严重。但唐代以后，由于玄奘大师对佛教的坚持与发展，使佛寺与石窟得到了修建。龙门石窟中最具代表性的奉先寺为唐高宗时期所建，代表着唐代最高的艺术成就，被称为“东方维纳斯”。

---

[1] 北宋·王溥·唐会要·卷四十九·僧道立位［M］．上海：上海古籍出版社，1991：1066.

[2] （清）董诰，等．全唐文·卷十八［M］．北京：中华书局，2013.

[3] 徐金星，郭绍林，扈耕田，等．河洛文化论衡［M］．北京：中国文史出版社，2014：233.

造像组合最完整的万佛洞与大万伍佛洞等也修建于唐代,反映了佛教在唐代的地位与唐代极高的雕刻艺术。

除了大型的龙门石窟,洛阳还有一些小型的水泉石窟、西沃石窟等较小的石窟。

寺院的修建也是唐代人们精神的一种寄托。唐代从最初的“道先佛后”至后来的佛教与道教平等,甚至地位稍高的情况下,一些寺院也开始修建。白马寺在唐代迎来了最辉煌的时期,武则天任薛怀义为白马寺住持,并大规模整修寺院,僧人最多时达到3000余名,各国的佛教徒纷纷前来朝拜。少林寺在唐代最盛时也被赐田、养兵,占地一万余亩,大殿14座,房舍50余间,寺僧千余,驰名中外。此外,还有风穴寺、大法王寺、永泰寺、唐僧寺等在唐代也被修建,这些都是唐代盛行佛教的见证,也是玄奘对佛教的贡献。

最后,由于玄奘大师对佛教的坚持,佛教也影响了洛阳的许多文人。

洛阳人张说受佛教影响,崇奉佛教,将佛教运用于自己的诗文中。在政权嬗变的过程中,借助《唐陈州龙兴寺碑》表明自己对佛教的态度。唐中宗时期又用《龙门西龛苏合宫等身观世音菩萨像颂》一文勉励勤政惠民、深得民心的苏颋继续辅佐仁君贤主,使国家国泰民安。

诗人白居易晚年长期居住在洛阳,思想深受佛教影响,写出了许多有关佛教的诗文。白居易研究过华严宗、净土宗、禅宗等。老年中风后,根据自己对佛教的理解,舍俸三万,使人按照《阿弥陀经》《无量寿经》等故事,画出一幅高九尺、广一丈三尺的西方极乐世界图,希望“西方世界清净土,无诸恶道及众苦。愿如老身病苦者,同生无量寿佛所”。[1] 白居易病逝后葬于洛阳香山寺附近如满师塔之侧。

在佛教的影响下,崇佛的一些士大夫用佛教的思想支配着自己的行为,用佛教的理论教化影响其他人,在僧人或佛教事业遇到问题时,积极给予关心与帮助。因此,佛教在洛阳的影响力不容小觑。

洛阳新教派的产生、译经场所与石窟造像的增加、文人对佛教的推崇,很大程度上都应归功于玄奘大师对佛教不懈地坚持与推广。

---

❶ 顾学颉.白居易集·卷七十一·画西方帧记[M].北京:中华书局,1979:1496-1497.

第十三章　著名书法家颜真卿

颜真卿是唐代的政治家与书法家。他热衷佛道而奉儒，恪守儒家道义人格，以民为本，主张宽简惠民，为官尽心尽职、刚正不阿、不谋私利、清廉律己。文学作品文质并重，书法造诣登峰造极，擅长行、楷。其楷书端庄雄伟，气势开张，与欧阳询、柳公权、赵孟頫并称"楷书四大家"，与柳公权并称"颜筋柳骨"；其行书遒劲郁勃，自成一格。颜真卿的书法润泽了唐五代书坛，促成明清书坛的繁荣，在书学史上树起了一座巍峨的丰碑，对后世产生了深远的影响。

一、颜真卿家族与东都洛阳

颜真卿字清臣，号应方，唐中宗景龙三年（公元 709 年）生于京城长安，祖籍琅琊临沂，是北齐时黄门侍郎颜之推的第五代孙子。父亲颜惟贞，历长安县尉、太子文学，书法极佳，以草、隶著名。西晋末年举族南渡，后定居长安。其家族家学渊源久远，子弟官宦不绝。颜真卿兄弟七人，三岁丧父，家境清贫，母亲与舅父悉心抚育，伯父与姑姑特加教诲，在一些父辈及兄长的教益下，工于尺牍，学习勤奋，"恭孝自立，贫乏纸笔，以黄土扫墙习学书学，攻楷书，绝妙词翰，超伦弱冠"。❶

颜真卿 26 岁举进士第，34 岁做京兆礼泉县尉，77 岁被缢杀，一生历经四朝，仕官 40 余载，仕途坎坷颇多，但在政治、思想、书法、文学方面取得了较大的成就。

---

❶　颜真卿. 颜鲁公文集 · 颜鲁公行状 · 附卷［M］. 四部丛刊，上海：上海涵芬楼影印明锡山安氏馆刊本.

(一)颜真卿家族与东都洛阳的关系

颜氏家族从颜思鲁至颜真卿五代人皆以儒学传家,形成了以德为本、刚健正直、清廉自律的家风。虽然颜真卿举族迁居于长安,但其堂哥、母亲、伯父皆曾生活或工作于东都洛阳,与东都洛阳有很深的渊源。

颜真卿两位堂哥皆去世于东都洛阳。颜春卿、颜杲卿即为颜元孙之子。颜春卿聪锐无比,擅长辞赋,曾任偃师丞。于开元二十八年(公元740年)32岁时,病逝于洛阳偃师。临终不能看到子女长大成人、成家,深感遗憾,便将子女托付于颜真卿,“尔当大吾族,顾我不得见,以诸子诿汝”。❶

颜真卿母亲殷氏于开元二十六年(公元738年)去世于洛阳。颜真卿想到母亲的抚育之恩,满怀感激。因此,公元738—741年,颜真卿在洛阳为母守丧三年。

颜杲卿忠烈方正,精敏有识。安史之乱时,颜杲卿为了国家社稷奋力抗敌,天宝十五载(公元756年)正月,安禄山派史思明攻打常山郡,颜杲卿在向王承业求救无望、城内兵员短少、御敌物资全部用完的情况下,仍昼夜拼死抗敌,但终寡不敌众,于同年正月初八,城池被攻陷,常山失守,颜杲卿、袁履谦被叛军俘获,送至东都洛阳。安禄山曾奏请颜杲卿为判官,因此见到颜杲卿当面斥责他忘恩负义。而颜杲卿则告诉他,家族世代为唐代大臣,永远忠信守义,不能因为你曾奏请我为判官便与你一起反叛。安禄山劝降不成,怒将其绑于洛阳天津桥柱上,颜杲卿忍受刀剐之苦,仍骂声不绝,叛军截断其舌头,颜杲卿在含混不清的骂声中被叛军杀害,年终65岁。

颜真卿伯父颜元孙聪颖绝伦,有史才,明吏事,精于训诂,尤善书法。曾任洛阳丞,卒于开元二十年(公元732年)。颜真卿伯父在其幼年曾给予他很多的教诲,对其影响深厚。乾元元年(公元758年)十月,颜真卿赴饶州途中,经过东都洛阳,祭扫伯父颜元孙墓,作祭文《祭伯父豪州刺史文》,告知家中杲卿与其他子侄的忠义与封赠,而自己将远赴南方,顿增伤感。

---

❶ (宋)欧阳修,宋祁,等.新唐书·卷一九二[M].北京:中华书局,2003.

综合颜真卿母亲、伯父与两位堂哥在东都洛阳的情况可以看出，他们或长或短曾生活或工作于洛阳。颜真卿除为母亲丁忧期间生活于洛阳三年外，此后也多次到洛阳。

唐代东都洛阳是国家的政治、经济文化中心，且儒家与道佛文化积淀深厚。而颜真卿家族素以儒雅传家，注重学习养德，以仁孝忠义为家风。颜真卿家族仁孝忠义的家风契合东都洛阳自身的魅力与文化。

(二)颜真卿誓死守卫东都洛阳

颜真卿生活在由盛转衰的中唐时期，社会倒退、政治腐败、经济衰落。

时任河北采访使的安禄山早有叛乱异心，在敢怒不敢言的情况下，任平原郡守的颜真卿不露声色地暗中加固城墙，储备粮草，充实他库，以备作战之需。天宝十四载(公元755年)，安史之乱爆发，安禄山十一月反于范阳，第一个目标就是东都洛阳。安禄山让颜真卿率平原和博平两郡的七千兵守卫黄河渡口，而颜真卿派平原司兵李平上奏朝廷，又派亲信到其他州郡联络。但由于封常清所招募的士兵均为没有经过军事训练的平民，官军大败。同年十二月叛军攻下东都洛阳。东都留守李憕、御史中丞卢奕、采访判官蒋清不肯逃走，要为国家而死，誓死与东都洛阳共存亡。安禄山残忍杀害三人，派党羽段子光携三人首级巡行河北诸郡，以此震慑人心，威胁颜真卿投降。颜真卿为稳定军心，称三人首级为假，腰斩段子光。几天后，人心稳定，取出三人首级，清洁干净，用蒲草做身体，入棺安葬，以示绝不投降。

建中三年(公元782年)，淮西节度使李希烈背叛朝廷。为了国家的安全，颜真卿不顾生命安危，义无反顾地带随从前往淮西。途经东都洛阳，东都留守郑叔则劝其暂留下，而颜真卿则认为君主之命不可违。于是，继续前行，慷慨赴敌。驻汴州节度使李勉为了少失去一位元老，派人路上拦截颜真卿，但没有赶上。颜真卿到达许州，见到李希烈，在被叫嚣漫骂、威胁利诱的情况下，面不改色，视若无睹。李希烈见此，则装作惊骇的样子，令众属退下，接着以礼相待，入住馆舍。颜真卿不为官职与利益所动，则劝李希烈勿与乱臣贼子相从。最后，颜真卿估计自己凶多吉少，为自己撰写遗表、墓志、祭文，以示绝不投降的决心。一年后，李希烈不顾反对，在汴州称帝，国号大楚。遂派部下在关禁颜真卿的院子中，堆起木柴，浇油点燃，再次威逼颜真卿投降，而颜真卿不惧威胁，纵身欲跳火海，叛将急忙阻止。李希烈的威逼再次失败。

在后来的战争中，官兵逐渐处于有利的态势。在所有的威逼利诱无效的情况下，李希烈决定杀害颜真卿。贞元元年（公元785年）八月二十四日，颜真卿被缢杀，终年77岁。

颜真卿忠于职守，大义凛然，为了东都洛阳的安危，为了国家的利益，始终将自己的生死置之度外，不与奸邪同流合污，可称得上真正忠贞清廉之臣。因此，德宗诏文“器质天资，公忠杰出，出入四朝，坚贞一志”。

二、颜真卿书法与东都洛阳

颜真卿书法艺术蕴含了宝贵的财富，是唐代书法的代表人物。颜真卿在书法艺术不断地成熟过程中，曾专程到东都洛阳请教张旭书法，并在洛阳与怀素有过书法的交流，在洛阳留下了《王琳墓志》《郭虚己墓志》。

（一）颜真卿学习书法于东都洛阳

颜真卿是我国著名的书法家，其独具风貌的书法在书法艺术历史上产生了广泛而深远的影响。苏轼评论颜真卿书法“纳古法于新意之中，生新意于古法之外”。

颜真卿五世祖颜之推喜欢书法，颜真卿精通书法。天宝五载（公元746年），38岁的颜真卿醴泉任满后，再次“特诣京洛，访金吾长史张公旭，请师笔法”[1]。《法书要录》卷一《传授笔法人名》也记载了“（张）旭传之李阳冰，阳冰传徐浩、颜真卿、邬彤、韦玩、崔邈”。

张旭能诗能书，与包融、贺知章、张若虚并称吴中四士，常嗜酒大醉，则呼叫狂走，“索笔挥洒，变化无穷”[2]或以头濡墨而书，时人号为“张颠”。杜甫曾在《饮中八仙歌》用“张旭三杯草圣传，脱帽露顶王公前，挥毫落纸如云烟”描述了其字酣畅洒脱，浑然天成。

---

❶ （清）董诰，等. 全唐文·卷三百三十七［M］. 北京：中华书局，2013.

❷ （后晋）刘昫，等. 旧唐书·卷一九零［M］. 北京：中华书局，2000.

张旭曾居住于裴儆宅中，到此请教过张旭书法的人，都有不同程度的进步。此前，颜真卿曾在长安师事张旭两年，认为未得其真传，故此次在洛阳居住一个月左右，同样没有听到张旭的亲自教诲。临行前恳请张旭能传授笔法要诀，张旭一声不吭起身离开，考虑许多后答应了颜真卿的请求。张旭以相传钟繇所说的平、直、均、密、锋、力、轻、决、补、损、巧、称十二笔法提问颜真卿，在没有详细解说的情况下，颜真卿以自己的理解一一作答。张旭对颜真卿的书法功底与悟性甚感满意，随之向他传授笔法妙诀，"妙在执笔令其圆转，勿使拘挛。其次诸法须口传手授之诀，勿使无度，所谓笔法也。其次在于布置，不慢不越，巧使合宜。其次纸笔精佳，其次诸变适怀。纵舍规矩，五者备矣，然后齐于古人矣"。对于执笔之理，张旭回答说自己也是学习于舅舅陆彦远，舅舅得之于褚遂良。起初，自己也并不能领悟其中的道理，后来在江边见到沙地平整干净，顿生在沙地上书写的冲动，于是用刀锋在沙地画，从而悟出了"用笔当须如印泥画沙"❶的道理。只要能做到用笔藏锋，使其透过纸背能感觉到力量，看起来沉着有力，"此成功之极矣"❶。经过张旭的指点与传授，颜真卿豁然开朗，书法艺术得到了很大的提高。"自此得攻书之术，于兹五年，真、草自知可成矣"❶。

（二）颜真卿撰书墓志于东都洛阳

唐代是继晋代之后书法史上的又一高峰。唐代以书法取士，大力倡导书学，书家林立，众派纷呈。"隶书有韩择木、蔡有邻、史惟则，行书有李邕，草书有张旭、怀素，篆书有李阳冰，楷书有颜真卿、徐浩，终于一变初唐格局，形成一代书风，其风貌可与诗歌之盛唐气象媲美。"❷

颜真卿的楷书完美体现了唐代的书法风貌，代表了书法的最高成就。苏轼曾说过，"颜鲁公书雄秀独出，一变古法，如杜子美诗，格力天纵，奄有汉、魏、晋、宋以来风流，后之作者殆难复措手。"❸颜真卿的传世作品较多，在洛阳地区发现的有《王琳墓志》《郭虚己墓志》。

---

❶ （清）董诰，等. 全唐文 · 卷三百三十七[M]. 北京：中华书局，2013.

❷ 严杰着. 颜真卿评传[M]. 南京：南京大学出版社，2005：239.

❸ 孔凡礼点校. 苏轼文集 · 卷六九[M]. 北京：中华书局，1986.

《王琳墓志》全称《唐故赵郡君太原王氏墓志铭并序》，于 2003 年出土于洛阳市龙门镇张沟村。墓志由王琳其丈夫徐峤撰写，唐代大书法家颜真卿书写。颜真卿完成此作品时年仅 33 岁，在其向张旭请教笔法之前。墓志字体结构平正匀称，字体大小自然，运笔张弛有度，整体瘦劲清逸、刚柔宜人，行笔与张旭楷书有一些相似之处，结构有褚遂良楷书的典型特点，与初唐风格呼应。

《郭虚己墓志》全称《唐故工部尚书赠太子太师郭公墓志铭》，于 1997 年 10 月出土于洛阳偃师市首阳山镇，现藏于偃师市商城博物馆。此墓志书于天宝九载（公元 750 年），为颜真卿担任殿中侍御史、东京畿采访使判官时所写。颜真卿因钦佩其才学及刚正不阿的正气，受其妻子委托，为其写《郭虚己墓志》。其墓文布局疏密适度、规整统一，字迹端庄秀劲、笔画有力、棱角分明，峻极中有丰腴、刚柔并济、气韵不凡，与褚遂良和张旭有相似之处，但又有自成一派的成熟，保留了颜真卿早期楷书的原风原貌，可称为其早期楷书的代表之作。此墓志中的字体与稍晚的《多宝塔碑》中的字体相比，后者更醇厚凝重。

（三）颜真卿与怀素

大历七年（公元 772 年）九月，颜真卿迁移母亲殷夫人灵柩至京兆万年先祖茔，告假至东都洛阳期间，怀素来见。

怀素为唐代著名书法家，曾有李白、卢象、戴叔伦、任华、苏涣等诗人为其草书题诗 30 多篇，在长安赫赫有名，《怀素上人草书歌》曾记载："狂僧前日动京华，朝骑王公大人马，暮宿王公大人家。谁不造素屏？谁不涂粉壁？粉壁摇晴光，素屏凝晓霜，待君挥洒兮不可弥忘。骏马迎来坐堂中，金盆盛酒竹叶香。十怀五杯不解意，百杯已后始颠狂。一颠一狂多意气，大叫一声起攘臂，挥毫倏忽千万字。"[1]名扬天下的怀素还乡经洛阳，适逢颜真卿告假在洛阳，便登门拜谒。怀素与颜真卿可以说有间接的师承关系，怀素老师邬彤与颜真卿同为张旭的学生，皆擅长草书，便希望能请教颜真卿书法。颜真卿将自己对草书的感悟与怀素分享，告诉怀素说，学草书除有老师的方法外，最关键的还是自己的

---

[1] （清）彭定求，等. 全唐诗·卷二六一[M]. 北京：中华书局，2018.

感悟。就像张长史观察到孤蓬自振、惊沙坐飞，又见到公孙大娘剑器舞，就领悟到了低昂回翔的状态，而你有什么心得呢？怀素便回答，古钗脚是极高笔法。颜真卿微笑，很长时间不再与怀素谈论书法。当怀素告辞时，颜真卿才说："学古钗脚，何如屋漏痕？"怀素才豁然开朗，明白了颜真卿用笔的折钗股之法，其实更重视屋漏痕之法，行笔的妙处在于笔不能径直落下，而像水渗入墙壁上，凝聚成滴，然后徐徐流下，水经过左右动荡留痕于壁上，始得圆而成画，即"贫道观夏云多奇峰，辄尝师之。夏云因风变化，乃无常势，又遇壁坼之路，一一自然"。[1]

怀素拜访颜真卿时，颜真卿对怀素的书法大加赞赏，同时也委婉地提出了不足，怀素请颜真卿为他所带的名人赞扬诗歌作序。书法界的两颗巨星偶遇在东都洛阳，交流笔法，成就了唐代书法史上的一件大事。

三、颜真卿对洛阳的影响及意义

唐代著名书法家颜真卿虽然在仕途方面一再受挫，但在书法方面成绩卓越。他开启了宋代书家的创新精神，促成了明清书坛的繁荣，在中国书法史上缔造了一个独特的书学境界。

颜真卿曾追随"草圣"张旭在洛阳学习书法两年，留下了《郭虚己墓志》《王琳墓志》两方传世碑刻，推动了洛阳书法史的发展。

洛阳书法史上受颜真卿书法影响较大的为明清时期书法家王铎。王铎为洛阳孟津人，被世人称为"王孟津"。

后人认为，王铎中锋笔法与恣意率性的书写态度得益于颜真卿。从现存王铎的作品来看，其《楷书王维五言诗卷》"结体取自颜书《麻姑仙坛记》，并参以柳法。用笔上以中锋为主，浑厚古朴。同时强调转折的力度，融入方笔，取汉碑之刚健劲挺。看似生涩笨拙，实有天然之趣。碑学尚处于滥筋时期，王铎却已然敏锐地察觉到一种新的审美风向的生命力，将颜体的圆笔藏锋和平正方整的结体与碑学书法进行了开创性的结合"[2]。"颜真卿对王铎的影响除了技法上的，更重要的在于书

---

[1] (清)董诰，等. 全唐文 · 卷四三三[M]. 北京：中华书局，2013.

[2] 宁静. 清代颜真卿书法接受史研究[J]. 暨南大学硕士论文，2010.

写态度。宋人发掘了鲁公'无意于书'的艺术态度,这在颜书接受史上具有极为重要的意义。'无意于书'本质上是与个性解放思潮相融通的。这种任性而发的浪漫主义情怀是王铎与颜真卿之间的共同之处"。[1] 因此,颜真卿在书法方面对洛阳影响深厚,推动了洛阳书法的发展。

颜真卿一生多次到达东都洛阳,为了东都洛阳的安全,不惜舍弃自己的生命,为东都洛阳的发展抹上了重重一笔。

---

[1] 宁静. 清代颜真卿书法接受史研究[J]. 暨南大学硕士论文,2010.

第十四章 刘禹锡

刘禹锡(公元 772—842 年),字梦得,“锡”本作“赐”,从俗读“锡”。刘禹锡是唐代著名的政治家、文学家,与韩愈、柳宗元、元稹和白居易并称“元和五子”。他与韩愈等一起积极参加王叔文倡导的永贞革新,失败后被贬为远州司马。他又积极参加古文运动,以纯朴流畅的语言表达其各种思想,还积极学习民歌,并且形成自己的独特风格,在文学史上具有重要的地位。刘禹锡一生坎坷,贬谪不断,终于洛阳。事实上,详细考查刘禹锡的一生,其与洛阳一直有着密切的关系,其籍贯是洛阳,晚年生活且卒于洛阳,贬谪期间还多次回到洛阳。可以说,刘禹锡对洛阳一直有着无尽的眷恋和挚爱之情。

一、刘禹锡祖籍考证

考查刘禹锡的祖籍,最主要的依据是他的自传,其在《子刘子自传》中说:“七代祖亮”“遇迁都洛阳,为北部都昌里人”“坟墓在洛阳北山,其后地狭不可依,乃葬荥阳之檀山原”,意即刘禹锡的七世祖刘亮因为迁转而到洛阳,自此以后,其家族便世居洛阳,因此说刘禹锡祖籍洛阳是完全可行的。

《子刘子自传》一文写作之前,刘禹锡已多次在诗文中提及籍贯问题。《汝州上后谢宰相状》说:“家本荥上,籍占洛阳。”明确说自己祖籍在洛阳。《汝州谢上表》说:“忽降新恩,近乡为贵。”这里的“乡”指的是刘禹锡出任刺史的汝州,唐代汝州即今天河南临汝县。从临汝到洛阳仅百余里,故云“近乡”。《刑部白侍郎谢病长告,改宾客分司,以诗赠别》又说:“洛阳旧有衡茆在,亦拟抽身伴地仙。”也说其祖籍或家乃在洛阳。

上述诗文完成时间前后有别,但刘禹锡思想却前后如一,一直认为洛阳是其祖籍。但在历代关于刘禹锡籍贯的研究中,还存在一些错误观点,今略作辨析如下。

(1)《子刘子自传》说:"其先汉景帝贾夫人子胜封中山王,谥曰靖,子孙因封为中山人也。"《新唐书》卷一六八《刘禹锡传》说:"自言系出中山",也当据此而论。这里的"中山"当是郡望,五服之外,别为宗亲,中山仅为郡望而已。

(2)权德舆《送刘秀才登科后侍从赴东京觐省序》称"彭城刘禹锡",白居易《醉吟先生传》亦称刘禹锡为"彭城人"。彭城即今徐州,乃刘邦出生地,唐人崇汉,故附会刘禹锡乃刘邦后人。刘知几《史通·邑里第十九》云:"自世重高门,人轻寒族,竞以姓望所出,邑里相矜……爰及近古,其言多伪。至于碑颂所勒,茅土定名,虚引他邦,冒为己邑……姓卯金者咸曰彭城",因此称刘禹锡为彭城人实乃当时社会风气崇尚豪门世族的一个表现,不可作为事实上的依据。

刘禹锡在《口兵戒》中称刘向为"吾祖",刘向为刘交之后,刘交乃刘邦之弟。高祖六年,刘交被封为楚王,封地彭城。至此,彭城自然就成为刘姓的郡望。而刘禹锡又称刘向为"吾祖",所以被认为是彭城人似乎也在情理之中。但实际上,刘禹锡及其祖辈并没有在彭城安家,他所称刘向为"吾祖"应为同姓晚辈对同姓前辈的尊称。

综上所述,刘禹锡的籍贯既非中山,也非彭城,实为洛阳。因此,洛阳在刘禹锡的思想中有着举足轻重的作用,影响其一生的很多决定。

二、刘禹锡在洛阳

刘禹锡一生贬谪不断,晚年方定居洛阳,与裴度、白居易等常一起饮酒作诗,刘禹锡诗风不减当年,世称诗豪。胡震亨《唐音癸签》云:"刘禹锡播迁一生,晚年洛下闲废,与绿野、香山诸老,优游诗酒间,而精华不衰,一时以诗豪见推。公亦自有句云:'莫道桑榆晚,为霞尚满天',盖道其实也。"由此知其晚年洛阳生活之一斑。

刘禹锡父亲名刘绪,其于天宝末年中进士,但不久就发生了安史之乱,无奈只能举族东迁。但其始终认为自己是洛阳人的观念却从来没有改变,有一种观点认为安史之乱后刘绪又率族返洛,可进一步考证。刘禹锡出生在东南,其中德宗贞元十一年(公元795年)是进士,授太子校书,曾赴洛阳拜见母亲,说明其母亲已经长居洛阳。翌年父卒于扬州,归葬荥阳,刘禹锡居洛丁忧三年。元和十四年(公元 819 年)母逝,刘禹锡再次奉柩北还,居洛丁忧三年。

敬宗宝历二年(公元 826 年)冬天,刘禹锡罢和州刺史,乃畅游南京,后与白居易在扬州相见,结伴返洛。次年春天到达,授尚书主客郎中,在洛阳任职。此后其官职又多有迁转,甘露事变(公元 835 年)后,刘禹锡又以太子宾客身份长居洛阳,与裴度、白居易等日日唱和,自此再未离开过洛阳。武宗会昌二年(公元 842 年)七月病卒,葬于洛阳,享年 71 岁。

三、刘禹锡涉洛诗歌赏析

刘禹锡一生创作诗歌多达 800 余首,其中相当一部分与洛阳相关,一则说明作为都城的洛阳在士人心中具有崇高的地位,再则说明刘禹锡对自己出身洛阳充满荣耀。

(一)《酬乐天扬州初逢席上见赠》

正如前文所述,敬宗宝历二年,刘禹锡罢和州(今和县,属安徽马鞍山市)刺史返洛,同时白居易也从苏州归洛,二人在扬州相遇。白居易于筵席上赠刘禹锡诗一首:"为我引杯添酒饮,与君把箸击盘歌。诗称国手徒为尔,命压人头不奈何。举眼风光长寂寞,满朝官职独蹉跎。亦知合被才名折,二十三年折太多。"诗意大致说我要尽情饮酒,和你一起用筷条敲击盘子来唱歌。尽管你我都诗名远扬,但奈何命运不济,皆遭贬谪。贬谪生活充满寂寞,满朝官员没有同道之人。我知道你是因为才学太高才有如此多的波折,只是波折竟有二十三年之多,也实在是太多了。言语之间对刘禹锡的长期贬谪充满同情之心。

刘禹锡也写了著名的《酬乐天扬州初逢席上见赠》来酬答白居易:

巴山楚水凄凉地,二十三年弃置身。
怀旧空吟闻笛赋,到乡翻似烂柯人。
沉舟侧畔千帆过,病树前头万木春。
今日听君歌一曲,暂凭杯酒长精神。

"酬"是报答的意思,因白居易先写了赠诗,故刘禹锡以酬回赠。

“乐天”是白居易的字。“扬州初逢席上”指作诗的具体场合。“见赠”即前文白居易的赠诗。诗题已经很清楚地交代了此诗的创作原因、地点、人物等因素，言简意赅。

白居易诗以“二十三年折太多”结束，刘禹锡诗便以此为开端“巴山楚水凄凉地，二十三年弃置身”。魏晋六朝乐府民歌中的联章叙事体、韩愈与孟郊的联句体等与此均有相似之处。这两联诗的意思是说自己被贬谪到巴山楚水这些荒凉边地，二十三年来如同被人忘记一般，没有任何存在感。永贞革新失败后，刘禹锡先后被贬到郎州（今湖南常德）、连州（今广东清远下辖县）、夔州（今重庆奉节）等地。夔州属巴地，朗州、连州属楚地，故云“巴山楚水”。“凄凉地”指边远荒凉之地，上述地方均居边地，故云。这两句诗作为首联，写出了自己长期被贬边地的苦闷与无奈心情。

颔联“怀旧空吟闻笛赋，到乡翻似烂柯人”表达了对友人的思念之情。刘禹锡贬谪到边远之地，时常思念亲朋好友而不得见，于是只好吟诵《思旧赋》以作慰藉，故云空吟。“闻笛赋”非指宋玉《笛赋》，而是指向秀《思旧赋》。向秀与嵇康同属竹林名士，嵇康被杀后，向秀痛心不已。一次偶从嵇康故居经过，听到有人在里面吹笛子，又一次引起了他的悲愤之情，于是就创作了《思旧赋》来悼念嵇康，刘禹锡借用这个典故来表达对共同参与永贞革新而被害的友人的思念之情。“烂柯人”的典故出自南朝梁任昉所著《述异记》，其原文云：

信安郡石室山，晋时王质伐木至，见童子数人棋而歌，质因听之。童子以一物与质，如枣核，质含之而不觉饥。俄顷，童子谓曰：“何不去？”质起视，斧柯尽烂。既归，无复时人。

信安郡有山名曰石室山，东晋时一青年名王质，至此山伐木，偶见几个小孩子在下棋唱歌，于是王质就停下来听他们唱歌。一个小孩子送给王质一个如枣核一样的东西，王质将之含入口中，竟一直不觉得饥饿。停了一会，一小孩对他说，为何还不离开呢？王质遂起身准备离开，却发现来时带着的斧柄已经腐烂。回到家，同时代的人都已经去世了，其入山中已有百余年了。刘禹锡借用这个典故来表达自己长期贬谪，现在能够回家，却仿佛有隔世的感觉。

颈联“沉舟侧畔千帆过，病树前头万木春”是在回应白居易赠诗中“举眼风光长寂寞，满朝官职独蹉跎”两句。白居易的意思是说与他们同辈的人现在都已经升迁并进入中央了，只有刘禹锡还如此落魄，颇有惋惜与不平之意。针对白居易的感慨，刘禹锡也颇有同感，因此他将自己比喻为沉舟、病树。但刘禹锡又不同于白居易仅仅止步于感慨和抱怨，而是在其基础上生发出新意，认为在沉舟侧畔千帆竞过，病树前头正是春意盎然，新旧事物的更替是自然规律，不必有过多的抱怨和不平。

尾联“今日听君歌一曲，暂凭杯酒长精神”又回到宴席之上，对白居易的深情厚谊表达感激之情。

总的说来，这首诗回顾了刘禹锡二十三年来的贬谪生活，透露出了生活的艰苦和内心的不满，但同时目光又努力向前看，以开朗明快的心态替代消沉的心境，同时也表达了对白居易友情的珍惜与感谢。

（二）《乌衣巷》

《乌衣巷》是刘禹锡《金陵五题》组诗中的第二首，乌衣巷位于金陵（今南京）南门朱雀桥附近，是东晋王导、谢安等世家大族聚居之处，全诗云：

朱雀桥边野草花，乌衣巷口夕阳斜。
旧时王谢堂前燕，飞入寻常百姓家。

前两句以白描的手法对乌衣巷的位置和环境进行描写，顺序由远及近，朱雀桥边长满了各色野花，夕阳正斜斜地照在乌衣巷口，整个画面呈现出一幅金黄的暖色调。傍晚本就易令人伤感，后来的李商隐说“夕阳无限好，只是近黄昏”，意即如此。刘禹锡的情感也同样如此，这两句尽管是实写，但已经包含着其对世事无常的感叹。所以后两句引入史实说“旧时王谢堂前燕，飞入寻常百姓家”毫无违和感。

“旧时王谢堂前燕，飞入寻常百姓家”是说东晋时王导、谢安乃引领士风的一代名流，他们地位崇高，高高在上，谁能想到数百年后的今天，他们的旧居也无异于常人。这种强烈的对比极具艺术渲染力，这两句诗也成了千古名句，在后世不断被传诵。事实上，杜甫《江南逢李龟年》的写法与此几乎相同：“岐王宅里寻常见，崔九堂前几度闻。正是江南好风景，落花时节又逢君。”都是以白描的手法进行今昔对比，不同仅在于时间上一远一近。

(三)《赏牡丹》

《赏牡丹》一诗的写作时间还存在争议，但基本上可以确定是在太和二年(公元828年)至太和五年(公元831年)刘禹锡在长安所作，全文云：

庭前芍药妖无格，池上芙蕖净少情。
唯有牡丹真国色，花开时节动京城。

在这首诗中，大诗人刘禹锡分别用“妖无格”和“净少情”来形容芍药的妖媚和莲花的清高无情。而在他看来，牡丹的品格正好位于这二者之间，不妖不耀，正是唐代的国花风范。诗中一个“动”字也写出了当时长安城内人们对于牡丹的痴迷。李肇《唐国史补》云：“京城贵游尚牡丹，三十余年矣。每春暮，车马若狂，以不耽玩为耻。执金吾铺官围外，寺观种以求利，一本有直数万者。元和末，韩令始至长安，居第有之，遽命劚去，曰：‘吾岂效儿女子耶！’”可见牡丹在唐代社会生活中的重要地位。白居易《买花》也说：“帝城春欲暮，喧喧车马度。共道牡丹时，相随买花去。贵贱无常价，酬直看花数：灼灼百朵红，戋戋五束素。上张幄幕庇，旁织巴篱护。水洒复泥封，移来色如故。家家习为俗，人人迷不悟。”牡丹之贵难以形容，正因为有了这样的社会基础，刘禹锡不惜以庭前芍药妖无格和池上芙蕖净少情来衬托牡丹的不同常花之处。

这首诗虽然写的是长安牡丹，但后来牡丹的种植东移至洛阳，宋代以后也被用来形容洛阳牡丹的盛况。

(四)《罢郡归洛阳寄友人》

《罢郡归洛阳寄友人》于永贞革新失败，刘禹锡被贬十年后回到洛阳所作，全文云：

远谪年犹少，初归鬓已衰。门闲故吏去，室静老僧期。
不见蜘蛛集，频为佝偻欺。颖微囊未出，寒甚谷难吹。
濩落唯心在，平生有己知。商歌夜深后，听者竟为谁。

“远谪年犹少，初归鬓已衰”以对比手法说自己当初被贬时还年纪轻轻,如今已是鬓生白发,说明被贬时间很长,贬谪生活十分艰辛,使人多生华发。

“门闲故吏去,室静老僧期”是说自己宅第前门可罗雀,以前的部下都已离职,如此安静正是我这样的老僧乐意看到的。

“不见蜘蛛集,频为佝偻欺”,蜘蛛聚集寓示着喜事临门,古人有蜘蛛聚集喜盈门之说,佝偻指刘禹锡所患之病。两句意为:我没有看到家中有蜘蛛聚集的喜兆,唯有我的身体不断遭受佝偻病痛的困扰。

“颖微囊未出,寒甚谷难吹”,颖微指锋芒。律为阳声,吹律预示地气变暖。相传邹衍吹律能使寒谷变暖,五谷滋生,意即如此,寒谷变暖比喻境况好转。两句意为:自己的才华还没有充分展现,纵使邹衍也无法让自己的境况好转。

“濩落唯心在,平生有己知”,濩落原谓廓落,引申为沦落失意,《庄子·逍遥游》云,“今子有五石之瓠,何不虑以为大樽而浮乎江湖,而忧其瓠落无所容?则夫子犹有蓬之心也夫”,故两句意为:我尽管沦落失意,但内心志向仍在,而且还有如你这样的知己常常往来。

“商歌夜深后,听者竟为谁”意为在夜深之后唱起商歌,乐意听的又有谁呢。

整体而言,这首诗既在表达自己长期被贬的愤懑,又在申说自己志向从来未改。这一特点在刘禹锡身上一直存在。

(五)《罢郡归洛阳闲居》

此诗与前一首诗的写作时间大致相同,均为刘禹锡被贬十年后第一次回京至洛而作,全诗云:

十年江海守,旦夕有归心。及此西还日,空成东武吟。

花间数杯酒,月下一张琴。闻说功名事,依前惜寸阴。

众所周知,刘禹锡一直想要在政治上有所作为,但造化弄人,其人生的多数时间都在贬谪中度过,这首诗也同样表达的是这样的心情。他说十年来自己一直困守边远,但回归朝廷的意愿却一刻也没有停息过。现在终于盼来了朝廷的诏令,可以重返朝廷,却谁知只让到洛阳闲居,不让进长安。鲍照《代东武吟》云:“少壮辞家去,穷老还入门。”刘禹锡的心境与鲍照何其相似,故云“空成东武吟”。不让西入长安,那就在洛阳尽情消遣时光吧,在花间细数残酒,于月下静弹鸣琴,也是一种不错的生活。然而只要一说到功名之事,自己的心态就又如从前一样庄严肃穆。现实与理想的矛盾是何等的深刻,竟到了无法调和的地步,人生的悲剧也恰恰在这种矛盾中表现出来。

(六)《洛中送韩七中丞之吴兴口号五首》

太和元年(公元827年)六月,刘禹锡出任东都尚书省主客郎中的闲职,此即《自传》所云"自连历夔、和二郡,又除主客郎中,分司东都"之事。次月,韩泰出任湖州刺史,途经洛阳,与刘禹锡相见,刘禹锡遂作此组诗抒发心情,全诗云:

昔年意气结群英,几度朝回一字行。
海北天南零落尽,两人相见洛阳城。
自从云散各东西,每日欢娱却惨凄。
离别苦多相见少,一生心事在书题。
今朝无意诉离杯,何况清弦急管催。
本欲醉中轻远别,不知翻引酒悲来。
骆驼桥上蘋风急,鹦鹉杯中箬下春。
水碧山青知好处,开颜一笑向何人。
溪中士女出笆篱,溪上鸳鸯避画旗。
何处人间似仙境,春山携妓采茶时。

刘禹锡与韩泰均位列永贞革新八司马,柳宗元去世后,八司马中唯有韩泰与刘禹锡一直保持联系。如今群英几欲凋尽,见面者只有其二人,因此他们的情感中既有兴奋又有悲伤。第一首就是表达这层意思。其云当年大家群英聚集,意气英发,但一转眼就形单影只,如今天南海北已零落殆尽,只剩我们二人在洛阳相见。第二首诗说大家自从各奔东西之后,每日生活纵有欢娱,也总被凄惨的心态所取代。我们离别之后相见的机会很少,相思的心情都在书信和诗歌当中。第三首诗说今天不想诉说离别之苦,而且清弦急管也容不得悲伤离别,我还想把自己灌醉来逃离这种苦痛,但谁知喝醉了,内心却更加悲痛。第四首说二人分别之后,洛城醉人的风景再无人和我分享,这世上我竟成孤苦伶仃之人了。第五首想象韩泰到达湖州后,在人间仙境中携妓采茶的幸福生活，有故作开怀之意。五首诗从头至尾叙说他们的交往活动，既有悲伤，也有快乐，但悲伤多于快乐，这是政治处境在诗歌中的反映。

（七）《两如何诗谢裴令公赠别二首》第二首

太和九年（公元 835 年）九月，白居易被任命为同州（今渭南大荔县）刺史，以疾坚辞不拜，十月又改授太子少傅分司（居洛阳）。同时刘禹锡移同州刺史，实际上是代替白居易赴任的。其时裴度任中书令，居洛阳。刘禹锡从临汝起行赴同州任，途经洛阳，与裴度、白居易、李绅相会，遂作此诗，全诗云：

一东一西别，别何如？终期大冶再熔炼，愿托扶摇翔碧虚。

诗意乃说今与大家相别，君等在东，我乃西行。分别也没什么大不了的，我一直期待着想在政治上再有作为，希望大家也能如此，再为朝廷奉献才力。刘禹锡的政治热情一如既往，但政治经验更为丰富的裴度似乎预感到朝廷将要发生什么事情，因此并无如此热情，他甚至还提醒了刘禹锡不要总是如此兴奋。在《刘二十八自汝赴左冯途经洛中相见联句》中，裴度诗云："不归丹掖去，铜竹漫云云。唯喜因过我，须知未贺君。"明确指出对刘禹锡赴同州任并不表示祝贺。我们知道，这一年十一月下旬，朝廷发生了影响巨大的甘露事变，自此以后，唐王朝转入了晚期。因此，刘禹锡的这一次赴任注定是短命的，其在同州刺史任上不满一年，开成元年（公元 836 年）秋即因患足疾迁太子宾客，分司东都，又回到了洛阳。

四、刘禹锡与洛阳"文酒之会"

唐代的"文酒之会"主要指当时不得志的朝廷官员聚集于洛阳，借酒以文会友抒发心中情志的活动，属于自发性的组织。其中，刘禹锡为"文酒之会"的重要成员。

公元 831—836 年，刘禹锡游走于政治边缘，"甘露之变"之后，更是断了重返朝廷的念想。公元 836 年，刘禹锡借足疾发作之由获批回洛阳，刚到洛阳，裴度便为他举办了文酒之会，类似于今天的迎宾会。白居易做《喜梦得自冯翊归洛兼呈令公》：

上客新从左辅回，高阳兴助洛阳才。

已将四海声名去，又占三春风景来。
甲子等头怜共老，文章敌手莫相猜。
邹枚未用争诗酒，且饮梁王贺喜杯。

诗中以去"四海声名"后，占"三春风景"，高度概括或评价了刘禹锡的前半生业绩，同时也表达了"文章敌手莫相猜"的惺惺相惜之情。

刘禹锡回赠一首《自左冯归洛下酬乐天兼呈裴令公》：

新恩通籍在龙楼，分务神都近旧丘。
自有园公紫芝侣，仍追少傅赤松游。
华林霜叶红霞晚，伊水晴光碧玉秋。
更接东山文酒会，始知江左未风流。

刘禹锡通过诗句把自身的处境告诉友人，尽管对仕途心中仍有不甘，却也因此安闲度日，修身养性。同时也感慨"东都文酒会"的文采风流。实际上这一首诗是刘禹锡为了感谢裴度、白居易等友人的接待，同时也肯定了文酒之会的意义，而文酒之会的东都诗人也因此接受了刘禹锡。

此次酒会不久，白居易给裴度写了一首《对酒劝令公开春游宴》诗，建议来年春天再办一次文酒会。刘禹锡表示赞同，并做诗《酬乐天请裴令公开春嘉宴》：

高名大位能兼有，恣意遨游是特恩。
二室烟霞成步障，三州风物是家园。
晨窥苑树韶光动，晚渡河桥春思繁。
弦管常调客常满，但逢花处即开樽。

"嘉"又为"加"，指原有的安排不变，另外增加宴饮的次数。加宴可使诗人们相聚的时间、地点更为灵活多变，相聚次数的增加也可增进彼此间的感情。

开成二年（公元837年）春天，裴度如约邀请白居易和刘禹锡。期间三人赋诗联句：

"成周文酒会，吾友胜邹枚。唯忆刘夫子，而今又到来。"（裴度）
"欲迎先倒屣，亦坐便倾杯。饮许伯伦右，诗推公干才。"（白居易）
"洪炉思哲匠，大厦要群材。它日登龙路，应知免暴鳃。"（刘禹锡）

联句表达了三人对彼此的肯定与欣赏。“甘露之变”以后，裴度已无复出的愿望，但从刘禹锡的联句可看出，他仍抱有渴望裴度和自己再次复出的情感，但二人同在洛阳的时间很短暂，刘禹锡的这一期望最终并未实现。

公元 837 年三月三日，河南尹李待价承办文酒之会，与会者总计 17 人。刘禹锡做诗《三月三日与乐天及河南李尹奉陪裴令公泛洛禊饮各赋十二韵》：

洛下今修禊，群贤胜会稽。盛筵陪玉铉，通籍尽金闺。
波上神仙妓，岸傍桃李蹊。水嬉如鹭振，歌响杂莺啼。
历览风光好，沿洄意思迷。棹歌能俪曲，墨客竞分题。
翠幄连云起，香车向道齐。人夸绫步障，马惜锦障泥。
尘暗宫墙外，霞明苑树西。舟形随鹢转，桥影与虹低。
川色晴犹远，乌声暮欲栖。唯馀踏青伴，待月魏王堤。

全诗写出了此次文酒之会的规模与造势，在这盛景之下，大家抛开世俗杂念，以文会友，不亦乐乎？

退隐洛阳之后，刘禹锡也慢慢开始明哲保身，淡然观看朝廷的风起云涌，洒脱逍遥于世间，正如其《酬乐天醉后狂吟十韵》所言：

散诞人间乐，逍遥地上仙。诗家登逸品，释氏悟真筌。
制诰留台阁，歌词入管弦。处身于木雁，任世变桑田。
吏隐情兼遂，儒玄道两全。八关斋适罢，三雅兴尤偏。
文墨中年旧，松筠晚岁坚。鱼书曾替代，香火有因缘。
欲向醉乡去，犹为色界牵。好吹杨柳曲，为我舞金钿。

五、刘禹锡的唱和诗

（一）刘禹锡与牛僧孺的唱和诗

开成二年（公元 837 年）五月，深处板荡之中的唐王朝又迎来了一次重要的人事任免，牛僧孺接替裴度出任东都留守。最高层的人事变动并没有影响到刘禹锡，他仍在洛阳任太子宾客。如此一来，刘禹锡就与牛僧孺有了无法避免的一些接触。李珏《故丞相太子少师赠太尉牛公神道碑铭》序云：“晚与白少傅、刘尚书为诗酒侣，其韵无高卑。”牛僧孺在洛阳与白居易和刘禹锡相处得甚是开心,甚至到了无高卑之分的地步。

牛僧孺酷爱奇石,《白居易集·外集》卷下《太湖石记》云:"石有族聚,太湖为甲,罗浮、天竺之族次焉。今公之所嗜者甲也。先是,公之僚吏,多镇守江湖,知公之心,惟石是好,乃钩深致远,献瑰纳奇,四五年间,累累而至。公于此物,独不谦让,东第南墅,列而置之,富哉石乎。"意即奇石有族类之分,太湖之石最好,牛僧孺最爱的就是这种奇石。其部下常公权私用,搜罗奇石进献,谄媚不断,数年之间集聚众多。刘禹锡《和牛相公题姑苏所寄太湖石兼寄李苏州》诗云:

> 震泽生奇石,沈潜得地灵……
> 采取询乡耋,搜求按旧经。
> 垂钩入空隙,隔浪动晶荧。
> 有获人争贺,欢谣众共听。
> 一州惊阅宝,千里远扬舲。
> 睹物洛阳陌,怀人吴御亭。
> 寄言垂天翼,早晚起沧溟。

奇石生于华夏大地,得地之灵而沉潜至今。要想得一奇石,既需要访问乡间老人,还要据旧经搜求。奇石千奇百怪,有的如垂钩一样弯曲,有的又像浪花一般晶莹发亮。因为实在难得,所以凡有人获得,大家便争相祝贺,赞美其形状的言语很快就传遍邻里。要不了多长时间,这一消息就会传遍整个地区,千里之内无人不晓。奇石自然是要进献给牛大人的,而赠送的人是在吴国。奇石一献,要不了多久就可以官运亨通、平步青云了。

此诗对牛僧孺有很多批评,并由之对整个社会上趋炎附势的风气一并批评。由此观之,牛僧孺在洛阳时与刘禹锡等的关系并不十分友好,更多的是官场应酬而已,精神上并无太多的共通之处。

众所周知,牛李党争影响巨大,他们各自排斥异己、拉帮结派,不入其帮者皆受排挤。裴度和刘禹锡等人就是在这样的状况下被排挤离开朝廷。刘禹锡《和牛相公雨后寓怀见示》诗云:

> 金火交争正抑扬,萧萧飞雨助清商。

晓看纨扇恩情薄，夜觉纱灯刻数长。
树上早蝉才发响，庭中百草已无光。
当年富贵亦惆怅，何况悲翁发似霜。

夏秋之交本就忽热忽凉，如今有雨相助就更能感觉到凉意了。早晨起床担心像赵飞燕般宠臣嫉妒排挤而受君王冷落，但夜里又觉得灯笼刻数太长，天迟迟不亮，而不得早一点见到君王。夏末初秋蝉刚刚鸣叫，院子里的杂草已经没有了生机。当年富贵之时烦心的事也是一堆一堆的，更何况现在年老发白呢。此诗以一种冷眼旁观的态度审视牛僧孺的为官为人，对其热衷于官场争斗仍持明确的批评态度。

刘禹锡《和仆射牛相公春日闲坐见怀》诗又云：

官曹崇重难频入，第宅清闲且独行。
阶蚁相逢如偶语，园蜂速去恐违程。
人于红药惟看色，莺到垂杨不惜声。
东洛池台怨抛掷，移文非久会应成。

官府高贵难以频繁出入，退居家中，清闲独行也不错。台阶上的蚂蚁相逢时都会致意，如同偶语，园子里的蜜蜂总是匆忙地飞来飞去，似乎害怕误了行程。人们欣赏芍药总是只看它的颜色，黄莺落在垂杨上总是欢快地叫个不停。生活在洛阳有所抱怨，但你的愿望也许很快就能实现了。其对牛氏似有劝诫之意。王夫之云："梦得深于影刺，此亦谤史也。"所言甚是。

因为牛僧孺的身份及其背景限制，刘禹锡与之交往之时并不总能如上述数诗一样言无不尽，更多的时候是欲言又止，或隐晦地表达某种观点，或直接不言思想而仅作一般的景物描写，非不能也，实不得已也。《和牛相公游南庄醉后寓言戏赠乐天兼见示》云：

城外园林初夏天，就中野趣在西偏。
蔷薇乱发多临水，鸂鶒双游不避船。
水底远山云似雪，桥边平岸草如烟。
白家唯有杯觞兴，欲把头盘打少年。

此诗从头至尾只是写景，当然也有情，但诗中的情仅仅只是游兴，而非更为深入的情志之情。颔联和颈联的对仗极为工整。但此诗也仅此而已，并无其他意义。王夫之认为此诗乃“七言圣境”“唐七言律如此者不能十首以上”，此仅写景诗而言罢了。

（二）刘禹锡与令狐楚的唱和诗

令狐楚与刘禹锡的唱和也值得一提。还在贞元年间（公元785—805年），二人就有文章往来。但造化弄人，后来二人命运发生了极大的变化，刘禹锡因参加永贞革新而长期遭受贬谪，但令狐楚却官运亨通，在这样的情况下，二人中断了联系。

直到元和十五年（公元820年），令狐楚被贬谪衡州（今湖南衡阳），路过洛阳时，与正在丁母忧的刘禹锡方才再次见面。对于这次见面，刘禹锡《彭阳唱和集后引》概括为“输写蕴积，相视泫然”，也就是说见面时两人都流泪了。自此以后，二人又恢复了联系。二人之间常有一些诗作唱和，如刘禹锡的《城内花园颇曾游玩令公居守亦有素期适春霜一夕委谢书实以答令狐相公见谑》诗云：

楼下芳园最占春，年年结侣采花频。
繁霜一夜相撩治，不似佳人似老人。

诗说自家楼下花园春意最是浓郁，自己每年都会和家人结伴到园里采花。谁知春意正浓时却一夜繁霜，昨天还似佳人般美好的花朵，如今全都成了老人一般垂头丧气。笔调诙谐，生活气息浓郁。

综上所述，刘禹锡与洛阳的关系十分密切，他虽然没有出生在洛阳，但洛阳却是他的祖籍。在贬谪期间，刘禹锡也多次回到洛阳，晚年更是长久居住在洛阳。他的诗有很多都与洛阳有关，前文分析的部分诗歌表面上虽与洛阳无关，但都在其归洛途中所作，归洛使其心情愉悦，识见大为提升，境界极为开阔，洛阳在这些诗歌中似乎也起到一种无形的作用。刘禹锡在洛阳与白居易等的唱和闻名于世，后人常常提及并以之为榜样。除此之外，他还与当时的重要人物如牛僧孺、令狐楚等也有唱和之作，足见其交往人物之特点。刘禹锡与洛阳有一段说不完的故事，还有很多内容有待来日更为深入地发掘讨论。

第十五章 元 稹

元稹(公元779—831年),字微之,又字威明,河南府东都洛阳(今河南洛阳)人,唐代著名诗人、文学家,在洛阳历史上占有重要地位。元稹父亲元宽,母亲郑氏,其家族世代为官。元稹8岁的时候,其父去世,其母一人养育,直至15岁(公元793年),元稹明经及第。虽然及第,但元稹无任何官衔,这一时期他接触了不少诗人诗作。贞元十八年(公元802年),元稹参加贡举,贞元十九年(公元803年)与白居易同中书判拔萃科,同任校书郎,这一缘分成就了二人的终生友谊,史称"元白"。元稹的一生坎坷不平,后人对他的评价褒贬不一。在感情生活上,先有崔姓少女(《莺莺传》中崔莺莺的原型),因崔家无权势,不能助力元稹仕途,故选择韦丛为妻。后有薛涛与刘采春,因门第不当,皆未纳为妾。所以世人也说元稹为求功名出卖爱情,且放荡不羁。在官宦仕途上,元稹历经多次贬谪,甚至被流放江南10年,为官最高的时候是宰相,但最终也离开庙堂,文宗太和五年(公元831年)病逝。尽管元稹的不少言行遭人诟病,但不可否认的是,他在中国文学史上的成绩和贡献是突出而卓越的。

一、元稹洛阳行迹

关于元稹的籍贯、出生,以及与洛阳的关系等问题,文献记载较为翔实。

元稹于大历十四年(公元779年)二月出生于东都洛阳城南,元氏一族为官宦世家,父亲元宽为比部郎中、舒王府长史,祖父元悱为县丞,曾祖元延景为岐州参军,四代祖元义端为魏州刺史(唐),五代祖元弘为北平太守(隋)。在这样的家庭背景和环境中成长,多少也能理解元稹对官职的执着追求。

据文献记载,元稹较有规模的洛阳之行是在贞元十九年(公元803

年)，但又让人不解的是，元稹出生于洛阳，且家族也久居洛阳，没意外的话应该也成长于洛阳，为何文献记载元稹洛阳行的时候却从公元803年开始？许是元稹只出生于洛阳却不在洛阳生活？或是文献记载从元稹及第之时起始？这一问题无文献考证。

如上文所述，公元802年元稹参加贡举，公元803年中书判拔萃科任校书郎，但元稹出身门第不高，求官心切的元稹权衡利弊之后，选择放弃崔家少女而与韦夏卿之女韦丛结为夫妻。同年十月，韦夏卿任东都留守，带元稹、韦丛夫妇赴洛阳上任。因为元稹在洛阳没有住宅，所以夫妻俩居住在韦丛位于东都洛阳的住宅，即履信坊，元稹《韦氏馆与周隐客、杜归和泛舟》《同醉》《陪韦尚书丈归履信宅因赠韦氏兄弟》等诗均可为证。韦氏家大业大，且养有一群艺伎，其中当属泰娘最为有名，刘禹锡在《泰娘歌》中做了详细介绍，泰娘是韦尚书(韦夏卿)家的主要艺伎，在韦夏卿还在吴郡当官时进入韦家，于是让人教其琵琶歌舞，泰娘一学就会。而泰娘这一名字，则在富家贵族之间叫起来了。韦家名声在外，时常宾朋满座，这时韦家艺伎们就为达官贵朋表演歌舞，元稹自然也是座上宾，当年洛阳韦氏住宅(履信坊)的繁华热闹程度，可见元稹诗歌《追昔游》："谢傅堂前音乐和，狗儿吹笛胆娘歌。花园欲盛千场饮，水阁初成百度过。醉摘樱桃投小玉，懒梳丛鬓舞曹婆。再来门馆唯相吊，风落秋池红叶多。"尽管该诗由今忆昔，有一种悲凉之感，但也正因此悲凉，通过今昔对比，折射韦氏住宅往日的盛大排场。这一年，元稹因家事时常往返于京城与洛阳之间，而其妻韦丛则长居洛阳。

贞元二十年(公元804年)正月至三月，元稹往返于洛阳与长安之间，期间还游览了王屋山，但这一时期其妻韦丛并未陪同，而是留在其父身边。元稹《华岳寺》序云："贞元二十年正月二十五日，自洛之京。二月三日春社，至华岳寺，憩窦师院。曾未逾月，又复徂东，再谒窦师。"同年九月底，元稹与刘太白即刘敦质同行，再次来洛阳，并赋诗《与太白同之东洛至栎阳太白染疾驻行予九月二十五日至华岳寺雪后望山》："共作洛阳千里伴，老刘因疾驻行轩。今朝独自山前立，雪满三峰倚寺门。"

元和元年(公元806年)四月，元稹和白居易(简称"元白")同及第,当年登第者共 18 人,以元稹为首,因成绩斐然,元稹被授以“左拾遗”。年轻气盛的元稹任职后立马发挥所学,上疏献奏,从给皇子选什么样的保傅,如何选,选取的制度如何等,再到朝廷各职位的责任义务、迁庙意义、迁庙制度及如何迁庙等,甚至还涉及西北边事大政,奏疏内容涉及广泛,同时还大胆支持裴度对朝中权幸的抨击。元稹的言辞、思想及大无畏的勇气引起了宪宗的注意,很快得到皇上召见。但也正因为这后生无畏的勇气触犯当朝权贵的利益,引起大量不满,遂公元 806 年九月被贬为河南县尉。

元和四年(公元 809 年)春,元稹奉命出使剑南东川。重回官场的元稹心怀天下百姓,逝为报效朝廷,于是大刀阔斧,平反冤案,劾奏贪官污吏,得到广大百姓的称赞。挚友白居易作诗“其心如肺石,动必达穷民,东川八十家,冤愤一言申”。不幸的是,元稹这一举措触犯了官僚及藩镇集团的利益。公元 806 年的历史重演,官僚集团合力将元稹排挤外遣到分务东台,东台也就是洛阳的御史台,同时被贬的还有裴度,他被贬为河南府功曹参军,于是二人同赴洛阳。元稹《酬代书》自注云:“予元和元年任拾遗。八十三日延英对,九月十三贬授河南尉。”比起官场遭人排挤打压,更为不幸的是,元稹的母亲在元稹被贬赴洛阳之时,已危在旦夕,其母去世时,元稹正在奔赴洛阳的途中,等到洛阳,其母病逝的消息尾随而来,元稹痛哭不已,连夜返回长安。《通典》卷一四〇《奔丧》云:“惟父母之丧,见星而行,见星而舍。”

屋漏偏逢连夜雨,同年,其妻韦丛去世,接二连三的打击几乎让元稹一夜白头,从此与君阴阳两隔,再无相见,其心切切、其伤哀哀,于是有了脍炙人口的悼亡诗《遣悲怀三首》。

元和五年(公元 810 年),元稹被召回京城罚俸,途中经过敷水驿,即今天的陕西省华阴市西敷水镇,当时的敷水驿是长安通往洛阳的重要驿站。在驿站里元稹遇见了仇士良、刘士元等人,因谁住上厅的问题展开争吵,元稹不仅惨遭对方毒打且被羞辱地赶出了上厅。而宪宗却以“元稹轻树威,失宪臣体”为由,将其贬为江陵府士曹参军。至此,元稹离开洛阳,开始长达十年的孤独困顿之生活。直至元和十四年(公元 819 年)春,元稹到虢州(今三门峡)任长史一职,途经洛阳,未曾停留。长庆四年(公元 824 年)秋,元稹任浙东观察使、越州刺史,再次经过洛阳,亦未停留。太和四年(公元 830 年),元稹任尚书左丞一职,奔赴长安途经洛阳,与挚友白居易短暂相聚。这三次途经洛阳均时日较短,也许是路途劳累,也许是快马加鞭的赴任,也许是元稹心中对洛阳的一种回避。

太和五年(公元 831 年)七月二十二日,元稹暴病,七月二十三日去世,享年 53 岁。

二、元稹的牡丹诗

在元稹的诗作当中,有很多花的意象,如桃花、梨花、芍药、枇杷花等,“不是花中偏爱菊,此花开尽更无花”更是表达了对菊花的偏爱。但是,元稹诗作当中最多提到的却是牡丹花。这也容易理解,因为长安和洛阳对元稹的影响太大了,而唐代时期两地的牡丹花闻名天下,元稹喜欢牡丹花,诗作当中大量出现牡丹的意象也是再正常不过的事情了。元稹对牡丹的喜爱之情表现得直接干脆,一是在庭院里大量种植牡丹,二是创作牡丹诗文。白居易的《微之宅残牡丹》里提到,元稹庭院里的牡丹花五颜六色,打理得很好,极具艺术性,每当牡丹花盛放的时节,元稹都邀请亲朋好友到自家庭院赏花作诗。传闻有一次元稹好友胡三因有事去了外地,不能如约赏花,便托人给元稹带一诗作,并打趣地询问庭院的牡丹是否开了?元稹即作《酬胡三凭人问牡丹》:

窃见胡三问牡丹,为言依旧满西栏。
花时何处偏相忆,寥落衰红雨后看。

这首诗浅显易懂,胡三询问牡丹是否开了,回答说,牡丹开满了庭院西栏,但因此刻君在异地,不能共赏牡丹、促膝而谈,只能回忆当年一起雨后赏牡丹的情景了。

全诗没有正面描写牡丹的颜色、姿态及其所寓意的精神,似乎只是“回答”胡三的询问,但字里行间充满了真挚的友谊,而在这份友谊当中,牡丹当之无愧是二人情感的维系物。胡三其实也并不真的非要知道元稹庭院的牡丹究竟开了没开,只不过是借着牡丹的由头来慰问朋友罢了。

元稹的《和乐天秋题牡丹丛》则是写给白居易的。

敝宅艳山卉，别来长叹息。
吟君晚丛咏，似见摧颓色。
欲识别后容，勤过晚丛侧。

其实这是一首和诗，和白居易的，这也就是为什么说这首诗歌是写给白居易的原因。在这之前，白居易先写了《秋题牡丹丛》，于是元稹写了这首《和乐天秋题牡丹丛》，这在唐代是常有的现象，属于同道中人的唱和，说得简单直白一点，也就是今天我们所说的跟随和捧场。白居易与元稹此时都属于官场失意，《秋题牡丹丛》流露了白居易悲慨颓唐的心境，元稹能理解友人的苦楚，亦借诗句表达思念之情和自己同样惆怅的境地。

《与杨十二、李三早入永寿寺看牡丹》是元稹另一首关于牡丹的诗歌。

晓入白莲宫，琉璃花界净。开敷多喻草，凌乱被幽径。
压砌锦地铺，当霞日轮映。蝶舞香暂飘，蜂牵蕊难正。
笼处彩云合，露湛红珠莹。结叶影自交，摇风光不定。
繁华有时节，安得保全盛。色见尽浮荣，希君了真性。

上文所说的胡三和此刻的杨十二、李三等诸类姓名，其实不是全名，而是姓氏后加个排行，这个排行也不那么讲究，有血缘关系的兄弟间的排行或是结拜兄弟间的排行都行，有些甚至是某一群体组织的排行。这样的称呼显得随意亲切，关系也更为密切。

整首诗主要讲述诗人与杨十二、李三去永寿寺赏牡丹，首句“晓入白莲宫，琉璃花界净”交代了寺院的牡丹以白色为主，这与世俗之中的牡丹园很不一样。众所周知，牡丹有紫、红、黄、粉、白等颜色，人们都喜色彩纷呈，但清静的寺院选择了白色，让人更觉干净清爽，身心灵魂得以洗礼。后部分诗句则描写寺院草木幽深，景色宜人。“色见尽浮荣，希君了真性”表达了诗人历经人间或繁华或磨砺之后的回归。

此外，元稹还有一首关于长安西明寺的牡丹诗，题为《西明寺牡丹》：

花向琉璃地上生，光风炫转紫云英。
自从天女盘中见，直至今朝眼更明。

“琉璃”是人们对寺庙佛地或是对佛教的一种敬称。全诗大意是寺庙里的牡丹花在月光的照射下耀眼夺目。月中仙女我已见过，那是无比绝伦的美，但是比起今天看的牡丹，才发现牡丹更加明媚动人。诗中通过对比反衬，烘托牡丹的美，表达对牡丹的喜爱。

三、“元白”情谊

唐代取士制度的考试分为两科，一是明经，一是进士。明经稍易，进士稍难。贞元十六年（公元800年），白居易中进士。贞元十九年（公元803年），元稹与白居易同中书判拔萃科，同任校书郎，这一缘分成就了二人的终生友谊，史称“元白”。白居易比元稹大7岁，且有不同的出身和生活阅历，包括社会地位，因为彼时白居易已负盛名，相较而言，元稹仍属默默无闻之辈。二人为何被传为佳话，许是情趣相投、惺惺相惜罢了。或许我们也可从白居易的两首诗中找到答案：

（一）

自我从宦游，七年在长安。
所得惟元君，乃知定交难。
岂无山上苗，径寸无岁寒。
岂无要津水，咫尺有波澜。
之子异于是，久处誓不谖。
无波古井水，有节秋竹竿。
一为同心友，三及芳岁阑。
花下鞍马游，雪中杯酒欢。
衡门相逢迎，不具带与冠。
春风日高睡，秋月夜深看。
不为同登科，不为同署官。
所合在方寸，心源无异端。

（二）

昔我十年前，与君始相识。
曾将秋竹竿，比君孤且直。
中心一以合，外事纷无极。
共保秋竹心，风霜侵不得。
始嫌梧桐树，秋至先改色。
不爱杨柳枝，春来软无力。
怜君别我后，见竹长相忆。
长欲在眼前，故栽庭户侧。
分首今何处，君南我在北。
吟我赠君诗，对之心恻恻。

这两首诗分别为《赠元稹》和《酬元九对新栽竹有怀见寄》，第二首离第一首的创作时间间隔达十年之久，也间接说明两人友谊的长久深厚。第一首的最后两句“不为同登科，不为同署官。所合在方寸，心源无异端”表明了二者的为官原则及为友标准，不因其他，只因“心源无异端”，可谓志同道合，士为知己者死。十年后，元稹被贬，白居易以第二首诗歌赠之，“共保秋竹心，风霜侵不得”表达对友人的共勉之情，“吟我赠君诗，对之心恻恻”则表达了对元稹受挫遭遇的疼惜及深厚的想念之情。

元和元年（公元 806 年），元稹被贬为河南县尉，白居易也被贬到盩厔为县尉。当时元稹曾给白居易写过一首诗，其中一句为“只得两相望，不得长相随”，如果不考究创作背景，估计很多人都误认为这是一句表达男女相思之情的诗句，实则是元白之谊。元稹被贬为河南县尉，刚到被贬处不久就得知母亲逝世的消息，遂赶往长安守孝。按唐代丧礼规定，父母亡故，子女需守丧二十七个月。作为丁忧，元稹既无俸禄，又无家底，在这举手困顿之际，是白居易及其母亲不断资助他，帮他走过这一人生大坎。办完丧事之后，白居易为元稹母亲书刻墓志铭，而白居易母亲的墓志铭则为元稹所写，可见二人不是兄弟，胜似兄弟。

元和四年（公元 809 年），裴垍看中元稹不畏权贵的勇气与品性，举荐其为监察御史。同年三月，元稹从骆谷道去东川，途径驿站休息时,正好看到白居易写在驿站墙上的诗句,应是当年被贬为县尉途经此地留下的,元稹既激动又惊讶,立即提笔写下《使东川·骆口驿》,并托人带给白居易:

邮亭壁上数行字,崔李题名王白诗。
尽日无人共言语,不离墙下至行时。

而白居易收到元稹的《使东川·骆口驿》后,亦回诗《酬和元九东川路诗十二首·骆口驿旧题诗》:

拙诗在壁无人爱,鸟污苔侵文字残。
唯有多情元侍御,绣衣不惜拂尘看。

与其说这是两首供人品读的诗歌,不如说是两位知己的来往书信。元稹与白居易之间的书信来往以诗歌的形式跃然出现,既有事件,也寄托了作者的深情厚谊。《使东川·骆口驿》写出元稹在旅途困顿之际看到挚友笔迹的惊喜,如同友人在侧,白居易的回诗"拙诗在壁无人爱""唯有多情元侍御"除有一点自谦外,也不难看出他内心的喜悦:那么久远且那么隐蔽的诗句居然被元稹看到了,难道这不是一种缘分和默契吗?

元白二人的心有灵犀让人感到神奇,到达梁州后,元稹夜梦白居易,于是写下《梁州梦》:

梦君同绕曲江头,也向慈恩院院游。
亭吏呼人排去马,忽惊身在古梁州。

同时,白居易亦在远方遥想元稹,赋诗《同李十一醉忆元九》:

花时同醉破春愁,醉折花枝作酒筹。
忽忆故人天际去,计程今日到梁州。

千山万水也阻隔不断的情谊,难怪被世人传为佳话。因为两人性情相近、志同道合而走在一起,得意时把酒言欢,失意时相互慰藉。元稹与白居易的仕途都是风雨交加,但彼此在孤独的岁月中给了对方最大的力量。

元和十年(公元 815 年),白居易被贬,元稹听闻,带病写下《闻乐天授江州司马》:

残灯无焰影幢幢,此夕闻君谪九江。

垂死病中惊坐起，暗风吹雨入寒窗。

此刻的元稹亦是被贬之身，但他无法顾及自己，一心念叨的是白居易的处境。白居易不能与元稹当面诉说内心苦楚，只好读元稹诗作聊以慰藉，并写下了《舟中读元九诗》：

把君诗卷灯前读，诗尽灯残天未明。

眼痛灭灯犹暗坐，逆风吹浪打船声。

正所谓患难见真情。天高水远，路途阻隔，两位知音只能梦里相见，白居易写给元稹的《梦元九》：

晨起临风一惆怅，通川湓水断相闻。

不知忆我因何事，昨夜三更梦见君。

元稹则回应《酬乐天频梦微之》：

山水万重书断绝，念君怜我梦相闻。

我今因病魂颠倒，惟梦闲人不梦君。

试问，这人世间有多少情谊如此真切而绵延？

命运对元稹和白居易毕竟还有一丝仁慈宽厚，历练人生沉浮，饱尝辛酸羞辱，走过生离死别，终于迎来天明，二人青云直上。太和三年（公元 829 年），元白二人终于在洛阳相见，只是青丝变暮雪，泪眼无语凝噎。终需一别，元稹写下《过东都别乐天二首》：

君应怪我留连久，我欲与君辞别难。

白头徒侣渐稀少，明日恐君无此欢。

自识君来三度别，这回白尽老髭须。

恋君不去君须会，知得后回相见无。

"知得后回相见无"，也许冥冥之中，元稹知晓这是最后一面。太和五年（公元 831 年），元稹暴病，隔日去世，时任武昌军节度使，享年 53 岁。元稹的灵柩运到洛阳后，白居易作《哭微之二首》为灵前祭奠：

八月凉风吹白幕，寝门廊下哭微之。

妻孥亲友来相吊，唯道皇天无所知。

文章卓荦生无敌，风骨英灵殁有神。

哭送咸阳北原上，可能随例作灰尘。

太和六年（公元 832 年），元稹葬到咸阳，白居易为其写墓志铭。

在元稹去世九年之后，白居易写下《梦微之》，以寄无法排解的思念之情：

夜来携手梦同游，晨起盈巾泪莫收。
漳浦老身三度病，咸阳宿草八回秋。
君埋泉下泥销骨，我寄人间雪满头。
阿卫韩郎相次去，夜台茫昧得知不？

想必，元稹有知，亦庆幸与白居易的相识、相知与相惜。

元稹的一生较为坎坷，幼时丧父，仕途不顺，屡遭打压贬谪，但仍不失“济世”的思想与信念，因此在困境中不失傲骨与节气。元稹不像李白那样浪漫，也不像陶渊明那般洒脱淡然，因为他嫉恶如仇，因为他有“为天地立心，为生民立命，为往圣继绝学，为万世开太平”的抱负，所以在摸爬滚打中，他依然在真实地前行。究竟是仕途成就了元稹，还是诗歌成就了元稹？笔者想，仕途成就了元稹的诗歌，元稹的诗歌成就了元稹对后世的影响。

第十六章　白居易

一、白居易的籍贯、出生地和故乡

(一)白居易的籍贯

白居易(公元772—846年)是中国唐代伟大的诗人,也是颇受世界人民爱戴的伟大诗人。关于他的籍贯,历来众说纷纭:

周勋初主编的《唐诗大辞典》和陈敏杰、羊达之的《白居易》认为白居易的始祖是胡人。

《辞海》"白居易"条释曰:"白居易,公元772—846年,唐太原人……晚年居洛阳香山,号香山居士。"

国内外绝大多数学者认为白居易是太原人。也有少数学者及白居易自己在诗作中提及其他地点,有太原、同州韩城、长安、徐州符离、洛阳、下邽、新郑与荥阳、长安与洛阳并举等八种说法。

以上这些说法,我们经过深入细致地调查和分析研究,认为是错误的。

(1)白居易一族的始祖是白胜,不是胡人,祖籍在鄎(今河南息县),不在西域龟兹。认为白居易是胡人的观点,最早源于顾学颉的《白居易世系、家族考》一文。顾学颉自认为言之凿凿的观点,其实是站不住脚的。依据如下:

第一,白居易并没有"自认""帛(白)道猷""是他的本家"。顾学颉引以为据的是白居易的《沃洲山禅院记》中的"……沃洲山与白氏其世有缘乎?"一段。此中的"缘",是指缘分,而不是说他们是本家。

第二,在《后汉书·班超传》所载西域龟兹国王白霸之前,中国早有白姓。可参见清张澍《姓氏寻源》卷四十三、《逸周书》白民之国、《古今图书集成·明伦汇编·氏族典》卷五百三十九《白氏部汇考》。

第三,西域及少数民族中的姓名与汉族不同,不能一见名字前面有

“白”字便说是姓白。

第四，西域天竺国的白姓，本为译音姓，有时称“帛”，故与汉族的白姓并非一支。

第五，顾学颉所引宋初孙光宪《北梦琐言》卷五“中书蕃人事”及五代王定保《唐摭言》卷十三“敏捷”门所载“白中令镇荆南”条，系出之于笔记野史，不足为凭。

第六，在唐代，绝大多数人们对自己先族人并不讳言，特别是在墓志铭文中，更是如此。

第七，白居易一族姓白，并没有影响白氏历代家人的仕宦和通婚。

第八，白居易在《白锽事状》中所述其先祖历史，早见于唐玄宗开元二十三年（公元735年）《白羡言志》，并非白居易所“伪造”“胡诌”（详见《千唐志斋藏志》，文物出版社，1984年）。

（2）白居易一族的近祖为北周白建，不是北齐白建。白居易在《白锽事状》中说白建任“五兵尚书，赠司空”及《白季庚事状》中说“初，高祖赠司空，有功于北齐，诏赐庄宅各一区，在同州韩城县，至今存焉”的说法是错误的。陈寅恪早在《元白诗笺证稿》中已提出疑问，并推测白居易是北周白建的后裔，这种推测是正确的。我们根据《新唐书·宰相世系表》认为，短短25年的北周王朝中，不可能同时出现两个先祖白建在北朝做官，只能有一个白建，这就是官任“弘农郡守、郃陵县南”的白建，而不可能再有一个曾官任“五兵尚书、赠司空”的先祖白建。由此也可更进一步地证明，白居易的先祖中并没有人“有功于”北周，被“诏赐庄宅各一区，在同州韩城县，至今存焉”。

（3）下邽应是一所别墅式的宅第。从白居易的《泛渭赋》中可知，白居易33岁时从洛阳“徙家秦中，卜居于渭上”。其原因有二：一是遵从其祖父白锽、父亲白季庚徙籍的遗命（详见《白锽事状》《白季庚事状》）。二是在祖父、父亲遗命的前提下，随宦徙家（详见朱金城《白居易年谱》）。白居易的一生，从唐德宗贞元二十年（公元804年）夏秋后移家下邽（也就是把下邽作为一处别墅式宅第）开始，到唐宪宗元和九年（公元814年）冬被召授太子左赞善大夫入朝，先后以下邽这所别墅式的宅第为家共7年左右的时间。于唐文宗太和九年（公元835年），白居易 64 岁时，怀着对下邽的眷恋之情，又一次来到下邽，小住而返，从此以后，再也没有到这里来了。从广义的故乡来说，下邽也同长安、徐州符离、洛阳、荥阳等地一样，白居易也称其为“故乡”“故里”“家乡”。但从严格意义上讲，下邽只是白居易一支的一处别墅式宅第，前后共计 7 年左右的时间，占他一生（75 岁）的近十分之一。

（4）荥阳（实乃新郑）是白锽的一处别墅式宅第（详见《白季康志》）。认为白居易的出生地在新郑县东郭宅，生日是唐代宗大历七年（公元 772 年）正月二十日者，其依据均为伪文《醉吟先生墓志铭并序》，不可征信。白居易一生与荥阳的关系，主要是通过他的《宿荥阳》《经溱洧》两首诗表现出来的。《宿荥阳》诗说他十一二岁在荥阳住过，仅此而已。

（5）白居易一支与徐州符离的关系始于白季庚（见《白季庚事状》和万曼所著的《白居易传》）。白居易于 11 岁时离开洛阳和新郑到徐州符离避难，不久到江南一带，后再回到符离攻读（见《江南送北客因凭寄徐州兄弟书》《醉后走笔酬刘五主簿长句之赠兼简张大贾二十四先辈昆季》《自江陵之徐州路上寄兄弟》等诗）。白居易 32 岁时，告别徐州符离。总之，徐州符离是白季庚随宦寓居之处，是白居易等家人避难寄居之地，也是他折节苦读、走上仕宦的起点之处。

（6）根据白居易的《赋得古原草送别》《与元九书》《送侯权秀才序》和《板桥路》等诗作，我们认为：白居易于德宗贞元四年（公元 788 年）春入长安，于贞元五年（公元 789 年）春习作《赋得古原草送别》，并以此诗前往拜谒著作郎顾况，深得老诗人赏识，“因为延誉，声名大振”。这对于他以后在读书方面更加刻苦不辍是个有力的促进，给他 27 岁从乡试及 29 岁时在长安一举登第奠定了良好的基础。但不久，顾况遭贬离开长安，白居易也因有病而滞留长安（见《病中作》《寒食卧病》）。到贞元六年（公元 790 年）春夏之际，白居易病情好转，遂离开长安，到桐庐、越中等地，继续“苦节读书”，准备正式参加乡试及进士考试。我们参照朱金城《白居易年谱》得之，白居易 17 岁时首入长安，至唐文宗太和三年（公元 829 年）58 岁时告别长安。从严格的意义上来说，长安不应算作白居易的故乡，研究白居易的学者均认为长安不是他的故乡。

(二)白居易的出生地和故乡

白居易的出生地和故乡均在洛阳。主要证据如下：

(1)由洛阳的地理沿革和唐李吉甫《元和郡县图志》来看,可知白建后裔所任官职的任所多在河南道内。

(2)由洛阳的历史沿革来看,白居易一族的近祖应随宦徙籍于洛阳。除伏羲氏在孟津"一画开天"外,洛阳又是十五朝古都,分别是指夏、商、西周、东周、西汉、东汉、曹魏、西晋、北魏、隋代、唐代、武周、后梁、后唐、后晋。

(3)由《白羡言志》《白庆先志》《白知新墓志》《白义宝志》《白知礼志一》《白知礼志二》等六篇墓志来看,证明白居易一族确实是"归业东洛,先茔北邙"。

(4)由白居易《重到毓材宅有感》可知,毓材宅(在洛阳东城之东第五南北街)应为白居易 33 岁"徙家秦中,卜居于渭上"(见《泛渭赋》)之前的宅第,此亦即白锽、白季庚之宅第。

(5)白居易 53 岁以前在洛阳的宅第为东城毓材宅,53~75 岁在洛阳的宅第为履道宅(今洛阳市安乐乡的狮子桥村)。我们粗略地统计了一下,在白居易 75 年的生涯中在洛阳毓材宅和履道宅居住共 40 年,占一生的 53.3%。白居易生于洛阳,长于洛阳,可以说是以洛阳相始终的。

综上所述,关于白居易的籍贯、出生地和故乡,我们的结论是:白居易(公元 772—846 年)是唐代大诗人。字乐天,晚年自号香山居士。祖籍鄎(今河南息县),后徙籍岐州郿县(今山西眉县)、太原(今山西太原)、洛阳(今河南洛阳),其出生地和故乡均在洛阳,故遂为洛阳人。

二、白居易与洛阳的关系

(一)白居易在洛阳的宅第

白居易在洛阳先后有两处宅第。一处是在洛阳外郭城之东城毓材里,一处在洛阳外郭城之南城东南隅履道里。在他 53 岁之前,除避难徐州符离和越中,除游宦于长安、江州、忠州、杭州等地外,他就在洛阳毓材宅居住。毓材宅是白居易的祖宅,即白居易的出生地。白居易《重到毓材宅有感》诗云:“欲入中门泪满巾,庭花无主两回春。轩窗帘幕皆依旧,只是堂前欠一人!”由诗中可知,白居易一支即居住在毓材宅的“中门”,这也就是他诞生的地方。他的母亲曾长期居住在这里。在白居易53岁卜居履道里之前,他曾多次经过洛阳,或在洛阳小住,均住在毓材宅。到53岁后,除曾游宦于长安、苏州外,他就在洛阳履道宅居住,一直到他75岁时,寿终正寝,卒于履道宅。

唐代宗大历七年(公元772年),白居易在洛阳毓材宅诞生。

唐代宗大历十一年(公元776年),白居易5岁,便开始学作诗。《与元九书》:“及五、六岁便学为诗。”时在洛阳毓材宅。

唐德宗建中元年(公元780年),白居易9岁,谙识声韵。《与元九书》:“九岁谙识声韵。”时在洛阳毓材宅。

唐德宗建中二年辛酉(公元781年),白居易10岁,解读书。《朱陈村》诗云:“十岁解读书,十五能属文。”时在洛阳毓材宅。

唐德宗建中三年(公元782年),白居易11岁,离开洛阳,从父季庚别驾任所,寄家徐州符离。

唐德宗贞元十五年(公元799年),白居易28岁。春,自兄幼文浮梁(今江西省浮梁县)主簿任所返洛阳省母。其母即住在洛阳毓材宅。《伤远行赋》云:“贞元十五年春,吾兄吏于浮梁。分微禄以归养,命予负米而还乡……茫茫兮二千五百里,自鄱阳而归洛阳……况太夫人抱疾而在堂。”由此可知,洛阳是白居易的故乡。在洛阳作有《望月有感》:“自河南经乱,关内阻饥,兄弟离散,各在一处。因望月有感,聊书所怀,寄上浮梁大兄、于潜七兄、乌江十五兄,兼示符离及下邽弟妹。”“时难年荒世业空,弟兄羁旅各西东。田园寥落干戈后,骨肉流离道路中。吊影分为千里雁,辞根散作九秋蓬。共看明月应垂泪,一夜乡心五处同。”从“一夜乡心五处同”可知,白居易及其兄弟的故乡均在洛阳。此诗应作于此年八月十五日中秋之夜。

唐德宗贞元十六年(公元800年),白居易29岁。正月,在长安。二月十四日,参加进士应试,以第四人及第,十七人中年最少。及第后,归洛阳。居毓材宅。

唐德宗贞元十七年(公元801年),白居易30岁。秋,归洛阳。符离六兄葬,乌江十五兄葬。作有《祭符离六兄文》《祭乌江十五兄文》《叹发落》《花下自劝酒》《重到毓材宅有感》《和郑方及第后秋归洛下闲居　同高侍郎下,隔》《与诸同年贺座主侍郎新拜太常,同宴萧尚书亭子》《东都冬日会诸同年宴郑家林亭》等诗,当时住在洛阳毓材宅。

唐穆宗长庆四年(公元824年),白居易53岁,居杭州。五月,除太子左庶子分司东都,月末离杭。秋至洛阳,购买故杨凭履道里宅居之。买宅价不足,以两马偿之。自此后,除游宦长安、苏州外,均在此履道宅居住。

如果人们要问,白居易为什么到53岁时要购买履道宅呢?这个问题不难回答。其原因有三。

(1)白居易一家人丁繁盛,原来的毓材宅已容纳不了。

白居易一族是个庞大的家族。白建官任北周弘农郡守、邵陵,他的儿子白士通任唐代利州都督,他的孙子、重孙等后裔也历任高官,由此可知,白居易一族的毓材宅第应该是处较大的宅第。尽管它很大,也容纳不了繁衍日盛的更庞大的白氏家族。到后来,除嫡子、嫡孙、正裔孙必须固守祖宅外,其他旁支者便可到外边择宅而居之,白义宝父子的私第为洛阳外郭城东城之兴里,就是一个最有力的说明(见《白知礼志二》)。

白居易一家的人丁也比以前多得多了。据不完全统计,除他的夫人杨氏、女儿阿罗外,有一个家妓樊素(又名杨柳),还有一个能合奏《霓裳羽衣曲》的庞大乐队。《池上篇》云:"罢刑部侍郎时,有粟千斛,书一车,洎藏获之习管磬弦歌者指百以归。"《醉吟先生传》云:"若兴发,命家僮调法部丝竹,合奏《霓裳羽衣》一曲。"还有种菜做饭的、酿酒管酒的、驾车御马的、栽花养竹的、侍奉家人的等,少不了也有一百几十口人。这样一来,他原来在毓材里的宅第就远远不够住了。

(2)白居易在经济力量许可的情况下,想购置一处环境优美的宅第,以作为退老之地。

白居易《池上篇并序》云:

都城风土水木之胜在东南偏,东南之胜在履道里,里之胜在西北隅，西闬北垣第一第即白氏叟乐天退老之地。地方十七亩，屋室三之一，水五之一，竹九之一，而岛池桥道间之……

十亩之宅，五亩之园。有水一池，有竹千竿……有堂有庭，有桥有船。有书有酒，有歌有弦……妻孥熙熙，鸡犬闲闲。优哉游哉，吾将终老乎其间。

(3)白居易不是洛阳白氏家族的正裔孙，故不必固守祖宅。

白居易一族源远流长，本支百世。于是纷枝奕叶，繁衍至盛。在这多枝后裔中，白居易并不是白氏家族的正裔孙。远的不说，单就洛阳白氏家族来说，白居易也不是正裔孙。如白温有六子：次子白鏻，六子白锽。白锽是白居易的祖父。就白居易一辈来说，在他本家的兄弟中，他也不是老大，而是老二。其大兄为白幼文。所以，他便不必固守洛阳毓材里的祖宅，可以另购新宅履道宅了。

唐敬宗宝历元年(公元825年)，白居易54岁。在洛阳，为太子左庶子分司东都洛阳。春葺新居，王起为宅内造桥。该“新居”即履道里宅。同年三月四日，诏除苏州刺史。同月二十九日启程，同年五月五日到达苏州任。

唐文宗太和元年(公元827年)，白居易56岁。春，绕道新郑，经荥阳，作《宿荥阳》《经溱洧》二诗。约在二月，返洛阳，居履道宅。同年三月十七日，征为秘书监，赐金紫，复居长安新昌里第。岁暮，奉使洛阳，居履道宅，与皇甫镛、苏弘、刘禹锡、姚合等交游。苏弘，即白居易《简简吟》《花非花》诗中所写“苏简简”的父亲，原籍京兆蓝田(今陕西省西安市)人，后迁居洛阳，与白居易作邻居，遂为洛阳人。白居易与其交往甚密。有《答苏庶子》等诗。其女简简十三岁时夭殇，白居易为其作《简简吟》《花非花》二诗，其中《花非花》一诗尤为著名，被谱成乐曲，至今仍在演唱。

唐文宗太和二年(公元828年)，白居易57岁。春，自洛阳便还。居长安新昌里。同年十二月，乞百日病假。

唐文宗太和三年(公元829年)，白居易58岁。同年三月末，百日假满，罢刑部侍郎，以太子宾客分司东都。月末，发长安。同年四月末，到洛阳，居履道宅，与崔玄亮往来，以诗赠答。同年九月，元稹自浙东观察使征为尚书左丞，返长安途中，与白居易会于洛阳。冬，白居易子阿崔生。元稹亦生子道保，共喜作诗。其年，作有关洛阳文有《池上篇并序》和《刘白唱和集解》；诗有《授太子宾客归洛》《秋池二首》《知足吟》《酬集贤刘郎中对月见寄兼怀元浙东》《从陕至东京》《春词》《赠梦得》《归履道宅》《答苏庶子月夜闻家僮奏乐见寄》《白莲池泛舟》《池上即事》《答梦得闻蝉见寄》《答苏六》《秋游》《游平泉赠晦叔》《阿崔》《王子晋庙》等。

唐文宗太和四年（公元830年），白居易59岁。在洛阳，为太子宾客分司。屡游龙门，与诗人徐凝交往，其有《期宿客不至》，徐凝有《和侍郎邀宿不至》。冬，病眼。同年十二月二十八日，代韦弘景为河南尹。此年，作有多篇与洛阳有关的诗文。

唐文宗太和五年（公元831年），白居易60岁。在洛阳，任河南尹。夏末秋初子阿崔病夭，年三岁。十月，刘禹锡除苏州刺史，过洛阳，留十五日，与白居易朝觞夕咏，极平生之欢。此年，作有关洛阳的诗文甚多。

唐文宗太和六年（公元832年），白居易61岁。在洛阳，为河南尹。与舒元舆交游。七月，元稹葬在咸阳，为元稹撰写墓志，其家馈润笔费六七十万钱，白居易不受，悉布施修香山寺。八月，修香山寺成。此年，作有关洛阳的诗文多篇。

唐文宗太和七年（公元833年），白居易62岁。四月二十五日，以头风病免河南尹，再授太子宾客分司东都。七月，崔玄亮卒，有哭诗。闰七月，太子宾客李绅除浙东观察使，将发洛阳，有诗送行。冬，送舒元舆赴长安。编《刘白吴洛寄和卷》。作有关洛阳的诗文多篇。

唐文宗太和八年（公元834年），白居易63岁。在洛阳，为太子宾客分司东都。三月，裴度为东都留守兼侍中至洛阳，于集贤里筑山穿池，白居易频与往来。又时与皇甫曙往返。七月，编集在洛所作诗而序之。此年，作有关洛阳的诗文多篇。

唐文宗太和九年（公元835年），白居易64岁。在洛阳，为太子宾客分司东都。春，自洛阳西游，至下邽渭村小住，约三月末返洛阳。九月，代杨汝士为同州刺史，辞疾不赴。十月，改授太子少傅分司东都，进封冯翊县开国侯。冬,女阿罗嫁谈弘谟。是年,自编《白氏文集》60 卷,计诗文 2964 篇,藏于庐山东林寺。此年,作有关洛阳的诗文多篇。

唐文宗开成元年(公元 836 年),白居易 65 岁。春初,游少室山,三宿。晚春,杨汝士将葬杨虞卿,至洛阳,白居易有诗。闰五月,自编《白氏文集》65 卷,共诗文 3255 篇,藏于东都圣善寺。六月,避暑香山寺。七月,皇甫镛殁于洛阳宣教里第,白居易为其撰墓志铭。是年《刘白唱和集》第四卷《汝洛集》编成。此年,作有关洛阳的诗文多篇。

唐文宗开成二年(公元 837 年),白居易 66 岁。在洛阳,为太子少傅分司东都。三月三日,与东都留守裴度、河南尹李珏、太子宾客分司东都刘禹锡等十余人修禊洛滨。十一月十七日,令狐楚卒,白居易哀吟悲叹,寄情于诗。十一月二十日,谈氏外孙女引珠生。此年,作有关洛阳的诗文多篇。

唐文宗开成三年(公元 838 年),白居易 67 岁。在洛阳,为太子少傅分司东都。春,裴度赠马,白居易酬之以诗。三月,游龙门香山寺。是年,作《醉吟先生传》。此年,作有关洛阳的诗文多篇。

唐文宗开成四年(公元 839 年),白居易 68 岁。在洛阳,为太子少傅分司东都。二月,以《白氏文集》67 卷,凡诗文 3487 篇,藏于苏州南禅院。十月六日(甲寅),得疯疾枕席累月,乃放妓卖马(白居易有歌妓一名樊素、一名小蛮,善歌善舞,自此皆放而去之)。岁暮,又患足疾。此年,作有关洛阳的诗文多篇。

唐文宗开成五年(公元 840 年),白居易 69 岁。在洛阳,为太子少傅分司东都。春,风疾稍痊。三月末,出妓樊素。夏,谈氏外孙玉童生,喜而作诗。十一月,自编《洛中集》十卷,共格律诗八百首,藏于香山寺。是年冬,以病请百日假。此年,作有关洛阳的诗文多篇。

唐武宗会昌元年(公元 841 年),白居易 70 岁。春,与刘禹锡会饮。百日长假满,停少傅宦,除刑部尚书致仕。取弟行简次子景受为嗣。幼文长子景回字阿隆,次子景衍曰阿保;行简长子道味小字阿英,次子景受曰阿龟,三子晦之曰阿护;幼文小字阿章,行简曰阿怜,公小字阿谁。时人谓白氏八阿。夏,从弟敏中自侍御史分司除户部员外郎赴长安,白居易有送行赠诗。此年,作有关洛阳的诗文多篇。

唐武宗会昌二年(公元842年),白居易71岁。在洛阳,以刑部尚书致仕,给半俸。三月,牛僧孺除东都留守至洛阳,白居易屡赠诗。七月,刘禹锡卒,年71,赠户部尚书,白居易有哭诗。时婿谈弘谟亦殁,女儿阿罗自太原来归,有诗。白居易又自编《后集》20卷,纳于庐山东林寺。至此,《白氏文集》70卷成。此年,作有关洛阳的诗文多篇。

唐武宗会昌三年(公元843年),白居易72岁。在洛阳,刑部尚书致仕。春,王卿除苏州刺史,白居易有诗送之。五月,为牛僧孺作《太湖石记》。八月,以敏中为翰林学士。上闻白居易,欲相之。以问李德裕。德裕素恶居易,乃言:居易衰病不任朝政。其从弟敏中辞学不减居易,且有器识,故有是命。

唐武宗会昌四年(公元844年),白居易73岁。在洛阳,刑部尚书致仕。春,屡出游。此年,施家财,开龙门八节滩,以利舟楫。有《开龙门八节滩诗二首》等。

唐武宗会昌五年(公元845年),白居易74岁。在洛阳,刑部尚书致仕。三月二十一日,在洛阳履道里宅举办“七老会”。夏,又合僧如满、李元爽写为《九老图》,有诗。五月初一,《白氏文集》75卷编成,凡诗文3840首。

唐武宗会昌六年丙寅(公元846年),白居易75岁。在洛阳,刑部尚书致仕。正月,赋诗忆牛僧孺等。八月十四日卒于履道里宅,赠尚书右仆射。十一月初六,葬于龙门香山如满师塔之侧,周围五里,俱系护坟地。

唐宣宗大中元年(公元847年),正月十六日,上(李忱)以诗吊之,吊诗云:“缀玉联珠六十年,谁教冥路作诗仙。浮云不系名居易,造化无为字乐天。童子解吟长恨曲,胡儿能唱琵琶篇。文章已满行人耳,一度思卿一怆然!”

唐宣宗大中三年(公元849年),李商隐为其撰墓志铭。同年十二月,敏中上书请谥,曰文。河南尹卢贞刻《醉吟先生传》,立石于白公墓侧。

白居易着文75卷,号曰《白氏文集》,又有《经史事类》30卷并行于世。自号香山居士,又自称醉吟先生。赠尚书右仆射,谥号曰:

“文”，世称白文公。粗略统计，在白居易75年的生涯中，在洛阳毓材宅和履道宅居住共计40年，占一生的53.3%。白居易生于洛阳，卒于洛阳，葬于洛阳，一生中又有40年居住在洛阳，可以说是以洛阳为始终的。

（二）白居易在洛阳的主要活动和功绩

白居易在洛阳的主要活动和功绩，集中在他晚年退居洛阳时期。

1. 白居易在洛阳的主要活动

白居易在洛阳的主要活动有二。

（1）开成二年（公元837年）三月三日，修禊洛滨。

唐文宗开成二年三月三日，白居易66岁，在洛阳，任太子少傅分司。这一天，他与东都留守裴度、河南尹李珏及太子宾客分司刘禹锡等十余人修禊洛滨，堪称轰动洛城的一件盛事。白居易有诗并序，记之甚详。

三月三日被禊洛滨并序

开成二年三月三日，河南尹李待价以人和岁稔，将禊于洛滨。前一日，启留守裴令公。令公明日召太子少傅白居易，太子宾客萧籍、李仍叔、刘禹锡，前中书舍人郑居中，国子司业裴恽，河南少尹李道枢，仓部郎中崔晋，伺封员外郎张可续，驾部员外郎卢言，虞部员外郎苗愔，和州刺史裴俦，淄州刺史裴洽，检校礼部员外郎杨鲁士，四门博士谈弘谟等一十五人，合宴于舟中。由斗亭，历魏堤，抵津桥，登临溯沿，自晨及暮，簪组交映，歌笑间发。前水嬉而后妓乐，左笔砚而右壶觞，望之若仙，观者如堵。尽风光之赏，极游泛之娱。美景良辰，赏心乐事，尽得于今日矣。若不记录，谓洛无人，晋公首赋一章，铿然玉振，顾谓四座继而和之，居易举酒抽毫，奉十二韵以献。座上作。

三月草萋萋，黄莺歇又啼。柳桥晴有絮，沙路润无泥。
禊事修初半，游人到欲齐。金钿耀桃李，丝管骇凫鹥。
转岸回船尾，临流簇马蹄。闹翻扬子渡，蹋破魏王堤。
妓接谢公宴，诗陪荀令题。舟同李膺泛，醴为穆生携。
水引春心荡，花牵醉眼迷。尘街从鼓动，烟树任鸦栖。
舞急红腰软，歌迟翠黛低。夜归何用烛，新月凤楼西。

“祓禊”，古代民俗，三月上巳日到水滨洗濯，洗去宿垢，去除不祥，称祓禊。《后汉书·礼仪志上》云：“是月（三月）上巳，官民皆洁于东流水上，曰洗濯祓除，去宿垢疢，为大洁。”自三国魏以后定为阴历三月三日。“李待价”，即李珏。“裴令公”，即裴度。

（2）会昌五年，举办“七老会”“九老会”，写为《九老图》。

唐武宗会昌五年乙丑（公元845年），白居易74岁，在洛阳，刑部尚书致仕。三月二十一日，在履道宅举办“七老会”。夏，又合僧如满、李元爽写为《九老图》，成为风流韵事，历代传为美谈。白居易赋《七老会诗》云：

胡、吉、郑、刘、卢、张等六贤，皆多年寿，予亦次焉。偶于敝舍合成尚齿之会，七老相顾，既醉甚欢。静而思之，此会稀有，因成七言六韵以纪之，传好事者。

七人五百七十岁，拖紫纡朱垂白须。
手里无金莫嗟叹，尊中有酒且欢娱。
诗吟两句神还王，酒饮三杯气尚粗。
嵬峨狂歌教婢拍，婆娑醉舞遣孙扶。
天年高过二疏傅，人数多于四皓图。
除却三山五天竺，人间此会更应无。

《三仙山》《五天竺图》，多老寿者。

与会者前怀州司马安定胡杲，89岁；卫尉卿致仕冯翊吉皎，86岁；前右龙武军长史荥阳郑据，84岁；前慈州刺史广平刘真，82岁；前侍御史内供奉官范阳卢真，82岁；前永州刺史清河张浑，74岁；刑部尚书致仕太原白居易，74岁。

已上七人，合570多岁，会昌五年三月二十一日于白家履道宅同宴，宴罢赋诗。时秘书监狄兼谟、河南尹卢贞，以年龄未达70岁，虽与会而不及列。

同年夏，又作诗云：

九老图诗并序

会昌五年三月，胡、吉、刘、郑、卢、张等六贤于东都弊居履道坊合尚齿之会。其年夏，又有二老，年貌绝伦，同归故乡，亦来斯会。续命书姓名年齿，写其形貌，附于图右，与前七老，题为九老图，仍以一绝赠之。二老谓洛中遗老李元爽，年一百三十六归洛；僧如满，年九十五。

雪作须眉云作衣，辽东华表鹤双归。
当时一鹤犹希有，何况今逢两令威！

清赵翼《瓯北诗话》卷四云：宋元丰五年，文潞公以太尉留守西京，时富韩公以司徒致仕。公慕白乐天'九老会'，乃集洛中卿大年德高者，为'耆英会'。就资圣院建大厦，曰耆英堂，闽人郑奂绘像堂中。时富公年七十九，潞公与司封郎中席汝言七十七，朝议大夫王尚恭七十六，太常少卿赵丙、秘书监刘几、卫州防御使冯行已七十五。天章阁待制楚建中、朝议大夫王慎言皆七十二，大中大夫张问、龙图阁直学士张焘皆七十。时宣徽使王拱宸留守北京，贻书愿与斯会，年七十一。独司马温公年未七十，潞公素重其人，用唐九老狄兼谟故事，请入会，见朱子《名臣言行录》。按：白居易的七老会、九老会，狄兼谟因年未七十，均不在内。

2. 白居易在洛阳的主要功绩

白居易在洛阳的功绩主要有二。

(1)太和六年(公元832年)，重修香山寺。

唐文宗太和五年(公元831年)七月二十三日，白居易的知己好友元稹在武昌突遇暴病而死，享年53岁。白居易极度悲痛，写了《哭微之二首》和《祭微之文》。第二年，元稹祔葬咸阳，家人遵从元稹遗志，请白居易为其撰墓志铭，白居易自然应允。元氏家人把元稹的遗物、臧获、舆马、绫帛和银鞍、玉带之物，约值六七十万，送给白居易作为他写墓志铭的"谢文之贽"。作为白居易来说，认为凭着他和元稹一生的深厚交谊，写墓志铭是义不容辞的，酬谢之礼是一定不能收的。元氏家人将酬礼从咸阳送来洛阳，白居易坚决不收，元氏家人说："你不收下，我们回去交不了差。"于是白居易只好暂时收下。等元氏家人走后，白居易又派人把酬礼从洛阳送到咸阳，元氏家人坚决不收，白居易的家人说："你若不收下，我们回去也交不了差。"于是元氏家人也只好暂时收下。等白氏家人走后，他们又把酬礼从咸阳送到洛阳；白居易收下后，又让家人把酬礼从洛阳送到咸阳。这样"往返再三"，到第三次，白居易只得勉强收下。但心理上总觉得不平衡。于是,他就把这笔钱物捐给了香山寺,作为重修香山寺的费用,算是做了一件善事。白居易有《修香山寺记》一文云:

洛都四野,山水之胜,龙门首焉。龙门十寺,观游之胜,香山首焉。香山之坏久矣。楼亭骞崩,佛僧暴露。士君子惜之,予亦惜之,佛弟子耻之,予亦耻之。顷予为庶子、宾客分司东都时,性好闲游。灵迹胜概,靡不周览。每至兹寺,慨然有葺完之愿焉。迨今七八年,幸为山水主,是偿初心、复始愿之秋也。似有缘会,果成就之。

噫!予早与故元相国微之定交于生死之间,冥心于因果之际。去年秋,微之将薨,以墓志文见托。既而元氏之老,状其臧获、舆马、绫帛洎银鞍、玉带之物,价当六七十万,为谢文之贽,来致于予。予念平生分,文不当辞,贽不当纳。自秦抵洛,往返再三,讫不得已,回施兹寺。因请悲知僧清闲主张之,命谨干将复掌治之。

始自寺前亭一所,登寺桥一所,连桥廊七间,次至石楼一所,连廊六间,次东佛龛大屋十一间。次南宾院堂一所,大小屋共七间。凡支坏、补缺、垒陨、覆漏、朽(圬)墁之功必精,赭垩之饰必良。虽一日必葺,越三月而就。譬如长者坏宅,郁为导师化城。于是龛像无燥湿陊泐之危,寺僧有经行宴坐之安。游者得息肩,观者得寓目。关塞之气色,龙潭之景象,香山之泉石,石楼之风月,与往来者耳目一时而新。士君子、佛弟子豁然如释憾刷耻之为。

清闲上人与予及微之皆夙旧也,交情愿力,久得知之,感往念来,欢且赞曰:凡此利益,皆名功德。而是功德,应归微之,必有以灭宿殃、荐冥福也。予应曰:呜呼!乘此功德,安知他劫不与微之结后缘于兹土乎?因此行愿,安知他生不与微之复同游于兹寺乎?言及于斯,涟而涕下。

唐太和六年八月一日,河南尹太原白居易记。

写作此记后,诗人兴犹未尽,又作《重修香山寺毕题二十二韵以纪之》长诗一首,诗云:

阙塞龙门口,祇园鹫岭头。曾随减劫坏,今遇胜缘修。

再莹新金刹,重装旧石楼。病僧皆引起,忙客亦淹留。

四望穷沙界，孤标出赡州。地图铺洛邑，天柱倚嵩丘。
两面苍苍岸，中心瑟瑟流。波翻八滩雪，堰护一潭油。
台殿朝弥丽，房廊夜更幽。千花高下塔，一叶往来舟。
岫合云初吐，林开雾半收。静闻樵子语，远听棹郎讴。
官散殊无事，身闲甚自由。吟来携笔砚，宿去抱衾裯。
霁月当窗白，凉风满簟秋。烟香封药灶，泉冷洗茶瓯。
南祖心应学，西方社可投。先宜知止足，次要悟浮休。
觉路随方乐，迷途到老愁。须除爱名障，莫作恋家囚。
便合穷年住，何言竟日游。可怜终老地，此是我菟裘。

此后，他便与香山寺结下了不解之缘。后来，更与香山寺如满僧结为香火友。他写香山寺的诗作很多，此仅举《香山寺二绝》以作说明。

（其一）

空门寂静老夫闲，伴鸟随云往复还。
家酝满瓶书满架，半移生计入香山。

（其二）

爱风岩上攀松盖，恋月潭边坐石棱。
且共云泉结缘境，他生当作此山僧。

（2）会昌四年，开龙门八节滩。

在洛阳龙门潭的南边，过去有一段非常艰险的水路，叫“八节滩”“九峭石”。船夫们的船筏经过这里时，一不小心，不是船翻人亡，就是被撞破触伤。所以，船夫们只好赤脚跳下水去，前后分两班人，前面一班人用缆绳拉船，后面一班人用手推船。像这种情况，春、夏、秋三季还可以，一到冬天便可怜了。夜里，船夫们跳在冰冷刺骨的河水中，又饥又冻，痛苦至极，不断发出凄惨的哭声、叫声。白居易有时夜宿在香山寺里，听到船夫们这种凄厉的哭叫声，便夜不能眠，发愿要尽其所能开凿八节滩、九峭石，为人民解除痛苦。但是，白居易一生做官清廉，仅靠朝廷发的俸禄来养家糊口，没有多少节馀。何况到唐武宗会昌四年（公元 844 年）时，他已 73 岁，停俸多时。所以，单凭一个人的经济力量，是办不了这件事的。于是，他和悲智僧道遇一起，发起了一个为开凿龙门八节滩、九峭石的募捐活动，“贫者出力，仁者施财”。在他和道遇的倡导下，在他带头“施家财”的激励下，洛阳一带的士人纷纷捐钱捐物、出工出力，终于把这件伟大的善事完成了。白居易有诗并序纪云：

开龙门八节石滩诗二首并序

东都龙门潭之南有八节滩、九峭石，船筏过此，例反破伤。舟人楫师推挽束缚，大寒之月，裸跣水中，饥冻有声，闻于终夜。予尝有愿，力及则救之。会昌四年，有悲智僧道遇，适同发心，经营开凿，贫者出力，仁者施财。于戏！从古有碍之险，未来无穷之苦，忽乎一旦尽除去之，兹吾所用适愿快心，拔苦施乐者耳！岂独以功德福报为意哉？因作二诗，刻题石上，以其地属寺，事因僧，故多引僧言见志。

铁凿金锤殷若雷，八滩九石剑棱摧。竹篙桂楫飞如箭，百筏千艘鱼贯来。振锡导师凭众力，挥金退傅施家财。他时相逐四方去，莫虑尘沙路不开。

七十三翁旦暮身，誓开险路作通津。夜舟过此无倾覆，朝胫从今免苦辛。十里叱滩变河汉，八寒阴狱化阳春。我身虽殁心长在，暗施慈悲与后人。

八寒地狱，见《佛名》及《涅槃经》，故以八节滩为比。

办好这件事，了却了诗人多年以来的一桩心愿，诗人自然是再高兴不过的了。他在《欢喜二偈》其一写道：

得老加年诚可喜，当春对酒亦宜欢。
心中别有欢喜事，开得龙门八节滩。

三、白居易对故乡的热爱和咏赞

白居易生于洛阳，卒于洛阳，又葬于龙门山东山（又名香山），他一生居住洛阳长达 40 年之久。所以，他对故乡有深厚的感情，“禽鸟尚知思旧林，吾人谁不爱家岑”。白居易满怀着热爱故乡的一腔激情，以生花妙笔，对故乡洛阳进行了多角度、深层次的全面咏赞，写下了大量美妙的诗歌。他赞颂故乡的山川、园林，他赞颂故乡的古迹、新景；他赞颂故乡的白昼、夜晚，他赞颂故乡的春日、秋景；他更赞美花中之王——洛阳牡丹，更赞美故乡洛阳之人！

(一)总咏洛阳

五年职翰林,四年莅浔阳。一年巴郡守,半年南宫郎。二年直纶阁,三年刺史堂。凡此十五载,有诗千馀章。境兴周万象,土风备四方。独无洛中作,能不心悢悢。今为春宫长,始来游此乡。徘徊伊涧上,睥睨嵩少旁。遇物辄一咏,一咏倾一觞。笔下成释憾,卷中同补亡。往往顾自哂,眼昏鬓苍苍。不知老将至,犹自放诗狂。

——《洛中偶作》

昨日池塘春草生,阿连新有好诗成。花园到处莺呼入,骢马游时客避行。水暖鱼多似南国,人稀尘少胜西京。洛中佳境应无限,若欲谙知问老兄。

——《和敏中洛下即事》

丰年寒食节,美景洛阳城。三尹皆强健,七日尽晴明。东郊蹋青草,南园攀紫荆。风折海榴艳,露坠木兰英。假开春未老,宴合日屡倾。珠翠混花影,管弦藏水声。佳会不易得,良辰亦难并。听吟歌暂辍,看舞杯徐行。米价贱如土,酒味浓于饧。此时不尽醉,但恐负平生。殷勤二曹长,各捧一银觥。

——《六年寒食洛下宴游,赠冯、李二少尹》

(二)咏洛阳山川

陶令门前四五树,亚夫营里百千条。何似东都正二月,黄金枝映洛阳桥。

——《杨柳枝词八首》其二

花寒懒发鸟慵啼,信马闲行到日西。何处未春先有思,柳条无力魏王堤。

——《魏王堤》

津桥东北斗亭西,到此令人诗思迷。眉月晚生神女浦,脸波春傍窈娘堤。柳丝袅袅风缫出,草缕茸茸两剪齐。报道前驱少呼喝,恐惊黄鸟不成啼。

——《天津桥》

老住香山初到夜,秋逢白月正圆时。从今便是家山月,试问清光知不知?

——《初入香山院对月》

得老加年诚可喜,当春对酒亦宜欢。心中别有欢喜事,开得龙门八节滩。眼暗头旋耳重听,唯馀心口尚醒醒。今朝欢喜缘何事,礼彻佛名百部经。

——《秋日与张宾客、舒著作同游龙门,醉中狂欢,凡二百三十八字》中的《欢喜二偈》

上阳宫里晓钟后,天津桥头残月前。空阔境疑非下界,飘飖身似在寥天。星河隐映初生日,楼阁葱茏半出烟。此处相逢倾一醆,始知地上有神仙。

——《晓上天津桥闲望偶逢卢郎中、张员外携酒同倾》

……三川浩浩以奔流,双阙峨峨而屹立。飞梁径度,讶残红之未消;翠瓦光凝,惊宿雨之犹湿……山水隐映,花气氲冥。瞻上阳之宫阙兮,胜仙家之福庭……

——《洛川晴望赋》

(三)咏洛阳园林

记得旧诗章,花多数洛阳。及逢枝似雪,已是鬓成霜。向后光阴促,从前事意忙。无因重年少,何计驻时芳?欲送愁离面,须倾酒入肠。白头无藉在,醉倒亦何妨!

——《洛城东花下作》

洛下林园好自知,江南景物暗相随。净淘红粒罯香饭,薄切紫鳞烹水葵。雨滴篷声青雀舫,浪摇花影白莲池。停杯一问苏州客,何似吴松江上时。

——《池上小宴问程秀才》

闻健朝朝出,乘春处处寻。天供闲日月,人借好园林。渐以狂为态,都无闷到心。平生身得所,未省似而今。

——《寻春题诸家园林》

(四)咏洛阳古迹

洛阳的古迹很多,不能一一而举:

子晋庙前山月明,人闻往往夜吹笙。鸾吟凤唱听无拍,多似霓裳散序声。

——《王子晋庙》

云树玉泉寺,肩舁半日程。更无人作伴,只共酒同行。新叶千万影,残莺三两声。闲游竟未足,春尽有馀情。

——《独游玉泉寺》

晴阳晚照湿烟销,五凤楼高天沉寥。野绿全经朝雨洗,林红半被暮云烧。龙门翠黛眉相对,伊水黄金线一条。自入秋来风景好,就中最好是今朝。

——《五凤楼望晚》(六年八月十日作)

故城门前春日斜,故城门里无人家。市朝欲认不知处,漠漠野田飞草花。

——《过故洛城》

(五)咏洛阳新景

履道坊西角,官河曲北头。林园四邻好,风景一家秋。门闭深沈树,池通浅沮沟。拔青松直上,铺碧水平流。篱菊黄金合,窗筠绿玉稠。疑连紫阳洞,似到白苹洲。僧至多同宿,宾来辄少留。岂无诗引兴,兼有酒销忧。移榻临平岸,携茶上小舟。果穿闻鸟啄,萍破见鱼游。地与尘相远,人将境共幽。泛潭菱点镜,沉浦月生钩。厨晓烟孤起,庭寒雨半收。老饥初爱粥,瘦冷早披裘。洛下招新隐,秦中忘旧游。辞章留凤阁,班籍寄龙楼。病惬官曹静,闲惭俸禄优。琴书中有得,衣食外何求。济世才无取,谋身智不周。应须共心语,万事一时休。

——《履道新居二十韵》

狂歌箕踞酒尊前,眼不看人面向天。洛客最闲唯有我,一年四度到平泉。

——《醉游平泉》

裴侍中晋公出讨淮西时,过女几山下,刻石题诗,末句云:"待平贼垒报天子,莫指仙山示武夫。"果如所言,克期平贼,由是淮蔡迄今底宁殆二十年,人安生业。夫嗟叹不足则咏歌之,故居易作诗二百言,继题公之篇末。欲使采诗者、修史者、后之往来观者知公之功德本末前后也。

何处画功业?何处题诗篇?麒麟高阁上,女几小山前。尔后多少时,四朝二十年。贼骨化为土,贼垒犁为田。一从贼垒平,陈蔡民晏然。

骡军成牛户，鬼火变人烟。生子已嫁娶，种桑亦丝绵。皆云公之德，欲报无由缘。公今在何处，守都镇三川。旧宅留永乐，新居开集贤。公今在何官，被衮珥貂蝉。战袍破犹在，髀肉生欲圆。襟怀转萧洒，气力弥精坚。登山不拄杖，上马能掉鞭。利泽浸入池，福降升自天。昔号天下将，今称地上仙。勿追赤松游，勿拍洪崖肩。商山有遗老，可以奉周旋。

——《题裴晋公女几山刻石诗后并序》

旧径开桃李，新池凿凤凰。只添丞相阁，不改午桥庄。远处尘埃少，闲中日月长。青山为外屏，绿野是前堂。引水多随势，栽松不趁行。年华玩风景，春事看农桑。花妒谢家妓，兰偷荀令香。游丝飘酒席，瀑布溅琴床。巢许终身稳，萧曹到老忙。千年落公便，进退处中央。

——《奉和裴令公新成午桥庄绿野堂即事》

朱金城《白居易集笺校》“笺”云：“［裴令公］裴度。”“［午桥庄绿野堂］裴度午桥庄别墅，在洛阳长夏门南五里。见《两京城坊考》卷五。《旧唐书》卷一七〇《裴度传》：‘（大和九年十一月）又于午桥创别墅，花木万株。中起凉台暑馆，名曰绿野堂。’……”

谢家别墅最新奇，山展屏风花夹篱。晓月渐沉桥脚底，晨光初照屋梁时。台头有酒莺呼客，水面无尘风洗池。除却吟诗两闲客，此中情状更谁知。

——《奉和思黯自题南庄见示兼呈梦得》

（六）咏洛阳夜景

小宴追凉散，平桥步月回。笙歌归院落，灯火下楼台。残暑蝉催尽，新秋雁戴来。将何还睡兴，临卧举残杯。

——《宴散》

月好共传唯此夜，境闲皆道是东都。嵩山表里千重雪，洛水高低两颗珠。清景难逢宜爱惜，白头相劝强欢娱。诚知亦有来年会，保得晴明强健无。

——《八月十五日夜同诸客玩月》

（七）咏洛阳春日

洛阳陌上春长在，惜别今来二十年。唯觅少年心不得，其馀万事尽依然。

——《洛阳春》

水南冠盖地，城东桃李园。雪消洛阳堰，春入永通门。淑景方霭霭，游人稍喧喧。年丰酒浆贱，日晏歌吹繁。中有老朝客，华发映朱轩。从容三两人，藉草开一尊。尊前春可惜，身外事勿论。明日期何处，杏花游赵村。

——《洛阳春赠刘李二宾客》

（八）咏洛阳秋景

下马闲行伊水头，凉风清景胜春游。何事古今诗句里，不多说著洛阳秋。

——《秋游》

潭边霁后多清景，桥下凉来足好风。秋鹤一双船一只，夜深相伴月明中。

——《舟中夜坐》

（九）咏牡丹

牡丹芳，牡丹芳，黄金蕊绽红玉房。千片赤英霞烂烂，百枝绛点灯煌煌。照地初开锦绣段，当风不结兰麝囊。仙人琪树白无色，王母桃花小不香。宿露轻盈泛紫艳，朝阳照耀生红光。红紫二色间深浅，向背万态随低昂。映叶多情隐羞面，卧丛无力含醉妆。低娇笑容疑掩口，凝思怨人如断肠。浓姿贵彩信奇绝，杂卉乱花无比方。石竹金钱何细碎，芙蓉芍药苦寻常。遂使王公与卿士，游花冠盖日相望。庳车软舆贵公主，香衫细马豪家郎。卫公宅静闭东院，西明寺深开北廊。戏蝶双舞看人久，残莺一声春日长。共愁日照芳难驻，仍张帷幕垂阴凉。花开花落二十日，一城之人皆若狂。三代以还文胜质，人心重华不重实。重华直至牡丹芳，其来有渐非今日。元和天子忧农桑，恤下动天天降祥。去岁嘉禾生九穗，田中寂寞无人至。今年瑞麦分两岐，君心独喜无人知。无人知，可叹息。我愿暂求造化力，减却牡丹妖艳色。少回卿士爱花心，同似吾君忧稼穑。

——《牡丹芳》

老去唯耽酒，春来不著家。去年来校晚，不见洛阳花。

——《恨去年》

早起或因携酒出，晚归多是看花回。若抛风景长闲坐，自问东京作底来。

——《早出晚归》

（十）咏洛阳人

洛阳谁不死，戡死闻长安。我是知戡者，闻之涕泫然。戡佐山东军，非义不可干。拂衣向西来，其道直如弦。从事得如此，人人以为难。人言明明代，合置在朝端。或望居谏司，有事戡必言。或望居宪府，有邪戡必弹。惜哉两不谐，没齿为闲官。竟不得一日，謇謇立君前。形骸随众人，敛葬北邙山。平生刚肠内，直气归其间。贤者为生民，生死悬在天。谓天不爱人，胡为生其贤。谓天果爱民，胡为夺其年。茫茫元化中，谁执如此权。

——《哭孔戡》

朱金城《白居易集笺校》"笺"云："[孔戡]巢父从子，字君胜。昭仪节度使卢从史辟为书记。从史为不法，戡每秉笔至不轨之言，极谏以为不可。从史怒戡。岁余，谢病归洛阳。元和五年卒，年五十七。见韩愈《唐朝散大夫赠司勋员外郎孔君墓志铭》及《旧书》卷一五四《孔巢父传》。"

八月凉风吹白幕，寝门廊下哭微之。妻孥朋友来相吊，唯道皇天无所知。

文章卓荦生无敌，风骨英灵殁有神。哭送咸阳北原上，可能随例作灰尘。

——《哭微之二首》

"微之"，即元稹，河南（今河南省洛阳市）人。早年家贫。9岁能属文，15岁明经及第，24岁举书判拔萃科，授秘书省校书郎。

四海齐名白与刘，百年交分两绸缪。同贫同病退闲日，一死一生临老头。杯酒英雄君与操，文章微婉我知丘。贤豪虽殁精灵在，应共微之地下游。

今日哭君吾道孤，寝门泪满白髭须。不知箭折弓何用？兼恐唇亡齿亦枯！窅窅穷泉埋宝玉，骎骎落景挂桑榆。夜台幕齿期非远，但问前头相见无。

——《哭尚书刘梦得二首》

四、白居易的影响

白居易是中国唐代伟大的诗人。由于他在朝廷屡任高官，且诗文语言通俗，故在唐代朝野之间影响极大。白居易在《与元九书》中说："日者闻亲友间说，礼、吏部举选人，多以仆私试赋判为准的。其余诗句，亦往往在人口中……及再来长安，又闻有军使高霞寓者，欲聘倡妓，妓大夸曰：'我诵得白学士《长恨歌》，岂同他哉？'由是增价。又足下书云，到通州日，见江馆柱间有题仆诗者。复何人哉？又昨过汉南日，适遇主人集众娱乐，他宾诸妓见仆来，指而相顾曰：'此是《秦中吟》《长恨歌》主耳'。自长安抵江西三四千里，凡乡校、佛寺、逆旅、行舟之中，往往有题仆诗者；士庶、僧徒、孀妇、处女之口，每有咏仆诗者。""知我者以为诗仙，不知我者以为诗魔。何则？劳心灵，役声气，连朝接夕，不自知其苦，非魔而何？偶同人当美景，或花时宴罢，或月夜酒酣，一咏一吟，不觉老之将至。虽骖鸾鹤游蓬，瀛者之适，无以加于此焉，又非仙而何？"

由上可知，白居易是下自贫民、上自唐宣宗所公认的"诗仙"。

白居易不仅在中国影响极大，而且在外国也有很大的影响，特别是在日本，影响最大。

参考文献

[1] 玄奘,辩机.大唐西域记校注[M].季羡林等,校注.北京:中华书局,2008.

[2] 道宣.大慈恩寺三藏法师传:释迦方志[M].范祥雍,校注.北京:中华书局,2008.

[3] 魏征.隋书[M].北京:中华书局,1973.

[4] 杜宝.两京新记辑校·大业杂记辑校[M].辛德勇,辑校.北京:中华书局,2020.

[5] 刘昫.旧唐书[M].北京:中华书局,1975.

[6] 欧阳修,宋祁.新唐书[M].北京:中华书局,1975.

[7] 王溥.唐会要[M].上海:上海古籍出版社,1991.

[8] 王谠.唐语林校证[M].北京:中华书局,2012.

[9] 司马光.资治通鉴[M].北京:中华书局,2013.

[10] 曹寅,彭定求,等.全唐诗[M].北京:中华书局,1960.

[11] 王琦.三家评注李长吉歌诗[M].上海:上海古籍出版社,1998.

[12] 董诰.全唐文[M].北京:中华书局, 2013.

[13] 叶葱奇.李贺诗集[M].北京:人民文学出版社,1959.

[14] 卞孝萱.刘禹锡年谱[M].北京:中华书局,1963.

[15] 曼企明,尤振中.李贺诗选析[M].南京:江苏人民出版社,1981.

[16] 陈宇光.唐文选注[M].北京:人民文学出版社,1981.

[17] 孙昌武.唐代古文运动通论[M].天津:百花文艺出版社,1984.

[18] 刘国盈. 唐代古文运动论稿[M].西安:陕西人民出版社,1984.

[19] 高志忠.刘禹锡诗词译释[M].哈尔滨:黑龙江人民出版社,1982.

[20] 陈治国.李贺研究资料[G].北京:北京师范大学出版社,1983.

[21] 刘衍.李贺诗传[M].太原:山西人民出版社,1984.

[22] 吴企明.李贺资料汇编[G].北京:中华书局,1994.

[23] 徐传武.李贺诗集译注[M].济南:山东教育出版社,1992.

[24] 傅经顺.李贺诗歌赏析集[M].成都:巴蜀书社,1988.

[25] 吴汝煜.刘禹锡传论[M].西安:陕西人民出版社,1988.

[26] 朱金城.白居易集笺校证[M].上海:上海古籍出版社,1988.

[27] 平冈武夫. 唐代的长安和洛阳[M]. 上海:上海古籍出版社,1989.
[28] 萧瑞峰. 刘禹锡诗论[M]. 长春:吉林教育出版社,1995.
[29] 卞孝萱,卞敏. 刘禹锡评传[M]. 南京:南京大学出版社,1996.
[30] 韩兆奇. 中国文学史[M]. 北京:北京师范大学出版社,1996.
[31] 吴庚舜,董乃斌. 唐代文学史[M]. 北京:人民文学出版社,1995.
[32] 袁行霈. 中国文学史[M]. 北京:高等教育出版社,1999.
[33] 杜晓勤. 隋唐五代文学研究[M]. 北京:北京出版社,2001.
[34] 王琦注,王步高,刘林. 李贺全集[M]. 珠海:珠海出版社,2002.
[35] 聂石樵. 唐代文学史[M]. 北京:北京师范大学出版社,2002.
[36] 郭英德,过常宝. 中国古代文学史[M]. 成都:四川人民出版社,2003.
[37] 陶敏,陶红雨. 刘禹锡全集编辑校注[M]. 长沙:岳麓书社,2003.
[38] 瞿蜕园. 刘禹锡集笺证[M]. 上海:上海古籍出版社,2003.
[39] 王友胜,李德辉. 李贺集[M]. 长沙:岳麓书社,2003.
[40] 李民,王健. 尚书译注[M]. 上海:上海古籍出版社,2004.
[41] 严杰. 颜真卿评传[M]. 南京:南京大学出版社,2005.
[42] 傅新毅. 玄奘评传[M]. 南京:南京大学出版社,2006.
[43] 董煜昆. 玄奘与玄奘故里[M]. 郑州:大象出版社,2008.
[44] 王双怀,郭绍林. 武则天与神都洛阳[M]. 北京:中国文史出版社,2008.
[45] 于庚哲. 狄仁杰真相[M]. 西安:陕西师范大学出版社,2013.
[46] 徐金星,郭绍林,扈耕田. 河洛文化论衡[M]. 北京:中国文史出版社,2014.
[47] 蒙曼. 武则天[M]. 修订版. 桂林:广西师范大学出版社,2015.
[48] 林语堂. 武则天正传[M]. 纪念典藏版. 长沙:湖南文艺出版社,2016.
[49] 易中天. 女皇武则天[M]. 杭州:浙江文艺出版社,2016.
[50] 袁刚. 隋炀帝传[M]. 北京:人民出版社,2016.
[51] 郭志坤. 隋炀帝大传[M]. 上海:上海人民出版社,2018.
[52] 马斗全. 宋之问的籍贯及《渡汉江》诗[J]. 中州学刊,1982(6):91-93,97.
[53] 李文生. 我国石窟中的优填王造像——龙门石窟优填王造像之早之多为全国石窟之最[J]. 中原文物,1985(4):102-106.
[54] 王启兴. 宋之问生平事迹考辨[J]. 贵州大学学报,1987(4):40-47.
[55] 郁贤皓. 宋之问事迹和交游五题考辨[J]. 文学遗产,1993(1):26-31.
[56] 周相录. 元稹洛阳行迹考述[J]. 洛阳师范学院学报,2000(6):64-67.
[57] 陈冠明. 杜审言年谱[J]. 杜甫研究学刊,2001(3):69-83.
[58] 汤吟菲. 中晚唐唱和诗论[J]. 文学遗产,2001(5):49-58,143.

[59] 潘玥. 小议杜审言对杜甫诗歌创作的影响[J]. 杜甫研究学刊,2001(4):27-32.
[60] 赵建明. 杜审言《岁夜安乐公主满月侍宴应制》诗系年考[J]. 四川师范大学学报:社会科学版,2003,40(4):108-112.
[61] 李丹,尚永亮. 元稹百年研究综述[J]. 学术交流,2004(4):137-144.
[62] 李峰. 宋之问传论附考[J]. 苏州教育学院学报,2006(2):4-6.
[63] 宁静. 清代颜真卿书法接受史研究[D]. 广州:暨南大学,2010.
[64] 赵建明. 杜审言交游考[J]. 西华大学学报:哲学社会科学版,2013,32(5):22-25.
[65] 孙宁. 隋朝宇文家族的另类——建筑大师宇文恺[J]. 兰台世界,2013(36):147-148.
[66] 谢玉辉. 隋代建筑大师宇文恺与大兴城[J]. 兰台世界,2014(27):75-76.
[67] 武欣,阎阳. 毁誉参半的宇文恺及其建筑宏图[J]. 兰台世界,2014(33):58-59.
[68] 李吉甫. 元和郡县图志[M]. 北京:中华书局,1983.
[69] 王定保. 唐摭言[M]. 上海:上海古籍出版社,2012.
[70] 丁度. 集韵[M]. 北京:中华书局,2017.
[71] 徐松. 登科记考[M]. 北京:中华书局,1984.
[72] 严可均. 全上古三代秦汉三国六朝文[M]. 北京:中华书局,2017.
[73] 逯钦立. 先秦汉魏晋南北朝诗[M]. 北京:中华书局,2017.

后　记

这部《隋唐洛阳名人》的出版，是天时、地利、人和综合因素的结果。天时就是这本书写作的时机：适逢洛阳国家级副中心城市建设进入实质性阶段，打造隋唐城遗址、大运河遗址、大运河博物馆等项目正式提上日程，这是写作《隋唐洛阳名人》的“天时”；地利是写作这本书的地域优势：洛阳学者写洛阳名人，做的既是中国的事，又是洛阳的事，也可以说是洛阳学者的“家事”，因此地域优势非常明显，这是写作《隋唐洛阳名人》的“地利”；人和是各方面人员的高度重视、通力合作、积极配合：洛阳市委市政府重视文化建设，市委宣传部、市社科联相关负责同志给予了足够的关注，团队牵头人尽职尽责，撰写团队均为研究文史方面的专业人士，这是写作《隋唐洛阳名人》的“人和”。因此可以说，该书的出版不仅仅是写作团队的功劳，而是和各方面的努力分不开的。借此机会向洛阳市宣传部、洛阳市社科联、洛阳理工学院和河南古都文化研究中心表示感谢！

本书由多名作者共同完成，具体分工如下。上编“帝王将相”共 7 章：第一章隋炀帝杨广，由邱贤、李建松编写；第二章唐太宗李世民、第三章唐高宗李治、第五章唐玄宗李隆基，由朱宇强编写；第四章武则天，由李俏编写；第六章隋唐洛阳城的设计师——宇文恺、第七章一代名相狄仁杰，由张艳编写。下编“文学艺术名人”共 9 章：第八章杜审言——放迹五湖内，乃心在洛阳、第九章宋之问——谜情共天远，洛阳春日迟，由董灵超（广西师范大学）编写；第十章诗圣杜甫、第十六章白居易，由王彩琴、王元明编写；第十一章李贺“昌谷作诗”与“洛阳情结”，由张丽娜编写；第十二章著名高僧玄奘、第十三章著名书法家颜真卿，由刘迅霞编写；第十四章刘禹锡、第十五章元稹，由邱贤编写。

尽管也要求体例统一，但因个人风格不同，学识水平有限，加之时间仓促，本书不足之处在所难免，望读者批评指正。

作　者

2020年夏于洛阳